──── 오늘은

──── 내 인생의

──── 첫날이다

마음먹은 대로 풀리는
오늘은 내 인생의 첫날이다

지은이 이준엽 · 황태섭 · 윤승환 · 최충인
1판 1쇄 인쇄 2017년 2월 1일
1판 1쇄 발행 2017년 2월 10일

펴낸곳 트러스트북스
펴낸이 박현

등록번호 제2014-000225호
등록일자 2013년 12월 3일

주소 서울시 마포구 서교동 성미산로2길 33 성광빌딩 202호
전화 (02) 322-3409
팩스 (02) 6933-6505
이메일 trustbooks@naver.com

값 15,000원
ISBN 979-11-87993-01-8 03320

믿고 보는 책, 트러스트북스는 독자 여러분의 의견을 소중히 여기며,
출판에 뜻이 있는 분들의 원고를 기다리고 있습니다.

Today is the
First Day of
My Life!

마음먹은 대로 풀리는

오늘은
내 인생의
첫날이다

이준엽 · 황태섭 · 윤승환 · 최충인 지음

트러스트북스

마음먹은 대로 풀리는 오늘은
내 인생의 첫날이다

夫功之成非成於成之日, 蓋必有所由起

(부공지성비성어성지일개필유소유기)

무릇 공(功)이 이루어지는 것은,

그것이 이루어진 날에 이루어지는 것이 아니고

반드시 그 시작되는 바가 있다

(당송唐宋 팔대가八大家 소순蘇洵)

우리가 무엇을 '시작' 한다고 할 때 쓰는 글자인 처음 시(始)는 '계집 녀(女)'에 '별 태(台)'가 합하여 이루어진 글자다. 여자가 뱃속에 아기를 잉태한 것이 모든 생명의 시작, 시초라는 데서 '비로소, 처음, 근본'이라는 뜻을 갖게 된 것이다. 우리의 삶은 우리 엄마의 뱃속에서 '잉태'한 것에서 시작했다.

무엇이든 그 원류를 거슬러 올라가면 이렇듯 그 시작이 있다. 그 작은 '씨앗' 이 자라서 무언가가 되는 것이다.

그래서 우리는 무엇이든지 그 처음을 매우 중요하게 생각하고 의미를 부여한다. 아기가 태어나 처음 스스로 몸을 뒤집은 날, 처음 걸음마를 뗀 날 등에서 시작해서 처음 자전거를 탄 날, 처음 학교에 간 날 등, 개인의 일생뿐 아니라 첫눈, 첫 키스 등 무엇인가 처음 시작된 날을 기억하고 기념하는 것은 동서양을 막론한 인류의 보편적인 모습이다.

우리 친구들 넷은 책을 쓰자고 의기투합한 후에도 참으로 많은 논쟁과 토론을 벌였다. 보잘것 없는 우리의 이야기가 과연 요즘 같은 대한민국의 분위기에서 무슨 의미가 있겠는가 하는 마음도 들었다. 자기계발서는 이제 한 물 갔다는 출판계의 냉정한 평가도 한몫 했고 깊어진 불황과 청년실업으로 대변되는 요즘의 경제상황도 우리가 이런 책을 내는 것을 주저하게 만들었다. 그러나 원고를 본 사람들은 요즘 같은 시기야말로 이런 이야기가 꼭 필요하다며 출간을 적극 격려해 주었다. 그런 우여곡절 끝에 우리 네 명의 이야기가 세상에 나오게 되었다.

우리 넷은 모두 1971년생 동기들이다. 우리는 20대에 '서태지'를 만났으며 사람들은 우리를 'X세대' 라고 불렀다. 드라마 '응답하라 1988'의 세대였으며 6.25이후 베이비붐 세대의 자녀들로서 전 세대에서 가장 많은 출생률을 기록한 세대이기도 하다(1971년생은 1,024,773명으로 역사상 가장 많은 출생 기록이다). 고등학교 때는 전두환 군사정권에 항거하며 '호헌철폐 독재타도'를 외치는 시민들의 '데모'를 길거리에서 직접 겪었고 최루탄 가스에 눈물을 흘리며 학교를 다녔다. '88년 서울올림픽'을 고등학교 2학년 때 봤으며, 학력고사 세대로 역대 가장 높은 경쟁률 속에 대학입시를 치러야 했다. 대학 시절에는 삼풍백화점과 성수대교 붕괴를 지켜봤으며 '김일성의 사망'과 '서울 불바다 발언' 그리고 '미국의 북한 선제타격 검토' 등 일촉즉발의 전쟁 위기 속에서 군대에 가야 했다. 대학 졸업 후 사회에 나와서는 곧바로 'IMF사태'를 맞이했던 세대이기도 하다. 몇해 전 인기리에 방영한 '응답하라 1988'의 주인공들이 바로 1971년생이었다.

그렇게 우리는 젊은 시절은 'X세대'로 불리다가 지금은 '응팔세대'로, 격변의 현대사를 숨가쁘게 달려왔고 이제 어느덧 중년의 나이를 맞이하게 되었다.

우리 넷은 혈액형이 각각 O형(이준엽), A형(황태섭), B형(윤승환), AB형(최충인)으로 서로 다 다르다. 각자의 직업을 살펴보면 한 명은 경영학과를 졸업하여 사업가가 되었고, 한 명은 공대를 졸업한 후 엔지니어로, 한 명은 금융전문가(미국 공인회계사)로 직장을 다니는 샐러리맨이고 한 명은 미국 변호사가 되었다. 사업가, 엔지니어, 금융전문가, 미국 변호사까지. 혈액형도 다르고 하는 일도 각기 다른 우리 친구들에게 공통점이 있다면 모두 '흙수저'였다는 것이다.

그리고 또 하나 공통점이 있다면 우리 넷은 어릴 때 자신이 '마음먹었던 꿈대로' 살고 있다는 것이다. 어릴 때부터 사업가가 되겠다고 호언장담하던 친구는 자기 말대로 사업가가 되었고 '슈퍼컴퓨터'를 만들겠다던 꿈을 가졌던 친구는 공대를 졸업 후 삼성SDI에서 10년 근무한 후 미국 애플에 스카우트되어 근무하다 지금은 구글 본사의 X연구소에 스카우트되어 엔지니어로 진짜로 '다양한 슈퍼컴퓨터'들을 만들고 있다. 금융전문가가 되겠다던 친구는 M&A전문가이자 미국 공인회계사가 되어 금융 관련 전문 일을 하고 있고, 세계를 돌아다니며 일하고 싶다고 했던 친구는 미국 변호사가 되어 진짜로 세계 곳곳을 누비며 활약하고 있다.

그러나 우리가 이렇듯 '마음 먹은 대로' 우리의 인생을 풀어내기까지 실은 말로 다 할 수 없는 수많은 일들이 있었다. 하지만, 한가지 확실한 것은 그런 마음을 먹던 원류를 거슬러 올라가면 그저 또 하나의 하루에 지나지 않았던 어느 보잘것없는 날이 있었을 뿐이라는 사실이다.

오늘 당신은 또 당신 자신의 인생에서 여느 때와 다를 바 없는 그저 그런 하루를 시작했을 것이다. 하지만 그런 평범한 오늘 하루가 그 누구에게는 억만 금을 주고라도 바꾸고 싶은, 또는 갖고 싶은 하루였을 수도 있다.

우리는 이 지면을 통해 그렇게 보잘것없던 우리의 하루 하루들을 당신과 나누고자 한다.

Passion 이준엽

황태섭 Challenge

PART · 3

희망의 첫날

Hope 윤승환

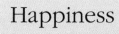 Happiness

열정의 첫날

이준엽

예수가 제자들에게 "너희들은 내가 헐벗었을 때 옷을 입혀 주었고, 목마를 때 물을 주었으며 배고플 때 음식을 주었다"라고 말했다. 어리둥절해진 제자들이 되물었다. "우리가 언제 주님이 헐벗었을 때 옷을 입혀 드렸고, 목마를 때 물을 드렸으며 배고플 때 음식을 드렸습니까?" 그러자 예수는 이렇게 대답했다.

"너희 중에 지극히 작은 자에게 한 것이 바로 나에게 한 것이다."

한국전쟁과
맹인 안마사

"궁핍은 영혼과 정신을 낳고, 불행은 위대한 인물을 낳는다."
빅토르 위고

초등학교 시절인 1980년대, 매년 6월이 되면 학교에서는 '반공 포스터'를 그리게 했다. 바로 '6.25전쟁'이 있는 달이기 때문이었다. 지금은 공식 용어로 '한국전쟁'이라는 단어를 쓰지만 당시에는 '6.25'였다. 그 시절 초등학생들이 반공 포스터를 그릴 때는 공식 같은 것이 있었다. 일단 도화지 맨 윗단과 아랫단에 같은 크기의 공간이 생기도록 선을 긋는다. 바로 표어가 들어갈 자리다. 주로 쓰였던 표어는 '무찌르자 공산당', '나는 공산당이 싫어요', '잊지 말자 6.25' 등이었다. 그 다음 가운데 공간에 그림을 그린다. 불을 뿜는 탱크나 늑대처럼 생긴 흉악한 공산당, 수류탄과 대포 등이 주로 차지했다.

이준엽

나도 매년 6.25가 돌아오면 그 공식에 맞춰 열심히 포스터를 그려 댔다. 그렇게 해서 전교생들이 그린 '6.25 포스터'는 학교 복도에 빼곡히 붙여졌고 그 상태로 여름방학을 맞을 때까지 우리들은 그것들을 보고 또 보면서 학교를 다녔다. 그 포스터들만큼이나 학교를 꽉 채우는 매미 울음소리를 들으면서 어서 빨리 방학이 오기를 기다렸다.

그 6.25는 나에게 조금은 특별한 의미를 갖고 있었다. 바로 아버지가 6.25 때 두 눈을 잃은 시각장애인이기 때문이다. 1948년 1월에 태어난 아버지는 만 3살이 채 되기도 전에 6.25가 터졌고 서울에 사시던 할아버지, 할머니는 부산 피난길에 올랐다. 할아버지, 할머니 손에 이끌려 피난을 가던 중 폭탄이 터졌고 폭탄 가스가 아버지의 눈에 들어가 피고름이 나오는 눈병에 걸려 그대로 시력을 잃으셨다. 3살이 되기도 전에 세상의 빛과 단절되어 빛조차도 구분하지 못하는 1급 시각장애인이 되었다. 어릴 때부터 들었던 아버지의 실명 이야기는 그래서 '6.25'가 나에게는 친구들과 달리 '아버지를 맹인(당시 시각장애인은 맹인이라 불렸다)으로 만든 원수 같은 전쟁'이었다.

시각장애인은 예나 지금이나 '안마'가 거의 유일한 생계수단이다. 아버지도 부산맹아학교를 졸업하고 안마를 배워 안마사가 되었다. 당연히 삶은 매우 혹독했다. 전쟁 후 극심한 가난과 피폐해질 대로 피폐해진 한국 사회에서 장애인의 삶이 어떠했는지는 구구절절 늘어놓고 싶지 않다. 다만 "몸이 천 냥이면 눈이 구백 냥"이라는 말로 대신하고 싶다. 소중한 눈을 잃고 평생을 시각장애인으로 살아가야 하는 사람들은 절망과 함께 사회의 온갖 냉대와 편견을 고스란히 받았다.

시각장애인들은 대부분 처음에 생계수단으로 안마를 배워 안마사가 되지만 나이 들어 힘이 빠지면 그마저도 할 수 없게 된다. 그러면 대부분 걸인이 되어 구걸로 여생을 마감하는 게 그 시절의 삶이었다. 실제로 예전에 맹아학교에서는 찬송가를 가르쳤다. '기독교 신자'가 되라는 뜻이 아니라 나중에 걸인이 되면 찬송가를 부르면서 구걸해야 하기 때문이었다(물론 지금은 그렇지 않다). '예비된 걸인, 미래의 거지.' 그것이 시각장애인의 삶이자 운명이었다.

이준엽

을지로의
잠 못 이루는 밤

"삶은 당신이 만드는 것이다. 이전에도 그렇고, 앞으로도 그럴 것이다."
그랜마 모세

예전에 시각장애인은 대부분 같은 시각 장애인과 안마원에서 만나 결혼하여 자식을 일찍 낳았다. 다른 장애와 달리 언제나 곁에서 수발을 들어주는 사람이 필요하기 때문이다. 길 안내도 해야 하고 식사도 일일이 챙겨줘야 한다. 아버지의 수발은 언제나 삼촌과 고모들의 몫이었다. 언제까지 집안에서 형제들의 도움을 받으며 살 수 없어 아버지는 일찍 결혼을 하였다. 23살 되던 해 같은 시각장애인 안마사와 결혼했다. 이듬해인 1971년 11월 내가 태어났다. 옛날에는 흔히 그랬듯 병원 아닌 집에서 할머니가 나를 받았다. 나는 그렇게 아버지도 시각장애인, 어머니도 시각장애인 사이에서 태어났다. 내가 태어났을 때 부모님과 온 친척들의 초미의 관심사는 눈이 '제대로 보이는지'였다.

나는 지금까지 나를 낳아준 생모를 한 번도 본 적이 없다. 생모에 대해 아는 것은 몇 가지 단편적 이야기뿐이다. 나를 낳은 지 얼마 되지 않아 아버지와 이혼하고 다른 안마원으로 가셨다는 정도다. 그것도 아주 나중에 들었다. 나를 길러준 어머니가 생모가 아니라는 사실을 27살 때 처음 알았다. 삼성물산에 입사하여 입사 제출 서류로 호적초본을 제출할 때 알게 된 것이다. 호적초본(현 가족관계등록부)을 처음 본 순간의 충격은 지금도 잊을 수 없다. 27살이 될 때까지 어머니가 생모가 아니라는 생각을 추호도 해본 적이 없었다. 그만큼 어머니는 나를 친자식보다 더한 사랑으로 키웠다.

아버지는 라디오가 유일한 벗이었다. 라디오에서 흘러나오는 음악과 세상 돌아가는 이야기를 듣는 것이 유일한 낙이었다. 대부분의 시각장애인들에게 라디오는 '세상과 통하는 유일한 창이자 친구이자 선생'이었다. 그러던 어느 날, 아버지는 평소 즐겨 듣던 방송국에 전화를 걸어 자신을 소개하고 을지로 사는 맹인 안마사이며 혼자 아들을 키우고 있다는 사연을 들려주었다. 그리고 듣고 싶은 음악으로 헨델의 '메시아'를 신청했다.

같은 시각, 그 방송을 듣고 있던 한 여자가 있었다. 라디오에서 흘러나오는 남자의 사연을 듣던 여자는 뭔가에 홀린 듯 집에서 일하던 언니와 함께 남자를 찾아갔다. 여자는 어릴 때부터 입버릇처럼 "나는 커서 몸이 불편한 장애인과 결혼해 그 사람을 도와주며 살 것이다"라고 말했다. 그때마다 여자의 부모는 말이 씨가 된다며 '범이 물어갈 년'이라고 혼냈다. 그렇게 혼나면서도 그 꿈을 버리지 않은 여자는 우연히 들은 라디오의 사연이 이끄는 대로 발걸음을 옮겼다. 운명처럼

이준엽

'애 딸린 이혼한 맹인 안마사'와 결혼해 꿈을 이룬 것이다. 바로 내 어머니의 이야기다.

어머니에게는 아무 문제도 없었다. 얼굴이 못생겼거나 불구가 아니었다. 오히려 용모가 단정했고 여고까지 졸업했다. 번듯한 집안에서 중매도 많이 들어왔다. 마음만 먹으면 얼마든지 좋은 조건의 남자를 만나 행복한 가정을 꾸릴 수 있었지만, 어머니는 아버지와 결혼을 결심했다. 언니와 함께 처음 아버지를 만난 날을 지금도 잊지 못한다고 말씀하신다. 앞을 못 보는 청년이 양복을 말끔하게 차려입고 손님을 맞이했는데 중국집에 전화를 걸어 자장면과 군만두를 시켜 대접했다 한다. 남들과 똑같이 전화를 걸고 물건도 찾고 아무 불편 없이 거동하는 모습이 신기했다. 그래서 음식을 먹지 않고 물끄러미 쳐다보고 있었더니 아버지가 물었다.

"왜 한 분은 안 드시고 계세요?"

"아니에요, 먹고 있어요."

"아닙니다. 저는 안 보이지만 다 압니다. 한 분은 안 드시고 있네요."

어머니는 깜짝 놀랐다. 어떻게 알았지? 그것이 무척이나 신기했다. 그 이후 어머니는 일주일에 한 번꼴로 아버지의 집을 찾아가 반찬도 만들고 청소도 해주었다. 그러다 결혼을 결심하고 평생을 반려자로 살아오시게 되었다. 그때 22살을 막 넘긴 꽃다운 나이였다.

라디오를 친구 삼아 지냈던 시각장애인 안마사와 그 라디오에서 사연을 듣고 찾아간 여자, 두 사람의 운명적 만남과 사랑 이야기는 드라마보다 더 극적이다. 때로 우리는 삶이 더 드라마 같고 현실이 더 영화 같다는 표현을 자주 쓴다. 톰 행크스 주연의 〈시애틀의 잠 못 이루는 밤〉은 잊지 못할 명작 중의 하나다. 톰 행크스는 아내와 사별 후 홀로 아들을 키우는 아버지 역을, 맥 라이언은 다른 남자와 약혼한 여자 역을 맡아 열연했다. 두 사람의 만남을 연결해주는 매개체가 라디오였다. 톰 행크스의 아들이 라디오에 전화를 걸어 아내와 사별 후 힘들어하는 아버지의 사연을 이야기하고 그 사연을 우연히 들은 맥 라이언과 운명적으로 만나 사랑을 하게 된다. 아버지와 어머니의 결혼은 진정 한 편의 영화가 아닐까.

이준엽

팔자는 내가 만드는 것일까,
남이 만들어주는 것일까

"운명은 그 사람의 성격에서 만들어지고, 성격은 일상생활의 습관에서 만들어진다."
데카르트

아버지와 어머니의 결혼은 영화 같은 이야기지만 현실은 달콤하지 않았다. 물론 어머니가 달콤한 결혼생활을 꿈꾸며 결혼하지는 않았겠지만 시각장애인과 살면서 얼마나 많은 고통과 시련을 겪었겠는가. 더구나 지금처럼 장애인에 대한 조그마한 배려도 없던 시절을 살아오면서…. 하지만 나는 자라면서 어머니에게서 단 한번도 "아이구 내 팔자야"라는 푸념이나 원망 섞인 넋두리를 듣지 못했다. 전처소생인 내가 사춘기에 접어들면서 반항하고 말썽을 부릴 때도 자신의 처지를 비관하지 않았다. 오히려 내게 늘 아버지를 존경해야 한다고 입버릇처럼 말했을 뿐이다. 애 딸린 이혼남, 그것도 벌어놓은 돈도 없고 미래도 희망도 없는 맹인안마사와의 결혼을 결심한 사람은 어머니 자신이었다.

자신의 선택이었기 때문인지 아니면 타고난 긍정의 힘인지 아니면 신앙의 힘인지는 모르지만 어머니는 후회의 말, 불평의 말 없이 늘 감사하는 마음과 희망을 잃지 않으면서 밝은 얼굴로 사람들을 대했다. 그것은 어머니뿐이 아니었다. 아버지도 늘 감사의 마음으로 하루하루를 살았으며, 처지를 비관하는 모습을 보이지 않았다. 부모님은 누구의 탓도 하지 않았으며 팔자타령을 하지 않았다. 그렇다고 내게 "팔자타령 하지 말라"고 가르친 적도 없다. 말로 가르쳐주지 않았으나 나는 부모님의 삶을 보면서 세상을 살아가는 가르침을 배웠다. 불가의 가르침 중에 훈습(薰習)이 있다. 향이 옷에 배듯 어떤 것에 계속하여 자극을 주거나 노출될 때 점차 그 영향을 받는 것을 말한다. 부모가 삶에서 보여준 모든 행위가 자식의 마음에 그대로 가르침으로 남는 것이 바로 훈습이다.

주변을 둘러보면 많은 사람들이 습관적으로 "아이고, 내 팔자야"라고 한탄하며 스스로를 비관하거나 푸념을 늘어놓는다. 뿐만 아니라 남을 탓하고 환경을 탓한다. 이러한 습관을 지닌 사람들이 성공하고 꿈을 이루기는 그야말로 하늘의 별 따기다. 우리나라 사람들이 우는 아이 달랠 때 흔히 하는 말이 있다. 어린아이가 아장아장 걷다가 넘어져 울음을 터뜨리면 옆에 있던 엄마나 할머니가 아이를 일으키며 말한다.

"어이구 내 새끼, 누가 그랬어?"

분명 누구 때문에 넘어진 게 아닌데도 대부분의 엄마나 할머니는 대뜸 누가 그랬냐며 달랜다. 그러한 말을 자꾸 듣다 보면 아이는 넘어진 게 자기 때문이라고 생각하기보다는 다른 사람 때문이라고 생각하

이준엽

게 된다. 남 탓하기를 어릴 때부터 배우는 것이다. 나쁜 의미의 훈습이다. "누가 그랬어?"라고 달래서는 안 된다. 자칫 문제의 원인이 자신이 아닌 다른 사람에게 있다고 은연중에 각인시키고, 남 탓하는 습관을 갖게 할 수 있기 때문이다. 이제부터 말 습관을 바꿔보자. "어이구, 내 새끼 누가 그랬어?"가 아니라 "어이구, 어쩌다가 이랬어?" 또는 "어이구, 왜 그랬어?"

〈심청전〉과 〈선녀와 나뭇꾼〉을 싫어했던 소년

"고통은 인간의 넋을 슬기롭게 하는 위대한 스승이다."
에센바흐

내가 어릴 때 아버지는 '신신안마원'이라는 이름으로 출장 안마원을 운영하였다. 말이 안마원이지 그냥 맹인 안마사들과 함께 기거하며 사는 단칸방이었다. 예전에는 안마사들이 함께 기거하면서 가정집이나 여관에서 안마사를 부르면 가서 안마해 주고 돈을 받아 생활하는 출장 안마원이 곳곳에 있었다. 지금은 그런 형태의 시각장애인 출장 안마업이 거의 자취를 감춘 것으로 알고 있다. 나는 대학 3학년 때까지 10평 남짓한 단칸방에서 지냈다. 그 방에서 부모님과 나, 내 동생, 맹인 안마사 서너 명, 길 안내를 맡은 형, 그리고 외할머니, 외할아버지까지 거의 10명이 넘게 살았다. 그중 반이 시각장애인이었다.

예전에 우리나라는 참으로 가난했다. 내가 어릴 때인 1970년대와 80년대는 고기반찬 먹기가 드문 일이었다. 특히 우리 집은 1년에 고기반찬을 먹을 수 있는 날은 명절뿐이었다. 하루 벌어 하루 먹고 사는 안마일을 하면서, 더구나 10명 넘는 대식구가 모여 살면서 고기반찬을 먹는다는 것은 상상도 할 수 없는 일이었다.

안마는 힘들고 고된 일이다. 더구나 멀게는 1시간 이상을 걸어 안마를 하고 걸어오기 일쑤였다. 얼마나 고된 육체노동이겠는가. 그렇게 고된 노동을 하고 오로지 보리밥과 김치로 채워야 했다. 식사 때가 되면 시각장애인 안마사들은 배가 너무 고파 밥을 걸신들린 듯 먹었다. 더구나 앞이 안 보이니 반찬을 떨어뜨리고 국물을 흘리고 밥알을 흘리고 정말 전쟁통이 따로 없을 정도였다.

초등학교 4학년 때까지 살았던 을지로 4가에 있는 집은 작고 허름했다. 화장실도 재래식이어서 분뇨수거차가 와서 분뇨를 퍼갔다. 난방도 연탄보일러가 아닌 나무를 때는 온돌방이었다. 날씨가 쌀쌀해지는 겨울철이면 땔감을 구해야 했는데 그 일은 언제나 내 몫이었다. 학교가 끝나면 땔감을 구하기 위해 시장통과 골목을 누비고 다녔다. 지금은 볼 수 없지만 예전에는 나무 궤짝이 많았다. 사과 상자며 굴비 상자 등이 전부 나무 궤짝이었다. 그 궤짝이 땔감으로 쓰기에 안성맞춤이었다. 나는 학교에서 돌아오면 재래시장을 쏘다니며 나무 궤짝을 주워야 했다. 서울 한복판에서 '나무하는 소년'이었던 셈이다.

시각장애인 아버지를 두고 매일 시장을 뒤지며 나무를 했던 어린 시절…. 그래서 나는 어릴 때 〈심청전〉이 싫었다. 사람들이 나를 '봉

사집 아들'이라 부르는 게 싫었다. '심봉사'라는 말이 싫었다. 눈 먼 아버지를 위해 인당수에 몸을 던져야 했던 외동딸 청이의 심정이 늘 내게 불편한 감정을 주었다. 적어도 나에게는 그저 재밌는 옛날이야기가 아니었기 때문이다. 그리고 또 싫었던 것이 〈선녀와 나무꾼〉이었다. 늘 학교에서 돌아오면 땔감을 구하러 다니는 내 모습이 싫었기 때문이다.

이준엽

강남 개발과
안마시술소

"서두르지 않고, 그러나 쉬지도 않고."
괴테

시각장애인 안마사들 중에는 용모가 단정하지 않은 이들이 많았다. 앞을 못 보는 데다 대부분 부부 모두 시각장애인이니 그럴 수밖에 없었다. 안마는 신체 접촉이 이뤄지는 일이기에 안마사의 위생 상태나 용모를 무시할 수 없다. 다행히 우리 집은 앞을 보는 어머니가 있어서 신신안마원 식구들은 항상 단정하고 깨끗한 차림을 유지했다. 그러다 보니 신신안마원을 찾는 단골 중에는 기업체 사장이나 장관들도 있었다. 아버지가 운영하던 신신안마원은 제법 유명해져 출장을 요청해 오는 고객들이 늘어났다.

그러자 여기저기서 아버지의 명의를 이용해 돈을 벌려는 사람들의 유혹이 들어왔다. 명의만 빌려주면 안마시술소를 차려주겠다는 것이었다. 월급을 받으며 고용한 안마사들과 함께 편하게 안마를 하면서 수입을 가져가라는 사람도 있었다. 이른바 '명의 사장'으로 아버지를 내세워 안마시술소를 차리고 아버지에게는 월급과 함께 안마 수입의 일부분을 주겠다는 제의였다. 안마사들을 수발하면서 이리저리 밤이슬을 맞으며 일을 다니던 부모님에게는 더할 나위없는 제안이었다. 그러나 아버지는 그 제의를 받아들이지 않았다.

1980년대는 이른바 강남 개발붐이 일던 시절이다. 강남에 안마시술소가 우후죽순으로 생겨나기 시작했는데 안마시술소를 차리기 위해서는 아버지처럼 시각장애인 안마사 자격증이 필요했다. 또 시각장애인 안마사를 고용한 안마원 원장이 필요했다. 안마시술소가 성행하면서 출장 안마업도 된서리를 맞았다. 하루에 한 건의 안마 의뢰도 들어오지 않을 때가 많았다. 그런 날은 '공(空)친 날'이라 표현했는데 그렇게 공치는 날은 안마사들은 물론 부모님도 우울한 날이었다. 안마사들을 포함해 열 식구를 거느린 아버지로서는 하루벌이가 그만큼 절박했다. 그런 아버지였으니 편히 돈을 벌게 해주겠다는 말에 어찌 흔들리지 않을 수 있겠는가?

그 무렵 아버지 친구분 중에서 출장 안마원을 운영하다가 안마시술소를 차린 후 돈을 많이 벌었다는 소문이 들려왔다. 아버지도 안마시술소를 운영하면 돈을 많이 벌 텐데, 왜 그걸 하지 않을까? 돈 벌 수 있는 기회가 있는데 여전히 밤이슬을 맞으며 안마사들이 이곳저곳 출장을 다녀야 하는 구태의연한 출장 안마업을 왜 고집하는지… 나로서는 여간 속상한 게 아니었다.

나는 내 방 하나 가져보지 못하고 안마사들과 단칸방에서 먹고 자

이준엽

고 공부해야 하는 환경이 싫었다. 옛날 방식에서 벗어나지 못하고 시대 흐름을 따라가지 못하는 꽉 막힌 아버지가 답답하기만 했다. 그때 아버지는 내게 왜 안마시술소를 하면 안 되는지 자세히 말해주지 않았다. 당시 안마시술소는 대부분 시각장애인 안마사를 고용해 합법적으로 안마를 한 후 소위 '2차 서비스'라 부르는 성매매 윤락행위를 했다. 지금은 안마시술소의 성매매 행위를 강력히 규제하지만 그 시절에는 법적 규제도 미약했다.

아버지, 어머니는 신앙인의 양심에 따라 성매매 행위를 하는 업소를 운영할 수 없었다. 그래서 안마시술소 사장 자리라는 달콤한 유혹을 뿌리치고 묵묵히 출장 안마원을 운영했던 것이다. 그때는 그런 깊은 뜻을 헤아리지 못했다. 지금 생각해보면 편하고 쉬운 길을 가지 않고 힘든 고난의 길을 묵묵히 걸으면서도 희망의 끈을 놓지 않고 살아온 부모님의 삶을 체득한 소중한 시간이었음을 고백한다. 부모님은 그렇게 가난할지라도 당당하게 사는 삶이 더없이 훌륭함을 몸소 보여주었다.

쇼생크 탈출이 만들어낸 '하나교회'

"훌륭한 인간의 두드러진 특징은 쓰라린 환경을 이겼다는 것이다."
베토벤

아버지에게는 꿈이 있었다. 두 아들을 대학까지 보낸 후 신학을 공부해서 목회자로서 복음을 전하면서 살겠다는 꿈이었다. 많은 사람들이 아버지의 꿈을 허황된 공상으로 생각했다. 아버지에게 조언하기를, 자식도 대학에 보내지 말고 고등학교만 졸업하면 곧바로 취직시키라고 했다. 그런데 어릴 때 내 일기장을 보면 아버지가 나중에 목사님이 되게 해달라고 기도하는 내용이 자주 등장한다. 아버지는 진짜 두 아들을 대학까지 공부시키고 당신이 꿈꾸던 대로 오십이 다 되어 신학 공부를 시작했다.

아버지와 어머니는 신학교를 다니면서 낮에는 공부하고 밤에는 안마를 하러 다녔다. 주경야독(晝耕夜讀)이 아니라 주독야경(晝讀夜耕)인

이준엽

셈이었다. 나는 대학을 졸업한 후 학군장교로 임관해 육군 제9사단 백마부대에서 소대장과 본부중대장으로 근무했다. 백마부대는 6.25 때 창설된 부대로 우리나라에서 유일하게 사단본부에 개선문이 있다. 월남전에서 승전을 올린 사단이기 때문이다. 백마부대는 파주와 고양 일대를 방어한다. 내가 소대장으로 부임했던 방어지역은 파주 금촌동이었다. 군 생활을 하는 동안 금촌을 바라보면서 막연히 나중에 아버지가 목사님이 되시면 이곳에서 목회를 했으면 좋겠다는 생각을 했고, 가끔 그렇게 기도도 했다.

아들이 군 생활을 하며 나라를 지킨 곳인데 나중에 아버지가 목회를 하면 뜻 깊을 것 같았다. 그러나 나는 그 생각을 부모님께 한 번도 말한 적이 없다. 사실 생각만 했지 단칸방에서 안마원을 운영하시는 아버지가 진짜로 교회를 세워 목회를 한다는 것은 이룰 수 없는 꿈이었다. 군 생활을 마치고 삼성물산에 들어가 직장생활을 하던 때였다. 어느 날 아버지에게서 전화가 왔다.

"기엽아, 아버지가 땅을 샀다."(나의 원래 이름은 이기엽이었는데 2009년 이준엽으로 개명했다.)

"아버지가 땅을 샀다고요?"

나는 깜짝 놀라 물었다. 가진 재산이라고는 서울 중구 광희동에 있던 작은 단칸방 집이 전부였는데… 어떻게 땅을? 그런데 아버지는 안마원을 운영하시면서 평생 모은 돈이 1억 원이나 되었던 것이다.

"어디에 땅을 샀는데요?"

"경기도 파주 금촌동이다."

또 한 번 놀라지 않을 수 없었다. 금촌동 400-68번지. 당시 금촌역 뒤에 있는 언덕배기 달동네 땅이자, 내가 군 생활하면서 매일 바라보던 동네였다. 나는 한 번도 아버지에게 파주 금촌에 대해 이야기한 적이 없었다. 나 혼자 그저 막연히 바라고 기도는 가끔 했지만, 설마 그게 이루어질 것이라고는 상상도 못했다. 그런데 참으로 신기한 것이 평소 부동산 사업을 하시는 아버지 친구분이 어느 날 갑자기 좋은 땅이 나왔다면서 아버지 어머니 손을 잡고 데려가더라는 것이다. 그곳이 바로 파주 금촌동이었다. 그 땅에 아버지와 내가 3층 건물을 지었다. 그리고 아버지는 목사 안수를 받으시고 2001년 봉헌예배를 드렸다. 목회자의 꿈을 이룬 것이다.

영화 〈쇼생크 탈출〉의 주인공은 작은 조각용 망치로 벽을 파서 20년 만에 탈출한다. 악인인 교도소장에게 멋지게 복수하면서 해피엔딩으로 끝나는 영화는 보는 내내 짜릿한 감동과 재미를 안겨주었다. 나는 그 영화를 보면서 과연 나라면 저렇게 할 수 있었을까 생각했다. 수십 년 동안 망치로 조금씩 벽을 파낼 수 있을까? 아마 못했을 것이다. 그런데 우리는 살아가면서 자신도 모르는 사이에 그런 삶을 살아왔음을 깨닫게 된다.

아버지는 금촌에 교회를 세우시고 이름을 '하나교회'라 지었다. 북한 땅이 바라보이는 파주에서 남과 북이 '하나' 되게 해달라는 염원을 담은 이름이다. 아버지와 어머니는 지금도 매일 새벽에 일어나 하루도 거르지 않고 우리나라를 위해 기도하신다. 나는 가끔 우스갯소리로 우리나라에 전쟁이 나지 않고 평화로운 것은 우리 부모님 기도 덕분이라고 말한다.

어머니는 상담사의 꿈이 있었다. 남 이야기를 잘 들어주고 상담하

이준엽

는 소질이 뛰어났고 리더십도 강해서 광림교회에 다닐 때는 여전도회 회장을 수년간 맡아 이끌었다. 어머니는 아버지와 함께 신학을 공부한 후 상담심리 공부를 더해서 상담사가 되었다. 파주 지역을 맡아 많은 사람들을 살리는 상담사의 꿈을 이룬 것이다. 아버지에게 하나교회는, 어머니에게 상담사는 '쇼생크 탈출'이었다.

한 잔의 물에서 시작한
한국카이스(CoreaKYSS)

"현명한 사람은 기회를 찾지 않고 기회를 창조한다."
베이컨

남상이라는 고사성어가 있다. '넘칠 람(濫), 잔 상(觴)'으로 이루어진 이 단어는 "잔 하나 넘칠 정도의 작은 물줄기"를 의미한다. 중국에서 제일 큰 강이자 세계에서 세 번째로 긴 강인 '장강(長江: 양쯔강으로 알고 있는 이 강의 원래 이름은 장강이다)의 원류를 거슬러 올라가면 중국 서쪽 티베트 고원의 동부산 협곡이 나오는데 그 꼭대기가 장강의 발원지다. 그 발원지의 물줄기가 얼마나 작으면 겨우 잔 하나를 넘치게 할 정도에 지나지 않는다는 것이다. 다시 말해 '남상'은 보잘것없는 시작을 의미한다. "네 시작은 미약하였으나 네 나중은 심히 창대하리라"는 성경 구절과 일맥상통한다.

어찌 이것이 장강에만 적용되랴. 세상 모든 이치가 다 이와 같다.

이준엽

세계 시총 1위의 구글도 두 명이 차고에서 시작했다. 그야말로 드라마틱한 남상이다. 애플도 스티브 잡스가 중고차 팔아 마련한 1300달러로 시작한 작은 회사였다. 우리나라 1위 기업 삼성도 조그만 상회에서 출발했다. 우리가 상상하고 마음속에 그리는 원대한 꿈과 비전도 사실 작은 마음의 씨앗에서 시작한다.

나는 17살 되던 해, 그러니까 고등학교 1학년 때 꿈을 갖게 되었다. 사업가의 꿈이었다. 사업을 해야 돈도 많이 벌고 좋은 일도 할 수 있을 것 같았다. 직장생활을 하거나 교사나 공무원이 되면 나 혼자는 먹고 살 수 있겠지만 부모님을 잘 모실 수 없을 것 같았다. 시각장애인들의 삶은 대체로 비참하게 끝났다. 안마를 하다가 그마저도 나이 먹고 힘 빠지면 안마원에서 쫓겨나 길거리나 지하철에서 구걸하면서 생계를 유지하다가 쓸쓸히 삶을 마감하는 게 당시 시각장애인의 일생이었다. 아버지 친구분들 중에 실제로 안마원에서 쫓겨나 지하철에서 걸인이 된 분도 많았다. 그러다가 약을 먹고 자살하는 비극도 있었다. 그래서 그랬는지 나는 커서 사업가가 되고 싶었다.

사업가의 꿈을 꾸었으니 미래 내 회사의 이름을 지어야겠다고 마음먹었다. 그래서 손수 회사이름을 작명했다. 내 원래 이름은 '이기엽'이었다. 2009년에 성명학을 공부할 때 기(基)가 나한테 안 좋은 글자라는 것을 알게 되어 개명했다. 여하튼 그때 내 이름 기엽에 아버지의 안마원 이름인 '신신안마원'의 '신신'을 붙였다. 그렇게 해서 지어진 이름이 '기엽신신'이다. 어린 시절 나에게 신신안마원은 정말이지 빨리 벗어나고 싶었던 이름이었다. 가난의 상징이었고, 장애인의 상징이었다. 냄새나고 불결한 시각장애인들과 더불어 단칸방에서 삼시 세

끼 밥을 먹는 곳이었고 학교에서 돌아오면 땔감을 구하러 다녀야 했던 곳의 상징이었다. 그래서 나는 빨리 커서 지긋지긋한 단칸방을 벗어나고픈 마음이 간절했다. 그래서 사춘기 시절에는 이유 없이 반항하며 부모님 가슴을 아프게 했다.

그런데 17살 되던 때, 미래의 회사 이름을 지으면서 그토록 벗어나고 싶었던 신신안마원에 내 이름을 붙인 것이다. 죽는 날까지 나를 길러준 아버지의 안마원 이름을 간직해야겠다고 다짐하게 되었다. 나를 길러준 맹인 아버지의 고마움과 맹인 안마사들의 고마움을 잊지 말자는 다짐이었다. 그렇게 해서 '기엽신신'이라 짓고 영어로 'KiYup ShinShin'의 약자인 KYSS를 따서 '카이스'라 명명했다. 그리고 내가 만든 기업을 통해 우리나라를 일본보다 앞서게 하고 아시아의 최고 국가로 만들겠다는 꿈을 담아 Korea가 아닌 Corea라고 붙여 Corea KYSS, '한국카이스'라 지었다. 그날로 문방구에 가서 고무지우개를 사서 KYSS를 칼로 새겨 도장을 만들었다. 그리고 모든 책과 노트에 KYSS 도장을 찍었다. 나는 미래 한국카이스 그룹의 회장이 될 것이라는 꿈을 키우게 된 것이다.

학교에서 선생님이 책과 노트에 찍힌 도장을 보고 무엇이냐? 물으면 나는 미래의 내 회사 이름이라고 당당하게 선언했다. 친구들에게도 한국카이스라는 회사를 만들 것이라고 이야기했다. 그때마다 어떤 친구들은 비웃고, 선생님들도 웃었다. 하지만 나는 자신 있었다. 지금으로부터 30년 전, 을지로 단칸방의 안마원 집에서 지어진 이름, 보잘 것없는 고무지우개로 판 도장을 CI처럼 생각하며 품었던 그 작은 씨앗, 그것이 오늘날 한국카이스의 남상이 되었다.

이준엽

말은 꿈을 이루는 첫걸음

"말은 마음의 초상이다."
J. 레이

내가 커서 사업가가 되겠다는 꿈을 말하면 대놓고 비웃는 친구도 있었다. 부모를 따라 외국에 여러 번 갔다 온 어떤 친구는 이렇게 빈정거렸다.

"넌 외국에 한 번도 못 나가 봐서 사업 못해."

비웃음을 가득 담고선 사업 아이템은 뭐냐고 묻는 친구도 있었다. 사실 그때는 막연히 사업가가 되겠다는 꿈을 갓 품은 상태였다. 그런데 구체적 아이템도 없이 무슨 사업을 하느냐고 매우 똑똑하게(?) 따지는 친구가 있었던 것이다. 어떤 의미에서 그 말은 틀리지 않았다. 의사 집안에서 의사 나오고, 검사 집안에서 검사 나오고, 사업가 집안에서 사업가가 나오는 것이 당연시 되어버린 시대다. 우리나라가 경제적/사회적으로 안정권에 진입한 소위 후기자본주의 사회가 되면서 계층 이동보다는 계층이 고착화되어 가는 추세다. 그것이 오늘날 흙수저로 대변되는 절망감의 현실이기도 하다. 그래도 나는 CoreaKYSS라는 회사 이름을 짓고 모든 사람에게 선포하고 다녔다.

대부분의 사람이 자신의 꿈을 남에게 자신 있게 말하지 못하는 이유는 비웃음을 사는 게 두렵기 때문이다. 그래서 많은 사람이 꿈을 이야기하길 주저한다. 어떤 사람은 남들에게 비쳐지는 현재 자신의 모습이 초라하기 때문에 말하기를 꺼린다. 그러나 마음속의 생각을 입 밖으로 꺼내 말하는 순간 말의 위대한 창조력이 자신을 조종하게 된다. 말이 생각을 지배하고 뇌를 지배하고 행동을 통제하기 시작한다. 꿈을 이룬 사람들을 따라가고 그들의 이야기에 귀를 기울이게 된다. 자신도 모르게 온 신경과 감각, 두뇌활동이 그 꿈을 향해 나아간다.

반면 꿈을 가지고 있어도 말을 하지 않으면 씨앗을 심고서 물을 주지 않는 것과 마찬가지다. 꿈의 씨앗에 물을 주는 것은 말을 하고 남들에게 선포하는 것이다. 그래야 그 씨앗이 싹을 틔워 자라난다. 성경 창세기를 보면 하나님은 말씀으로 세상을 창조했다. 왜 굳이 전능한 신이 말을 했을까? 정말 의아하지 않은가? 절대자인 신이 왜 굳이 구차하게 "빛이 있으라"고 말을 했을까? 그냥 생각만 해도 저절로 생겼을 텐데 말이다. 그리고 성경에 의하면 우리 인간은 신의 형상대로 지음 받았다. 그런데 또 신의 형상은 없는 것으로 나온다. 그렇다면 신의 형상은 말씀이었던 셈이고, 그 형상을 따라 지음 받은 인간도 말씀의 창조력을 그대로 부여받고 태어났다고 할 수 있다. 그러므로 나는 인간의 말에는 태초로부터 부여받은 창조의 힘이 있다고 믿는다.

이준엽

우리는 흔히 "말이 앞서면 안 된다"고 배우며 자랐다. 말만 번지르르하게 내뱉는 사람이 되거나 경솔하게 말만 늘어놓지 말라는 가르침이다. 하지만 자신의 꿈을 이야기할 때만큼은 예외여도 된다. 말하지 않고 어떻게 자신의 꿈을 이야기하겠는가? 자신의 꿈을 당당히 밝히는 것과 말을 앞세우지 말라는 가르침을 혼동해서는 안 된다.

조상 대대로 내려오는 속담이나 격언들은 선조의 지혜이자 시대를 뛰어넘는 진리인 경우가 많다. 하지만 매번 맞는 말은 아니다. 세월이 변하고 문화나 가치관이 변하기 때문이다. 그 중 "될성부른 나무 떡잎부터 알아본다"는 속담이 있는데, 이 속담은 조금 변해야 한다. 될 만한 사람은 어릴 때부터 비범한 경우도 많지만 어릴 때는 형편없었으나 나중에 훌륭하게 되는 사람도 많다. 사람은 어떻게 생각하고 말하고 행동하느냐에 따라 미래가 달라진다. 과거와 단절하고 얼마든 새롭게 태어날 수 있다. 개과천선이 가능한 존재이며 자기개혁과 성찰로 과거와는 다른 존재가 될 수 있다.

찰스 디킨스의 고전 명작 〈크리스마스 캐럴〉의 스크루지 영감처럼 단 하룻밤의 꿈을 통해서도 평생의 잘못된 습관을 고치고 개과천선할 수도 있는 게 사람이다. 과거의 굴레를 벗고 새롭게 태어났는지 또는 과거의 미숙한 모습에서 얼마나 더 성장하고 발전했는지에 대한 오늘의 모습이 더 중요하다. 그런 의미에서 "과거에 어떠했으므로 오늘도 그럴 것이고 내일도 그럴 것이다"라는 식의 평가와 재단은 잘못되었다. "될성부른 나무는 떡잎부터 알아본다"가 아니라 이제 이렇게 바꿔야 한다.

"될성부른 나무는 말하는 것부터 다르다."

동전말이에 몰두했던
삼성맨

"하찮은 위치에서도 최선을 다하라.
 말단에 있는 사람만큼 깊이 배우는 사람은 없다."
 S.D. 오코너

나는 대학을 졸업하고 첫 직장으로 삼성그룹의 공채시험에 응시하여 삼성물산에 입사했다. 당시 삼성물산은 삼성그룹의 모태이자 정신적 지주 역할을 하던 곳으로 자부심도 매우 높았다. 소위 '삼성맨'의 본산이기도 했다. 삼성에 입사하면 4주의 신입사원 입문교육을 받고 3개월간 삼성물산 자체 신입사원 교육을 받은 후 희망 부서에 배치된다. 나는 희망 부서로 1,2,3 지망 모두 영업직을 지원했다. 삼성물산에서 영업을 배워 소위 말하는 '삼성맨'의 내공을 쌓아 장차 내 사업을 하기 위해 독립하겠다는 생각에서였다.

그런데 회사에서는 내가 경영학을 전공했다는 이유에서인지 경영관리 부서로 발령을 냈다. 경영관리 부서는 기업 활동의 기본이 되는

이준엽

재무회계를 다루는 곳으로 흔히 경리와 자금관리를 맡는다. 삼성물산 명함을 들고 여기저기 출장을 다니는 영업맨을 꿈꿨던 나는 실망감을 금할 수 없었다. 그때 24명의 입사동기가 있었는데 경영관리 부서에 두 명이 발령을 받았다. 처음 배치받은 후 맡은 일은 다름 아닌 '동전을 포장하는 일'이었다. 500원, 100원, 50원, 10원짜리 동전을 각각 분류해 동전포장 기계로 말아서 정리하는 일이었다. 희망했던 영업부서 대신 경리부서로 배치받은 것도 속상한데 겨우 동전을 포장하는 일이라니!

나는 사업가의 꿈을 위해 경영학과를 다녔고 우수한 학점으로 졸업했다. 또한 ROTC 장교로 임관하여 군 생활을 하면서 소대장을 거쳐 단기장교는 맡기 힘든 대대의 '본부중대장'으로 올라가 60명이 넘는 중대원을 통솔했던 중대장 출신이었다. 삼성에 입사해서는 180명의 신입사원 동기생을 대표하는 자치회장으로 선출되어 신입사원 입문 교육에서 공로상까지 받았다. 나로서는 큰 자부심을 갖고 입사한 회사였는데 출근해서 하루 종일 하는 일이 동전 포장하는 일이라니!

나는 크게 실망했다. 동전을 포장하는 기계를 본 적이 있는 사람이라면 알 것이다. 기계에 동전을 넣으면 좌르륵 소리를 내면서 종이에 말려 50개 단위로 포장된다. 지금은 여러 동전을 한꺼번에 넣어도 알아서 분류하지만 당시에는 500원 짜리, 100원 짜리를 미리 분류해서 넣어야 했다. 사무실 한쪽 구석방에 쪼그리고 앉아 해야 하는 이 일은 단순하면서도 여간 고역이 아니었다. 하루 종일 좌르륵 좌르륵 기계 소음을 들어야 했고 구석방에 있다 보니 먼지란 먼지는 다 먹었다. 또 동전을 오래 만지면 손에 아주 역한 냄새가 배어 씻어도 잘 사라지지 않았다. 그렇게 겉모습은 멋지고 화려해 보이는 삼성물산의 공채 신입사원이었으나 초라하고 보잘것없는 일로 첫 사회생활을 시작했다. 내 사회생활의 남상이었던 셈이다.

지금 생각하면 첫 직장에서 희망했던 영업부 대신 경영관리 부서로 발령받은 것이 얼마나 소중한 경험이자 자산이 되었는지 모른다. '관리의 삼성'이라는 삼성물산에서 경영관리를 배운 것이 사업을 하는 지금 소중한 밑거름이었다고 생각하며 늘 감사한다. 그뿐 아니다. 사실 그 이후에 여러 업무를 하고 다른 회사를 다니면서 경험한 그 모든 것들이 오늘의 나를 만든 자양분이며 밑거름이었다. 세상에 하찮은 일은 없다. 똥과 짚으로 썩힌 냄새나는 거름이 농사에서 매우 소중한 '밑거름'이 되는 것처럼, 인생은 하찮은 일과 경험을 밑거름으로 성장하기 때문이다.

이준엽

IMF와 1998년 월드컵 그리고 프랑스 회사

"인생에서 도전은 당신을 무력하게 만드는 게 아니라
당신이 누구인지 발견하는 데 도움을 줄 것이다."
버니스 존슨 리건

삼성물산에서 한참 열심히 근무하던 1998년, 외환위기가 닥쳐왔다. 이른바 'IMF 사태'가 터진 것이다. 대마불사(大馬不死)라고 절대 망하지 않을 것 같았던 대기업들이 부도가 나서 쓰러지고 은행이 망하는, 건국 이래 초유의 사태가 대한민국을 덮쳤다. 국민들은 패닉에 빠졌고 많은 직장인이 하루아침에 실업자가 되어 거리로 쏟아져 나왔다. 대학을 졸업한 청년들이 취업을 하지 못하고 거리에는 노숙자가 늘어났다. 주가는 폭락하고 달러 환율은 2,000원대까지 치솟았다. 삼성물산마저 부도 위기에 몰렸다. 삼성그룹의 모회사이자 한국경제 발전의 상징이었던 삼성물산의 암울한 모습이었으며, 구조조정의 광풍에서 벗어날 수 없었다.

대리급, 과장급 직원들이 부장들에게 줄줄이 불려 들어가 희망퇴직과 휴직 면담을 했다. 퇴직금에 얼마를 얹어주는 위로금을 받으며 정들었던 회사를 떠나거나 복직을 보장받지 못한 채 장기 휴직에 들어가야 했다. 고졸 여사원들도 구조조정 면담을 마치고 하나둘씩 고개를 푹 숙인 채 울면서 나왔다. 그런 여사원들 중에는 시골에 계신 부모님께 생활비를 보내드리며 생계를 책임지거나 동생 학비를 보내는 이들도 있었다. 이제 스무살을 갓 넘긴 여사원들의 눈물을 지켜보면서 IMF 사태를 몸소 경험했다.

삼성물산의 각종 지표는 암울했다. 그렇게 매섭게 구조조정을 하면서 줄이고 또 줄여도 적자 규모만 수천억 원이었다. 그것도 삼성물산의 '유통부문'에서의 '목표치'가 그랬다. 엘리트 직장인의 대명사였던 삼성물산마저 구조조정이라는 이름으로 직원들을 거리로 내모는 회사가 되어 버린 것이다. 외환위기가 터지자 우리나라 대기업들은 하나같이 약속이나 한 듯 구조조정을 단행했다. 신규 투자를 줄이고 신규 채용도 중단했다. 건국 이래 가장 극심했던 시절이었다. 여기저기 부도 이야기와 투신자살하는 사람들의 뉴스가 연일 도배하다시피 했다. 외환위기는 그만큼 무섭고 혹독했다.

하지만 오히려 그때 외국 자본과 외국계 기업들은 한국을 투자의 기회로 여기고 많은 투자를 했다. 1998년 한국에서 가장 큰 투자를 했던 곳이 프랑스 유통회사 '까르푸'였다. 유럽 내 할인점 시장 1위를 달리던 까르푸가 1996년 국내에 첫 점포를 열더니 이내 확장일로를 달렸다. 외환위기가 터지자 까르푸는 대규모 투자를 쏟아 부으면서 한국에서 할인점 시장의 선점을 노렸다. 그러면서 대규모 경력직 인

이준엽

력들을 스카우트했다. 그 무렵 삼성물산에서는 구조조정으로 매일 면담을 하면서 퇴직을 권고하고 휴직을 받는 상황이었다.

나와는 상관없는 일이라며 구조조정을 피하기 위해 눈칫밥을 먹으며 버티기 싫었다. 알아서 나가주는 것이 회사를 위해서나 나를 위해서도 좋다는 생각을 했다. 나는 까르푸 경력직 모집에 지원했다. 유럽에서 1위를 하는 프랑스 회사의 선진 유통기법과 실무를 배우고 싶었고 특히 유통의 꽃이라는 '바이어' 업무를 배우고 싶었다. 그렇게 해서 IMF 사태를 온몸으로 겪는 와중에 까르푸 본사의 문화용품부 구매 과장으로 자리를 옮겼다.

까르푸 본사는 강남 테헤란로에 삼성중공업이 지은 건물에 입주했었다. 아이러니하게 삼성을 나와 프랑스 회사에 들어가 다시 삼성이 지은 건물로 출근하게 된 것이다. 까르푸의 부장급 이상은 거의 다 본사에서 파견 온 프랑스인이 대부분이었고 회사의 공영어는 영어로 모든 회의나 문서 작성은 전부 영어로 해야 했다. 한국의 대기업에서 근무하다가 유럽계 회사에서 회사생활을 하니 그야말로 문화적 충격의 연속이었다.

본사에서 파견 나온 프랑스 간부들은 은근히 한국인들을 깔보며 무시하기도 했다. 어떤 프랑스 부장은 한국으로 발령나기 전까지 한국이 어디에 있는지조차 몰랐다고 자랑스레(?) 떠벌렸다. 어떤 임원은 한국에 발령을 받고 나서 조사해 보니 '북한과 일촉즉발의 전쟁 위기가 있는 곳이며 툭하면 백화점이 무너지고 다리가 무너지고 비행기가 떨어지는 후진국 중의 후진국이자 위험천만한 곳'이고 설상가상으로 얼마 전 'IMF 사태'로 경제가 무너진 나라로 알게 되었다고 아무렇지도 않게 말했다. 어떤 프랑스인은 한국 음식은 전혀 입에 대지 않으면서 우리를 미개하고 미천한 족속으로 취급했다.

1990년대 말까지만 해도 우리나라에서는 길가에서 불법복제 가요 테이프나 CD 등을 버젓이 팔았다. 서울의 중심이라는 강남 테헤란로에서도 그러한 테이프를 파는 사람들이 적지 않았다. 프랑스인들은 우리나라의 그런 모습도 속으로 비웃었다. 가끔씩 손가락질을 해대고 혀를 차며 고개를 절레절레 흔들던 모습이 지금도 생생하다.

까르푸로 이직한 1998년은 제16회 월드컵이 개최된 해였고 개최국은 공교롭게도 프랑스였다. 프랑스 월드컵은 그해 6월 10일부터 7월 12일까지 33일간 열려 뜨거운 여름을 월드컵의 열기와 함께 보냈다. 한국은 4회 연속 본선 진출에 성공했고 차범근 감독을 내세워 사상 첫 16강 진출을 목표로 삼았다. 하지만 한국은 멕시코와의 첫 경기에서 1:3으로 패했고 이어 히딩크 감독이 이끄는 네덜란드에 0:5라는 치욕적 점수 차이로 대패해 일찌감치 예선 탈락하고 말았다. 차범근 감독은 실망한 국민 여론의 뭇매를 맞으며 사상 최초로 월드컵 대회 도중에 감독이 경질되는 수모를 겪었다. IMF로 시름에 빠진 대한민국 국민들은 또 한번 큰 실망과 좌절을 겪어야 했다.

그런데 우리가 그렇게 큰 수모를 겪으며 예선 탈락한 1998년 월드컵의 우승컵은 개최국 프랑스로 돌아갔다. 우승한 다음날, 프랑스인들이 회사에 출근하여 어깨동무를 하며 'We are the champion' 노래를 부르며 기뻐하던 모습을 선명하게 기억한다. 풀죽은 얼굴에 씁쓸한 미소로 축하해 주던 한국 직원들의 모습도 잊을 수 없다. 그들 눈에 우리나라는 미개하고 가난하고 거기다 축구도 못하는 '하급 민

이준엽

족' 이었음에 틀림없었을 것이다. IMF를 맞아 자부심을 갖고 들어간 삼성물산을 떠나 프랑스 회사로 옮겨 서울 강남 한복판에서 직접 봐야 했던 그 장면은 1998년의 대한민국 자화상이었다. 국가가 얼마나 정치를 잘하고 정책을 잘 펼쳐야 하는지에 대해, 그리고 국가경제가 무너지면 어떤 수모를 겪게 되는지에 대해 뼈저리게 겪은 체험이었다. 그렇게 암울했던 대한민국이 IMF 위기를 극복하고 다시 일어서 여기까지 오게 되었다. 이제 우리에게 또 다른 위기와 기회가 오고 있다.

나는 유럽의 자부심 높은 프랑스인들과 일하면서 우리를 은근히 무시하고 깔보는 것을 경험했다. 그러면서 스스로 반성하는 계기가 되었다. 백인 서양인들은 민족적 우월감에 사로잡혀 동양인들을 미개하다고 은근히 얕보는 경향이 강하다. 그런데 정작 우리나라 사람도 같은 동양인을 깔보지 않는가? 필리핀이나 베트남 등 동남아 국가를 우리보다 못산다는 이유로 무시하지 않는가 말이다. 여전히 '서구인에게 무시받는 인종' 이면서도 '나보다 못산다는 이유로 다른 나라와 민족을 깔보는' 나쁜 편견에 사로잡혀 있지는 않은지 돌아보게 되었다.

게하시는 왜
나병에 걸렸을까?

"수처작주 입처개진"
(隨處作主 立處皆眞: 어디에서나 주인으로 살고, 서 있는 곳마다 진리)
임제선사(臨濟禪師)

사회생활을 하면서 내 마음속에 간직한 다짐이 있었다. 그것은 "게하시가 되지 말자"였다. 이는 성경의 일화에서 기인한다. 이스라엘 초기 예언자 중에 엘리사가 있었다. 이웃 나라인 시리야에 나아만이라는 장군이 나병(癩病, 한센병)에 걸려 찾아왔다. 엘리사는 나아만에게 요단 강에서 일곱 번 목욕을 하라고 명하였고 나아만 장군은 그 말대로 해서 나병이 깨끗이 나았다. 나아만은 엄청난 금은보화를 답례품으로 보냈다. 하지만 엘리사는 받지 않고 돌려보냈다. 그런데 그 모습을 곁에서 지켜본 엘리사의 시종이 있었다. 바로 '게하시'였다.

게하시는 한 가지 꾀를 냈다. 나아만 장군의 뒤를 쫓아가 엘리사가 보냈노라고 하면서 은 두 달란트(우리 돈으로 약 6억 원)와 옷 두 벌을 달

이준엽

라고 하여 받았다. 그것을 몰래 숨겨놓고 엘리사에게 돌아갔다. 엘리사는 게하시에게 "너 그 돈을 받을 때 양심이 찔리지 않던?" 물으면서 "나아만 장군의 나병이 너에게 옮을 것이며 네 자손도 영원히 그 병을 앓으리라" 저주했다. 그러자 게하시는 나병에 걸려 온 몸이 하얗게 변했다.

나는 이 이야기를 사회생활의 중요한 교훈으로 삼았다. 욕심에 눈이 멀어 불의한 재물을 탐하면 그 순간 문둥이가 될 수 있다는 가르침이었다. 이런 생각을 갖고 업무에 임하자 사사로운 욕심이나 유혹으로부터 자유로울 수 있었다. 사회생활을 하다보면 청탁이나 향응접대를 받는다. 때로는 불의한 재물에 욕심이 생기기도 하고 유혹을 받을 때도 있다. 특히 유혹이 끊이지 않는 '갑'의 자리에 있으면 자신도 모르게 뇌물과 접대의 사슬에 얽매이게 된다. 나는 사욕이 생기거나 유혹이 오면 게하시와 문둥이를 떠올리면서 양심을 지키려 노력했다. 욕심을 버리면 자유로움이 찾아온다. 그때의 자유는 힘이 있는 자유다. 그리고 더 큰 복이 찾아온다.

까르푸 본사 구매과장으로 소위 말하는 '바이어' 생활을 2년 동안 했다. MD라고 부르는 바이어는 유통업의 꽃이자 파워집단이다. 백화점이나 할인점, 홈쇼핑, 온라인 쇼핑 등 각종 유통업체의 상품 구매와 입점을 책임지는 사람이 바로 MD라 불리는 바이어다. 까르푸는 이마트와 더불어 국내 양대 할인점을 이끌고 있었고 모든 납품업체들의 로비 대상이었다. 구매본부 바이어의 선택에 따라 업체의 영업 실적은 물론 심지어 생사여부도 결정 났다. 따라서 이들에게는 납품업체들이 제공하는 각종 접대와 향응, 때마다 들어오는 선물이 끊이지 않았다. 까르푸의 구매본부도 실로 막강한 파워와 영향력을 행사하는 자리였다. 나는 문화용품부 구매과장으로 모든 음반과 도서, 비디오 등의 문화상품과 문구, 사무용품 등의 상품과 업체 선정 권한이 있었다.

내가 관리하던 납품업체가 총 60여 개였다. 그들의 매출액과 생사여부가 나에게 달려있는 셈이었다. 매일 업체로부터 더 많은 지원과 프로모션을 받아내기 위해 협상해야 했고 또 새로운 업체들의 입점 의뢰나 신상품 입점 의뢰가 끊이지 않았다. 그 과정에서 으레 향응이 뒤따랐다. 납품도 하기 전에 식사부터 대접하려는 업체도 많았고 노골적으로 금품이나 선물을 전하는 업체도 있었다. 기존 납품업체들은 경쟁업체보다 더 많은 상품을 늘리기 위해 더 좋은 조건이나 더 큰 매대를 확보하기 위해 끊임없이 로비와 선물공세를 펼쳤다. 유통업계의 바이어가 되면 무소불위의 권력을 휘두르게 되고 자신이 마치 저승사자라도 된 듯 으스대거나 교만해지는 경우도 있다.

납품업체들이 바이어에게 공식적으로 선물할 수 있는 기회가 1년에 서너 차례 있는데 설날이나 추석, 크리스마스, 여름 휴가철이다. 이 무렵이 되면 각 업체에서는 으레 선물을 보냈다. 주로 상품권이나 선물세트 등이 일반적인데 때로는 고가의 선물도 보냈다. 여러 선물을 받다 보면 받아도 되는 선물이 있는가 하면 받으면 안 되는 선물이 있다. 판단의 근거는 매우 주관적이다. 예를 들어 10만원 상품권은 괜찮지만 30만원 상품권을 받아도 되는가? 사과 한 박스는 괜찮고 한우 갈비세트는 안 되는 것인가? 개인의 주관에 따라 기준이 다르다. 내가 정한 기준은 '아무것도 안 받는다' 였다. 이 기준에 따라 나는 명절 때

이준엽

마다 어떠한 금품이나 선물도 받지 말자는 원칙을 지켰다.

나는 지나치다 싶을 만큼 엄격하게 내 자신의 기준을 지켰다. 그 덕에 작은 비리도 저지르지 않고 근무할 수 있었다. 소탐대실하는 우를 범하지 않으려 나 자신을 경계한 것이 나중에 더 큰 복으로 돌아오는 일을 많이 경험했다. 그리고 그것은 후일 사업을 하게 된 결정적 힘이 되었다. 훗날 내가 창업을 하자 나를 좋게 보았던 납품업체 사장이 투자를 하겠다고 제안했다. 그 투자금은 사업 종잣돈의 일부가 되어 큰 힘이 되었다.

배달 사고와
인지적 할인

까르푸 문화용품 구매과장으로 일할 때 음반 납품업체 중에 '웅진뮤직'이 있었다. 음반 CD는 보통 10,000~15,000원 선이었다. CD 10장이면 10만 원이 넘고 1,000장이면 1000만 원이 넘는 금액이었다. 크기에 비해 비싼 상품이 바로 음반 CD다. 가령 음반 CD로 책장을 하나 채우면 몇 천만 원이 훌쩍 넘는다. 그만큼 재고비용이 높다. 음반 CD 1장을 팔면 1000원~2000원 정도 남을까 하는 마진인데 로스(Loss)율은 매우 높았다. 즉 CD 10장을 팔아도 1장 도둑맞으면 장사하나마나한 상품이었다. 게다가 종류는 또 얼마나 많은가? 한마디로 음반유통은 고생은 고생대로 하면서도 재고비용은 높아 수익을 적게 내는 산업이었다. 때문에 할인점에서는 가장 반응이 좋은

이준엽

음반만을 선별해 집중적으로 구매했다. 매장을 효율적으로 운영하기 위해서였다.

나는 매장을 수시로 다니면서 판매실적과 프로모션 실적을 점검했다. 구매본부 담당자로서 현장의 판매 책임자를 통해 해당 지역의 시장 반응을 살피는 것이 중요한 업무 중 하나였기 때문이다. 그래서 자주 매장을 찾아 점검하였다. 그러던 어느 날 매장에서 음반을 납품하던 영업사원이 나를 보더니 깜짝 놀라는 게 아닌가? 나도 한눈에 그가 누군지 알아보았다. 고등학교 동창인 K였다. 졸업 후 한 번도 만나지 못했는데 그날 우연히 매장에서 만난 것이다. K는 군대를 마치고 음반가게를 잠시 하다가 그만두고 음악을 좋아하고 음반을 많이 아는 경험을 살려 음반유통사의 직원으로 취직했다. 그렇게 마주친 K와 나는 구매과장과 거래처 사원이 아닌 고등학교 동창으로서 격의 없이 가끔 만나 식사를 했다. 그러던 어느 날 식사를 하다가 K가 결심했다는 듯 힘들게 말을 꺼냈다.

"야, 너는 뭘 그렇게 많이 요구하냐? 네가 잘 몰라서 그러나 본데 음반회사들 많이 힘들어."

나는 무슨 영문인지 몰라 어리둥절했다.

"그게 무슨 말이야? 내가 뭘 많이 요구한다는 거야?"

웅진뮤직에게 까르푸는 매우 중요한 거래처였다. 그런데 구매과장이 술도 좋아하고, 접대도 적당히 받아야 접대를 핑계로 납품업체 직원이 회사로부터 영업비나 접대비 명목으로 돈을 받아낼 텐데 내가 접대나 선물을 일체 받지 않으니 영업과장이 그것을 역으로 이용한 것이다. 그는 회사에서는 까르푸 구매과장을 접대했다고 하면서 회사로부터 각종 접대비며 선물비를 받아냈다. 다른 사람과 술을 마시고는 나를 접대했다고 속여 접대비를 청구했고 내게 줄 선물을 샀다면서 비용을 청구했던 것이다. 동창이었던 K는 영업과장이 나를 접대한다는 명목으로 각종 접대비와 선물비를 청구하는 모습을 보며 속으로 못마땅하게 여겼던 것이다. 그러다가 큰맘 먹고 나에게 이야기한 것이 결국 영업과장의 '배달사고'를 밝혀내게 되었다. 내 결백(?)을 들은 K는 그제야 오해가 풀렸다는 표정을 지었지만 나는 씁쓸한 기분을 지울 수 없었다. 이러한 배달사고가 어찌 그뿐이겠는가. 밝혀지지 않아서 그렇지, 비일비재하리라는 생각이 들었다.

나는 영업사원이 가져온 각종 상품권이나 선물을 모두 돌려보냈다. 그렇다고 그럴 때마다 회사에 전화해서 "이번에 보내신 상품권은 돌려보냈으니 확인하시라"고 알린 적이 없다. 60여 곳이 넘는 납품 거래처마다 일일이 전화해 "혹시 이번에 영업과장이 나와 술 마셨다고 영수증 올린 거 있는가? 나는 결코 접대 받지 않았으니 잘 확인하시라"고 할 수도 없지 않은가? 또 거래처 사장이나 임원에게 전화해서 "혹시 영업 담당이 나에게 선물한다고 영수증 올린 적이 있는가?"라고 확인할 수도 없었다. 나는 그저 내 원칙에 따라 행동한 것뿐이었다. 일일이 거래처마다 확인할 필요가 없었다.

내가 돌려보낸 선물이 다시 그 회사로 들어가는지 아니면 영업사원이 착복하는지는 알 바 아니었다. 그런데 이러한 나를 악용하는 악덕 영업사원이 있었던 것이다. 웅진뮤직의 경우 내게 솔직히 말해주는 동창이 있어서 그 사실이 드러난 것이지, 업체마다 밝힐 수 없는 배달사고가 얼마나 많았겠는가? 이러한 사실도 모른 채 해당 업체에서는

이준엽

나를 오해하고, 욕하는 사태가 또 얼마나 많았겠는가. 이처럼 수많은 거래처를 상대하다 보니 있지도 않은 사실을 가지고 오해를 받는 경우도 많았다. 심지어 실제 행동과는 정반대 상황으로 나를 오해하는 경우도 발생했다.

나는 구매과장을 하면서 새삼 알게 된 게 있다. 세상은 오해와 편견으로 가득 차 있다는 사실이었다. 특히 지위가 높을수록 오해와 편견을 더 많이 받을 수밖에 없다는 사실을 깨달았다. 내가 오해 받을 수 있는 위치에 있다 보니 다른 사람의 오해와 비난은 어느 정도 감수해야 하는 일이었다. 나에 대해 잘 알지도 못하면서 오해하고 함부로 평가하고 폄하하는 사람들이 늘 있다는 것을 알게 되었다. 이는 사업을 하면서 거의 매일 느끼는 일이기도 하다. 자신이 잘못해서 해고를 당하면 오히려 회사를 욕하고 대표인 나를 일방적으로 욕하는 상황은 이제 일상다반사이다.

'인지적 할인(Knowledge discount)'이라는 말이 있다. 자신이 알고 있는 것에 대해 실제 아는 내용보다 더 많이 안다고 부풀려 생각하고 이야기하는 경향을 일컫는다. 이런 경향은 누구에게서나 찾아볼 수 있다. 가령 자신이 어떤 사람과 조금 친분이 있는데 나중에 그 사람이 유명한 사람이 되면 대부분의 사람은 주위 사람들에게 이렇게 말하기 쉽다.

"나 저 사람 잘 알아. 나하고 아주 친한 사이거든."

이렇게 우리는 자신도 모르게 조금 아는 것을 부풀리고 과장하는 성향이 있다. 정도의 차이는 있지만 누구나 가지고 있다. 인지적 할인은 익명의 군중과 더불어 사회를 이루며 살아가는 현대인에게 어쩔 수 없이 발생하는 자연현상이다. 낯선 곳에서 전혀 모르는 사람에 둘러싸여 있다가 예전에 일면식이라도 있는 사람을 발견하면 자연스레 반응하는 것과 같다. 그런 인지적 할인의 최정점에서 공격받는 사람이 바로 스타가 아닐까 싶다. 모두가 알고 있고, 관심을 받기 때문이다. 그래서 스타는 악플에 시달리게 마련이다. 즉 수많은 '인지적 할인'의 오류로 뒤범벅된 삶을 살아가게 된다.

지금 대한민국은 세계 최고의 IT강국을 이룩하였다. 하지만 인터넷 문화는 사건의 진상에 대해 잘 알지도 못하면서 마치 잘 아는 것처럼 비판하고 평가하는 인지적 할인을 더욱 가속화하고 있다. 일개 유통 회사의 과장이었던 나도 내 행동과는 전혀 다르게 오해되어 거래처 사이에서 소문이 났다. 그런데 유명인이나 인기스타는 오죽하겠는가. 얼마나 많은 사람들의 오해가 생산되고 확산되었겠는가? 귀한 물건일수록 할인하지 않는 반면 값싼 물건일수록 자주 할인한다. 인지적 할인이 높은 언어 습관은 경박하다. 언행이 경박하면 삶 자체도 경박해질 수밖에 없다. 말은 그 사람의 인생을 창조하기 때문이다.

성공을 향해 도약하기 위해서는 인지적 할인에 빠지는 것을 경계해야 한다. 또한 있지도 않는 사실을 마치 직접 본 것처럼 꾸며서 전하는 사람은 음해자일 뿐이다. 그런 사람은 도약하는 삶을 살 수 없다. 성공을 향해 도약하는 사람의 뒷모습을 보면서 저 사람에 대해 잘 안다고 말하는 사람은 이런저런 뒷담화로 시간을 소일하는 수다꾼일 뿐이다.

이준엽

창업,
EBS의 공동사업자가 되다

"게으른 행동에 대해 하늘이 주는 벌은 두 가지다. 하나는 자신의 실패요,
또 다른 하나는 그가 하지 않은 일을 해낸 옆 사람의 성공이다."
르나르

2001년 11월, 31살 생일 즈음에 나는 창업을 했다. 창업 아이템은 '영
상 매체'와 접목한 교육사업이었다. 그동안 쌓아온 경험과 이력이 창
업에 큰 밑거름이 되었다. 대형 할인점의 문화용품 구매과장으로서
음반이나 비디오 등의 제작과 유통 시스템을 파악할 수 있었다. 그리
고 이직한 위성방송사의 해외 마케팅팀에서 근무하면서 콘텐츠의 해
외유통과 마케팅을 배웠다. 직장을 다니면서 연세대 언론홍보대학원
에서 방송영상학을 석사과정으로 공부하였다. 그러한 전문지식과 직
장생활에서 얻은 경험이 영상 미디어를 접목한 교육사업을 창업한 바
탕이 된 것이다.

창업자금으로 2천만 원을 준비했다. 그런데 내가 창업한다고 하니

대학원 선배 한 명이 5천만 원을 투자해주었다. 까르푸에서 근무할 때 납품업체 사장이었던 분도 4천만 원을 선뜻 투자했다. 창업을 준비하면서 투자해 달라고 누구를 찾아다닌 적이 없었는데도 생각지 않게 두 명의 투자자가 나선 것이다. 한 명은 납품업체 사장으로, 또 한 명은 대학원 선배로서 나를 곁에서 지켜본 분들이었다. 피 한 방울 나누지 않은 사람들이 날 믿고 투자를 결정한 것이 정말 고마웠다. 그렇게 만들어진 창업 자본금 1억1000만 원으로 생애 첫 회사를 세웠다.

교육 콘텐츠 사업은 분야가 매우 다양하다. 어떤 콘텐츠를 만드느냐에 따라, 어떻게 구현하느냐에 따라, 대상이 누구냐에 따라 분야가 무궁무진하다. 사업을 시작할 때 가장 중요한 핵심은 아이템을 구체화시키는 작업이다. 화살 끝이 뾰족해야 과녁에 꽂히듯 아이템 자체는 아주 날카로워야(edge) 한다.

콘텐츠 사업 중에서도 '교육' 콘텐츠를, 교육 콘텐츠 중에서도 '영어교육' 콘텐츠를, 영어교육 중에서도 '어린이'를, 콘텐츠 구현 방식으로는 '영상물' 형식으로 만든다는 구체적 준비를 해나갔다. 함께 사업할 대상으로는 EBS를 염두에 두었다. 당시 '어린이 교육 영상시장'의 절대 강자였기 때문이었다. 판매용 비디오를 전문용어로 '셀스루 비디오(Sellthrough Video)'라 하는데 대부분의 판매용 비디오는 어린이 교육용이었다. 그러한 비디오 중에서 EBS에서 방영된 프로그램이 비디오로 출시되면 기본적으로 몇 만장씩 판매가 되고는 했다.

창업 후 첫 프로젝트로 EBS와 손을 잡아야겠다는 각오를 하며 사업계획서를 만들었다. 우리나라 어린이 영상물 시장의 대부분은 외국에서 제작된 것들이었다. '미키마우스'로 대변되는 월트디즈니는 매

이준엽

년 어린이의 마음을 사로잡는 새로운 캐릭터와 이야기를 선보였다. '포켓몬스터' 시리즈로 대변되는 일본 캐릭터들도 우리나라 어린이들의 마음속 깊이 파고들고 있었다. 반면 토종 캐릭터로 성공을 거둔 사례는 많지 않았다. 교육 콘텐츠의 경우 EBS의 '뿡뿡이'가 유일하다시피 했다. 나는 EBS 교육용 비디오 중에서 뚝딱이 캐릭터를 이용한 영어교육 비디오가 없다는 점에 주목했다. 이 캐릭터를 이용한 영어교육 비디오를 제작해 EBS 이름으로 출시하고 수익을 나누는 사업계획안을 가지고 사업팀을 찾아갔다.

처음 나를 대하는 관계자는 어이없어 했다. 교육 프로그램을 만들어본 적도 없고 영어교육 전문가도 아닌 새파란 젊은이가 와서 EBS의 교육 프로그램을 만들겠다 하니 얼마나 기가 찼겠는가? 그것도 이제 막 설립한 신생회사가 말이다. 관계자는 내 제안을 듣는 둥 마는 둥 건성으로 대했다. 내가 열을 뿜어가며 사업제안서 설명을 마치자 그는 알았다며 그만 가보라고 했다. 지금도 그렇겠지만 당시 EBS에는 수많은 교육 관련 회사들이 문턱이 닳도록 찾아왔다. 그중에는 해외에서 제작된 유명 영상물을 구입해 EBS와 공동사업을 하자고 찾아오는 곳도 부지기수였다. EBS는 가만히 앉아만 있어도 수많은 회사에서 우수한 교육 콘텐츠를 들고와 공동사업을 하자고 매달렸다. 그런 상황이니 매일 밀려드는 콘텐츠 중에서 사업이 될 만한 아이템을 고르기만 하면 될 일이었다. 그것을 EBS 방송에 내보낸 후 다시 '판매용 비디오'로 출시해 수익을 내는 것이 EBS사업팀의 주 업무였다.

따라서 EBS사업팀에는 가만히 있어도 이미 해외에서 검증된 수많은 교육 영상물이 줄을 서서 대기하고 있었다. 사정이 이러한데 굳이 이렇다 할 사업실적도, 내세울 콘텐츠도 없는 신생회사와 영어 비디오 사업을 추진할 이유가 없었다. 나 역시 그 상황을 모르지 않았지만 굴하지 않고 매주 찾아갔다. 문전박대를 당하고도 일주일이 지나면 아무렇지도 않은 듯 또 찾아갔다. 거의 매주 찾아가서 매달렸다. 아무런 경력도 콘텐츠도 없었으나 오직 패기와 열정 하나로 집요하게 물고 늘어졌다. 내가 왜 이 사업의 적임자인지, 왜 EBS에서 토종 캐릭터인 뚝딱이를 이용해서 영어교육 비디오를 출시해야 하는지 당위성을 설명하고 또 설득했다. 끈질기게 3개월을 설득하자 관계자들이 조금씩 마음을 열기 시작했다.

그렇게 해서 내가 올린 기획안대로 영어비디오 사업을 하기로 통과되었다. 그렇다고 바로 계약이 되는 것은 아니었다. 사업 제안은 내가 했지만 업체 선정은 경쟁입찰을 통해 진행한다는 것이었다. 최악의 경우 나는 아이디어만 제공하고 사업 진행은 다른 업체가 될 수도 있는 형국이었다. 그야말로 '죽 쒀서 개 줄' 수 있는 상황이었고 '닭 쫓던 개 지붕 쳐다보듯' 허무하게 끝날 수도 있었다. 하지만 지성이면 감천이라고 했던가. 흔히 쓰는 표현으로 '천신만고(千辛萬苦) 끝에'가 있다. 천 가지 매운 것과 만 가지 괴로움이라는 뜻으로 마음과 힘을 다해 수고하고 애쓰는 것을 비유한다.

정말 말 그대로 천신만고 끝에 창업한 지 8개월 만인 2002년 8월, EBS의 영어비디오 공동사업자로 선정되었다. 그야말로 '꿈에 그리던' EBS와의 계약을 체결하고 얼마나 감사하고 기뻤는지 모른다. 그렇게 해서 '매튜와 뚝딱이의 톡톡 잉글리쉬' 비디오가 이듬해 출시되었다. 이것이 내가 영상을 이용한 영어 교육사업의 첫 남상이었다.

이준엽

주림의 리더십

"Stay hungry, Stay Foolish."
스티브 잡스

삼성 신입사원 교육 시절에 이건희 회장이 사장단 회의에서 했던 강연을 동영상으로 보았다. 강연의 요지는 "삼성이 앞으로 뭘 먹고 살지 생각하면 잠이 안 온다"며 걱정하는 내용이었다. 나는 그때 속으로 말도 안 되는 소리라고 생각했다. 대한민국 굴지의 재벌 회장이 앞으로 뭐 먹고 살지 생각하면 잠이 안 온다는 게 말이 되나 싶었다. 과장된 수사법(修辭法)을 동원한 '엄살'로 여겼다. 그런데 사업을 시작하고 지금에 이르기까지 이건희 회장의 그 말이 머릿속에서 늘 떠나지 않고 있다.

'앞으로 뭘 먹고 살지'를 걱정하는 것은 사업하는 사람의 숙명이다. 당시 삼성은 '신경영(新經營)'을 외치면서 일본을 따라잡자는 목표를 세우고 경영혁신을 강행할 때였다. 오전 7시에 출근해서 4시에 퇴근하는 '74제'를 시행했고, 마누라와 자식 빼고는 다 바꾸라는 표어를 내걸었다. 그때 많은 사람들이 삼성이 제아무리 개혁을 해도 일본의 전자회사를 따라잡는 것은 불가능하다고 생각했다. 일본과의 기술 격차, 브랜드 인지도 등을 고려할 때 삼성이 일본을 따라잡는 것은 언감생심이었다. 그런데 지금 삼성전자와 일본 전자기업들의 모습은 어떻게 되었는가? 남들이 불가능하다고 하던 일이 현실로 나타났지 않았는가.

나는 이건희 회장의 리더십을 국내 1위 기업이라는 현실에 안주하지 않고 항상 더 나은 기업으로 도약하기 위해 끊임없이 노력했던 '주림의 리더십'이라 생각한다. 스티브 잡스도 스탠포드대학 졸업식 연설에서 "Stay Hungry, Stay Foolish(항상 배고픈 듯, 항상 바보처럼 추구하라)"라고 조언했다. 항상 배고픈 상태와 바보처럼 무모한 도전의 상태를 유지하라는 말이다. 동양문화권에 사는 우리는 어릴 때부터 안분지족(安分知足)하는 삶이 훌륭한 삶이라 배웠다. 자신의 분수와 처지를 받아들이고 늘 감사하고 만족하며 살아가는 자세는 스티브 잡스가 말하는 "지식과 지혜에 굶주려 있는 바보가 되라"와 다르다. 우리는 안분지족하며 늘 감사하고 긍정적으로 살아가되 항상 주림의 리더십을 갖춰야 한다. 더 많은 가치를 생산하면서 정작 많은 사람들과 향유하지 못하는 것에 대해, 더 많이 베풀지 못하는 것에 대해 갈급해 하고 목말라해야 한다. 그리고 더 나은 것을 만들고 더 나은 사회를 만들기 위해 항상 배고파하는 주림의 리더십이 필요하다.

나는 우리나라 기업인 중에서 현대그룹의 고(故) 정주영 회장을 제일 존경한다. 이미 큰 부를 일구고 신화 같은 존재가 되었는데도 새로운 사업거리를 찾아 동분서주했던 정주영 회장과 같은 분이 있었기에 대한민국의 오늘이 있다고 생각한다. 정주영 회장이나 스티브 잡스모두 주림의 리더십을 발휘한 사람들이다. 이미 엄청난 부와 명예를이루었으나 더 나은 세상을 향한 주림의 리더십을 보여준 이들이다.

영어학원을 세우다

"사람은 자기의 꿈, 즉 과거에 대한 추억의 꿈과 미래를 향한 열정을 가져야 한다.
나는 새로운 목표를 향해 나아가기를 결코 멈추지 않을 것이다."
모리스 슈발리에

EBS와 영어비디오 사업 다음의 아이템으로 영어학원 사업에 진출하였다. 학원에서 근무해본 적도 없었고 운영해본 적도 없었다. 그야말로 난생 처음 학원사업에 진출하는 것이었다. 맨땅에 헤딩한다는 표현이 있듯 아무 경험도, 백그라운드도 없는 시장에 말 그대로 홀홀단신(忽忽單身)으로 진출하였다. 그래서 영어학원을 세우기 위해 먼저 철저한 시장조사를 했다. 당연하게도 이미 수많은 영어학원들이 성업 중에 있었다.

　나는 이렇다 할 브랜드도 없었고 자본력도 없었다. 시장에 뛰어들어 경쟁할 무기가 없었다. 거대한 학원 재벌과 수십 년의 역사를 자랑하는 대형 영어학원 브랜드와 맞설 경쟁력이 없었다. 조금이나마 안

이준엽

다는 사람들에게 조언을 구하면 구할수록 점점 암울한 이야기뿐이었다. 자금력이 뒷받침되지 않은 개인이 기업형 영어학원과 맞선다는 것은 도저히 승산이 없다는 논리였다.

하지만 나는 그들이 부정적으로 말하고 안 될 것이라 만류하면 오히려 특유의 오기가 발동했다. 그런 말에 기가 죽는 것이 아니라 "그래? 그렇게 영어학원이 대단하다는 거야? 그렇다면 내가 한번 도전해 보겠어"라는 승부욕이 발동했다. 밑도 끝도 없는 자신감을 요샛말로 '근자감(근거없는 자신감)'이라 한다. 바로 그 근자감으로 사업 준비에 박차를 가했다. 1년 가까운 시간을 들여 인기가 높은 수많은 영어학원을 빼놓지 않고 조사하면서 장단점을 면밀히 검토했다. 조사를 끝낸 후 영어학원은 죄다 찾아다녔다. 프랜차이즈 사업을 하고 싶다면서 상담도 받았다. 시스템부터 시작해 노하우까지 다 배웠는데 갈 때마다 새로운 사실도 듣게 되었다.

외국인학교를 방문해 아이를 입학시키려 한다며 상담도 받았다. 어떻게 가르치고, 교육하는 방식은 어떤지, 무엇을 중시하는지도 들었고 학습 환경도 조사했다. 학부모들도 만나 현장의 살아있는 목소리를 듣는 일도 게을리하지 않았다. 학원들과 외국인학교가 많기는 해도 한 번 갔던 곳을 계속 찾아갈 수는 없어서 친구들에게 부탁해서 정보를 수집하기도 했다. 정보를 수집한 뒤에는 각 학원과 외국인학교의 장단점을 분석했다. 물론 시설과 교육철학도 포함되어 있었다. 각 학원들의 장점들을 모으고 단점들은 보완해 가면서 학원의 프로그램을 최적화 할 수 있는 모델을 구축했다. 그리고 2003년 7월에 워릭(Worwick)이라는 브랜드로 영어학원을 세웠다.

그렇게 탄생한 워릭영어학원은 강남 일대에서 가장 유명한 영어학원으로 성장했다. 사교육 일번지라는 강남 대치동에 1호점을 설립한 후, 이듬해에 경기도 분당 정자동에 2호점을, 그 다음해에는 송파에 3호점을 잇따라 개원했다. 워릭은 'Worldwide children in Korea' 에서 따온 말로 내가 직접 지은 브랜드였다. '한국에서 세상을 품은 아이들' 이라는 뜻이었는데 어린이 영어교육계에 새로운 돌풍을 일으키며 언론의 주목도 많이 받았다. 2007년 워릭영어학원은 내 지분을 팔아 M&A를 해서 지금은 다른 곳에서 운영하고 있다.

영어학원을 잇따라 오픈하며 영어교육 사업자로서 새로운 아이템을 계속 발굴해 나갔다. 국내 최초로 삼성 인터넷 영상전화와 함께 인터넷 영상전화를 이용한 영어 콘텐츠도 개발했고 2007년에는 SK텔레콤과 모바일 영어 프로그램을 론칭했다. 스마트폰도 아직 출시되지 않았던 시절이었다. 나는 앞으로 휴대폰으로 영어공부를 하게 될 날이 올 것이라 예측했다. 그때부터 작은 휴대폰 기기에 영어 콘텐츠를 구현하는 영상기법을 고민했다. 지금 우리 회사에서 만든 모바일에 특화된 영어 콘텐츠는 이미 그때부터 준비된 것이다.

그러던 중, 중앙일보에서 처음으로 섹션신문을 만들면서 나에게 영어교육 관련 칼럼을 의뢰해 왔다. 영어학원 CEO로서 영어교육에 대한 칼럼을 매주 한 편씩 쓰게 되었다. 일주일에 한 편씩 칼럼을 쓰면서 영어교육의 방법적 문제보다는 학원을 운영하면서 느꼈던 올바른 교육관에 대해 주로 썼다. 학부모들의 잘못된 교육관이나 방법을 바로잡고 싶었다. 특히 교육방법보다 중요한 것이 교육관이라는 생각을 해오던 터라 바른 교육관을 심어주기 위해 노력했다. 학원을 운영하

이준엽

는 동안 다양한 학부모를 만나면서 학부모들의 이중적 모습을 보게 됐다. 제도권 공교육의 경우 아직까지는 학교가 교육의 장으로서 권위를 소유하고 있다. 자녀들의 생활과 성적이 교사에게 평가받아 진학까지 이어지기 때문이며, 학교는 조금 마음에 안 든다고 쉽사리 그만둘 수 있는 곳이 아니기 때문이다.

하지만 학원의 경우는 완전히 다르다. 학원은 돈을 지불하고 필요에 의해 다니는 곳이다. 싫으면 얼마든지 그만두면 된다. 교사의 평가가 아이의 인생에 별다른 영향을 주지도 않는다. 교사가 마음에 안 들면 교사 교체를 요구할 수도 있고 마음에 안 드는 친구가 같은 반에 있으면 그 아이를 다른 반으로 옮겨달라고 요구할 수도 있다. 자기 돈을 내고 필요한 서비스를 요구하는 학원에서는 학부모들의 감춰진 교육관이 그대로 투영된다. 더구나 지금은 사교육 시장이 성장해서 수많은 학원들이 우후죽순으로 생겼다. 그야말로 학원 춘추전국시대다.

예전에는 이름 있는 학원 몇몇이 다였다. 가령 종로, 대성학원 등 대형 입시학원과 파고다, 시사 등 몇몇 어학원 등이 전부였으나 이제는 수많은 브랜드의 학원들이 종류별로, 과목별로, 서비스별로 다양하게 성업 중이니 잘못된 교육관이 투영되는 사례는 더 심화됐다고 할 수 있다. 학원을 운영하면서 학부모들의 다양한 요구와 불만거리들을 상담할 일이 많았다. 그 중에는 좋은 조언도 있었지만 어떤 경우는 이기심에 가득 찬 요구도 많았다. 오로지 자기 자식만을 위하는 주문이 유달리 많았다. 그런 학부모들을 볼 때마다 절로 한숨이 나오곤 했다.

나는 우리나라의 국민성을 시기와 질투의 민족이라 생각해 왔다.

"사촌이 땅을 사면 배가 아프다"라는 속담이 있는 나라다. 배가 '고픈 것'은 참아도 배가 '아픈 것'은 못 참는 질시의 민족이다. 특히 세계 유일하게 단일 민족으로 구성된 한민족은 민족적 이질감으로 인한 문화의 다양성을 학습할 기회가 없었다. 모든 사람이 같은 언어로 말하고 같은 얼굴에 같은 문화를 공유했다. 나와 네가 다르지 않았다. 남이 하는 것은 나도 해야 했다. 만약 자신이 그렇지 못할 경우에는 시기와 질투심으로 인해 남을 끌어내리는 속성도 더불어 갖게 됐다.

한민족의 장점이라 한다면 남보다 더 잘살려는 욕심과 남보다 조금이라도 더 성공하려는 건전한 욕심으로 경쟁적 문화를 만들었다는 사실이다. 단기간에 경제적으로 성공할 수 있었던 요인은 모두가 열심히 노력한 데 따른 것이기도 하나 그 기저에는 내 자식만은 반드시 성공시키겠다는 부모의 눈물겨운 노력이 있었기에 가능했다. 부모의 그 마음이 건전한 욕심인 셈이다. 자신은 굶어도 자식만은 교육을 잘 받게 해서 반드시 성공시키고자 했던 건전한 욕심이 우리 사회를 부강하게 만든 원동력이다.

이준엽

고구려 멸망과
시기 질투

"마음의 논밭을 개간할 수 있다면
이 세상의 황무지를 개척하는 것은 그다지 어렵지 않다."
니노이야 손도쿠

우리는 장점과 단점은 전혀 반대되는 속성이라 생각하기 쉽다. 하지만 장점과 단점은 내밀히 들여다보면 실상은 똑같은 속성이다. 표현의 차이일 뿐인 경우도 많다. 남보다 잘살고 출세하려는 노력과 열정이 잘못 표출되면 시기심과 질투심이 될 수 있다. 남이 나보다 잘되는 꼴을 못 보고 어떻게든 끌어내리려는 민족성은 지금도 잘 드러나지 않는가? 나는 그것이 단일민족으로서 민족적 다양성이 존재하지 않는 문화에서 기인했다고 생각한다. 인터넷에 도배되는 스타에 대한 각종 악플도 시기심과 질투가 밑바탕에 깔려 있다. 남이 잘난 것을 용납하지 못하고 깎아 내려야만 속이 풀리는 것이다.

　이러한 시기심과 질투가 중국과 대등하게 겨뤘던 고구려를 한순간에 중국의 속국으로 전락하게 만들었다. 고구려는 중국에 맞서 한 치의 물러섬도 없이 대등한 관계를 유지했던 나라다. 대등한 관계를 넘어 오히려 중국을 쩔쩔매게 만들었던 것이 그리 오래전의 일이 아닌 불과 1400년 전이다. 고구려는 중국의 수나라, 당나라와 수십 차례에 걸쳐 전쟁을 치르면서도 대승을 거두며 중국을 중원에 묶어뒀던 나라였고, 고구려와의 전쟁에서 패한 수나라는 전쟁 후유증으로 몰락해 버리고 말았다. 수나라 이후에 생긴 나라가 당나라다. 당나라는 수나라의 원수를 갚고자 고구려를 여러 차례 공격했지만 결국 모두 실패하고 말았다. 당나라의 수십만 대군에 맞서 승리한 장군이 그 유명한 연개소문이다.

그렇게도 위풍당당하던 고구려가 어처구니없이 망한 이유가 있었으니 바로 지도층의 분열, 그것도 연개소문의 두 아들이 시기와 질투심에 벌인 형제간 싸움이 원인이었다. 고구려 멸망의 직접적 원인은 나당연합군의 총공격이라고 생각하지만 실상은 연개소문의 두 아들이 서로 정권을 차지하기 위해 벌인 형제 싸움이 원인이라는 것에 학계의 이견이 없다. 얼마나 아이러니한 일인가? 아버지가 목숨을 바쳐 지켜낸 나라를 자식들이 권력싸움 때문에 고스란히 당나라에 갖다 바쳤으니 말이다.

우리나라뿐 아니라 일본의 민족성도 다르지 않다. 일본의 경제기획청 장관을 지낸 사카이야 다이치(堺屋太一)는 "일본은 질투심이 본바탕에 깔린 문화다. 일본은 이런 질투심을 잘 다스려야 하고 이것이 국제관계에서 나타나면 배척받는다"라고 말했다. 정말 일본인 스스로를 정확히 꿰뚫은 지적이 아닐 수 없다. 그 질투심을 잘 다스리는 것이 21

이준엽

세기 일본을 이끌어가는 정치의 핵심이라 한 것은 정확한 지적이다. 우리나라도 마찬가지다. 피를 나눈 형제의 반목과 질시로 초강대국 고구려를 중국에 통째로 갖다 바친 비극의 역사를 다시 되풀이할 것인가?

앞으로도 시기와 질투의 민족성에서 벗어나지 못하는 한 중국의 동북공정을 막아낼 힘이 없다. 자칫 잘못하다가는 중국의 속국이 될 수도 있는 것이다. 이러한 약점을 보완할 수 있는 방법은 결국 교육이다. 시기와 질투를 없애고 배려와 사랑을 가르치는 교육이 중요한 것이 그 때문이다. 중국은 동북공정을 통해 고구려를 자신의 역사로 편입시키며 고구려 영토의 지배권을 당연한 것으로 만들고 있다. 이제 북한 정권이 몰락하면 중국이 지배권을 주장할 가능성이 그 어느 때보다 높다. 잘못하다가는 그야말로 제2의 고구려 멸망을 겪게 될 수도 있는 것이다. 1400년 전 연개소문의 장남 남생이 남건과 남산 두 동생들을 몰아내기 위해 철천지원수인 당나라를 찾아가 군사를 구걸하던 때와 비슷한 상황이다.

이제는 시기와 질투를 새로운 패러다임에 적용해야 한다. 그런 시기와 질투가 극명하게 드러나는 현장이 바로 교육현장이다. 그런 의미에서 학교 내신성적 비율을 대학입시에 높이 반영하는 정책은 바람직하지 않다. 내신성적으로 대학에 간다면 같은 교실에서 공부하는 급우가 더 이상 친구가 아닌 경쟁자가 되어 버린다. 예전 학력고사 시절에는 학력고사 시험점수만 잘 나오면 같은 반 친구들 모두 대학에 입학할 수 있었다.

시기심과 질투심으로는 성공한 인생을 살 수 없다. 한국전쟁 후 가장 희망이 없던 대한민국을 지금까지 고도 성장시켰던 시기심과 질투심의 긍정적 면은 여기까지다. 이제는 시기심과 질투심을 제대로 다스리고 서로에 대한 존중과 배려심을 기르는 교육으로 대대적인 패러다임 전환을 해야 한다. 지금 우리는 현대사회의 실패한 민족, 실패한 국가로서 영원히 중국의 속국으로 전락하게 될지도 모르는 절체절명의 위기와, 이 위기를 어떻게 헤쳐 나갈 것인지에 대한 선택의 기로에서 있다.

추락하는 것은
날개가 있다

"세상에는 두 부류의 사람이 있다.
자신의 길을 묵묵히 걸어가는 사람과 그 사람에 대해 이야기하며 살아가는 사람이다."
프리드리히 니체

나는 어릴 때 미국인 양부모라 부르던 세슬러 박사로부터 학비를 지원받아 공부했다. 얼마 안 되는 돈이었지만 내 형편에는 매우 소중한 돈이었다. 이처럼 어려운 가정형편에서는 적은 돈도 매우 큰 힘이 된다. 그 도움이 있었기에 대학까지 공부할 수 있었다. 그렇게 공부해서 교육사업가의 꿈을 이뤘으니 나도 가난하고 소외된 사람들에게 희망과 도움을 주어야겠다고 결심했다. 그래서 학원을 운영하면서 모집된 정원의 10%에 해당하는 인원수만큼 저소득층 자녀들에게 무상으로 교육하는 모델을 만들었다. 일종의 '10% 나눔 운동'이었다.

학원의 '10% 나눔운동'은 다음과 같다. 학원은 갖춰진 교실 수에 따라 모집할 수 있는 원생이 교실수의 몇 배로 늘어난다. 같은 교실을 가령 '월수금반'과 '화목반'으로 나눠 활용할 수 있고 토요일반, 일요일반 등 주말반으로도 활용할 수 있다. 또한 1부, 2부, 3부 등 시간에 따라 나눌 수도 있다. 교실이 5개만 있어도 모집할 수 있는 원생은 교실수의 5배~10배 이상으로 늘어난다. 산술적으로 그렇게 많이 늘어난 교실을 매 시간마다 꽉 채운다는 것은 거의 불가능하다.

따라서 모든 교시의 교실에는 빈자리가 생긴다. 빈자리에 한 명씩 소외계층의 자녀들을 무료로 앉혀서 수업을 듣게 한다면 어떨까? 가령 학원에 모집된 학원생이 100명이라 치자. 그 10%인 10명을 지역의 소외계층 학생들에게 장학생 형식으로 무료수업을 듣게 해주는 개념이다. 학원 수강료를 한달에 20만 원이라고 가정하면 10명의 학생에게 무료수강 혜택을 주었으니 200만 원의 장학금 지급 효과가 발생한다. 물론 학원측에서는 200만 원의 비용이 추가로 발생한 것이 없다. 임대료를 더 부담하는 것도, 전기세가 더 나오는 것도 아니고 강사의 급여를 더 주는 것도 아니다. 어차피 빈자리에 한 명을 더 앉힌 것뿐이기 때문이다. 하지만 10명은 분명 한 달에 20만 원에 해당하는 수강료를 무상으로 혜택을 입는다. 총합은 200만 원이나 된다. 실제로 돈을 쓴 사람은 아무도 없지만 혜택을 받은 사람은 있는 것이다. 우리나라 1년 초중고생 사교육비가 18조 원 가까이 된다. 만일 학원들이 너도 나도 10% 나눔운동에 동참하면 어떤 일이 발생할까? 1년에 2조 원 가까운 장학금을 소외계층 학생들에게 나눠주는 일이 벌어진다. 이게 바로 학원의 10% 나눔운동 개념이다.

아무도 돈을 쓰지 않았지만 1년에 2조 원 가까운 장학금을 베푸는 나라. 만일 우리나라의 사교육 업체들이 모두 이 운동에 동참한다면

이준엽

세계 최고의 교육 복지국가가 될 것이고, 저소득층의 교육격차 해소에도 큰 도움이 될 것이다. 생각해보라. 소외 계층 자녀들이 꿈을 위해 원하는 학원에서 얼마든지 공부할 수 있는 시스템이 갖춰진 사회라면 얼마나 좋겠는가? 음악을 공부하고 싶은데 음악학원 다닐 돈이 없는 학생을 지역의 음악학원이 공짜로 가르쳐주고, 수학을 공부하고 싶으면 수학학원에서 가르쳐주고, 미술이나 체육이나 국어나 영어든 얼마든지 사교육비 걱정없이 공부할 수 있는 사회가 된다면 우리나라는 세계 최고의 교육강국이 될 것이라 확신한다.

정부에서 그 학원들에게 세제 혜택이나 각종 지원제도를 만들어 독려한다면 모두가 윈윈하는 사회가 될 것이다. 그렇게 되면 사교육기관이 지금처럼 모든 '악의 근원(?)'이라 비난받고 욕먹을 일도 없을 것이다. 나는 워릭영어학원을 운영하면서 처음으로 이 제도를 만들어 가정형편이 어려운 아이들을 무상으로 교육했다. 이는 어릴 때 나 역시 누군가의 도움으로 공부를 하고 그 덕분에 꿈을 이룰 수 있었다는 것에 대한 감사의 표현이었고 일종의 사명감이었다.

그리고 그것을 발전시켜 공익형 학원 개념으로 사업을 확장해 나갔다. 공익형 학원은 지역의 교회나 여타 시설 등에 있는, 평일에는 사용하지 않는 유휴공간을 활용해 학원 임대료를 낮추고 어려운 학생들을 무상으로 교육하는 모델의 학원이었다. 지자체에서 설립하는 공익형 영어마을 사업에도 뛰어들었다. 그 개념으로 만든 것이 '사회공익형 영어학원'이었고, 군포시 영어마을 사업에 참여해 국내 최대 규모의 '통학형 영어마을'인 군포국제교육센터를 세웠다. 이 센터를 세운 과정 역시 드라마틱했다. 여러 사람의 도움과 천신만고 끝에 2008년에 교육센터를 건립했다. 또한 경기도 성남과 부산, 청주, 대전, 포항, 익산 지역의 교회와 함께 공익형 영어학원을 설립했다.

그 즈음에 내 책을 한 권 냈다. 2009년 10월 국일미디어에서 출간한 《내 심장은 멈추지 않는 엔진이다》였다. 이 책에 어려운 가정형편을 딛고 학원사업자가 된 이야기며 학원사업을 하면서 느낀 점과 공익형 영어학원을 설립한 이야기 등을 나름 진솔하게 엮었다. 자전적 에세이 형식의 자기계발서였다. 그런데 그 책이 그만(?) 2010년에 국립중앙도서관으로부터 '여름 휴가철을 맞아 읽기 좋은 책 80선'에 선정되더니 며칠 뒤에는 'CEO들에게 추천하는 책 7권'에도 선정되었다. 전혀 예상치 못한 결과였다. 그리고 이어서 내가 건립한 영어마을이 여기저기 언론의 스포트라이트를 받았다. KBS, MBC, EBS 등의 뉴스며 다큐멘터리 프로그램에 출연했고 기독교 케이블 채널 등에까지 출연하게 되었다. 메이저 일간지와 주간지에서도 나의 이야기를 다뤘다. 갑자기 언론의 화려한 조명을 받는 이른바 '스타 CEO'가 된 것이다. 그 무렵 나는 '화려한 성공'을 거둔 것처럼 보였다.

그러나 목적이 선하다고 과정과 결과까지 선한 것은 아니다. 사교육 업체의 대명사인 지역의 학원들이 벌떼처럼 들고 일어났다. 학원연합회에서 내가 교회와 함께 만든 공익형 학원 앞에 모여 연일 시위를 해댔다. 교회가 나서서 밥그릇 빼앗는다는 논리였다. 어떤 지역은 아예 학원장 출신이 시의원이 되어 탄압했고 학원연합회의 로비를 받은 시의원들이 노골적으로 우리 회사를 적대시하기도 했다. 생각지도 못했던 일이었다. 좋은 목적을 가지고 만든 공익형 학원모델은 사교육 업체들의 집단 반발과 조직적 탄압에 부딪혀 뜻을 제대로 펴지도

이준엽

못한 채 문을 닫아야 했다. 예상치 못한 실패였다.

빠르게 확장하며 만든 지역의 학원들이 제대로 일어서기도 전에 현금유동성 위기가 닥쳤고 막대한 초기 투자금은 그대로 사라졌다. 결국 나는 새로운 사교육 모델을 만든, 개천에서 용 난 CEO로서 언론의 화려한 조명을 받은 지 얼마 지나지 않아 거액의 투자금을 날린 채 고스란히 회사를 넘겨주었다. 유동성 위기가 회사의 부도로 이어졌기 때문이었다. 영어마을을 세울 때 군포시 관계자들과 브로커 역할을 하며 함께 사업했던 동업자가 있었다. 그는 교육사업에 대해서는 완전히 무지했고 오로지 영어마을 건축하는 건축비와 군포시 공무원을 상대하는 대관(代官)업무를 총괄하겠다고 했다. 영어마을을 건립하기 위해서는 군포시 실세들과도 관계를 좋게 맺어야 하고 각종 허드렛일도 해야 하니 나는 교육에만 신경 쓰라고 했다. 탐탁지는 않았지만 큰사업을 하기 위해서는 적당히 타협도 해야 한다고 생각해 그와 동업을 하게 되었다.

그러나 이는 내 일생일대의 실수였다. 회사가 어려워지자 그는 나에게 경영권을 포기하는 조건으로 내 주식 전부를 회사에 무상으로 증여하고, 유동성 위기를 넘기기 위해 대표이사로서 회사에 빌려준 수억 원의 대여금도 포기하라고 요구했다. 회사 오너로서 모든 기득권과 경영권을 포기하고 사재출연을 하라는 것이다. 그렇게 하면 자신이 기업회생 절차를 통해 회사를 살리겠다는 것이었다. 회사 부도를 막아 학생들의 피해를 최소화해야 하고 군포시 전체가 혼란에 빠지는 것을 막아야 한다는 절박함에 빠진 나는 그 방법이 회사를 살릴수 있는 유일한 길이라 생각했다. 당시 나는 법정관리가 뭔지도 몰랐고 그는 그 사실을 교묘히 이용했다. 그렇게 해서 나는 모든 책임을 홀로 진 채, 2011년 10월 회사를 브로커 동업자에게 넘겨주고 빈털터리가 되어 나와야만 했다. 그 외에도 하고 싶은 말은 많지만 구구절절 늘어놓고 싶지는 않다. 이제 와서 누굴 탓하랴. 남 탓할 일도 아니고 원망할 일도 아니다. 지나 보니 모든 게 내 부덕이었고 내 복이었다. 모든 사실은 하늘이 알 것이기 때문이다.

이준엽

죽은 스티브 잡스가
사람을 살리다

"패배는 우리를 한층 높은 단계에 이르게 하는 교육이다."
웬델 필립스

2011년, 난생 처음으로 1차 부도를 겪은 후 회사를 살리기 위한 조치를 취했다. 기득권을 포기하고 모든 주식과 받을 돈을 포기하는 사재 출연 형식으로 책임을 지고 동업자에게 회사를 넘겨주었다. 회사는 기업회생 절차에 들어갔고 채권자들과 투자자들의 항의 전화와 방문이 줄을 이었다. 엎친 데 덮친 격으로 돈을 빌려준 금융기관에서 악의적으로 형사고소하는 사태도 이어졌다. 배임, 횡령, 부정수표단속법, 사기 등의 죄목으로 대표이사였던 나에게 고소가 들어왔다. 오너로서 수십억 원의 투자금을 한 푼도 못 건지고 고스란히 날린 것도 억울한데 말도 안 되는 죄목으로 형사고소까지 들어오니 하늘이 무너지는 것만 같았다. 고소도 한두 건이 아니라 무려 4건이나 되었다.

회사를 나온 이후 매일 피고소인 자격으로 출두하라는 경찰서의 전화가 줄을 이었다. 사람들이 왜 사업이 망하고서 자살을 하는지 뼈저리게 깨닫는 경험이었다. 더 감당하기 힘든 것은 실패한 사람이라고 수군대는 사람들의 악의적 소문과 오해들이었다. 세상에는 별의별 사람들이 다 있다는 것도 알게 되었다. 그 중심에는 회사를 인수한 그 동업자가 퍼뜨리는 악의적 거짓소문이 큰 역할을 했다. 당시 내 회사는 B 닭고기 회사에서 운영하는 캐피탈사로부터 10억 원을 융자받았다. 그 회사의 회장이 기독교 장로였는데 교회와 함께 공익형 학원을 운영하는 것이 인연이 되어 그 회장의 지시로 돈을 융자해준 것이다. 그중 6억 원을 갚고 4억 원이 남은 상태에서 기업회생에 들어갔는데, 동업자는 "맹인목사 아버지 팔아서 장로 돈까지 사기 쳐서 해먹고 도망갔다"라고 말하고 다녔다.

우리나라 속담에 "아 다르고 어 다르다"는 말이 있다. 회사가 어려워지자 그는 나보고 어떡하든 돈을 구해오라며 난리를 쳤다. 어렵게 캐피탈로부터 융자받아온 돈으로 자기의 월급이며 법인카드로 돈을 펑펑 써댔던 사람이 어쩌면 그렇게 말할 수 있었을까? 자기도 그 돈으로 월급 받고 그 돈을 썼으면서… 사람의 탈의 쓰고도 어떻게 그렇게 악랄하고 비열할 수 있나 싶었다. 우리나라 사람들은 유독 시기와 질투가 많은 민족이라고 앞서 말했다. 책도 내고 여기저기 언론에 주목받던 내가 부도났다는 소문이 나자 속으로 고소하게 여기는 사람들도 많았다. 그들은 물 만난 고기처럼 여기저기 펄떡대면서 악소문을 확대하며 재생산했다. 성공한 젊은 CEO로 화려한 주목을 받은 직후 갑자기 추락하자 감당하기 힘든 절망감이 밀려왔다. 거기다 각종 고소

이준엽

건으로 경찰이며 검찰에 불려가니 절망감은 극에 달했다. 한번 경찰서에 불려 가면 조사를 받는 데만 5~6시간이 걸렸다. 한두 번으로 끝나는 것도 아니었다. 고소가 한두 건도 아니었다. 도무지 끝이 보이질 않았다.

더는 이렇게 살고 싶지 않았다. 매일 매일 어떻게 생을 마감할지 진지하게 고민하는 시간이 이어졌다. 동업자 잘못 만난 업보가 이렇게 큰 것인가 싶었지만 누구를 원망하기도 싫었고 남 탓하기도 싫었다. 모든 게 내 부덕, 내 탓이라 생각했다. 술을 진탕 마시고 연탄불을 피워 죽을까 생각하기도 했고, 수면제를 모아서 한꺼번에 먹을까도 고민했다.

1차 부도를 맞아 회사를 넘겨주고 나온 것이 2011년 10월이었다. 그런데 공교롭게 내가 좋아했던 스티브 잡스가 2011년 10월 5일 타계했다. 스티브 잡스는 재산이 우리 돈으로 9조 3천억 원에 달했다. 미국 내에서 33위의 부자이자 세계 110위의 부호였다. 내 음력 생일이 10월 5일이다. 그래서 잡스의 사망일은 잊을 수 없는 날이 되었다. 잡스가 죽은 해, 죽은 달에 나도 망한 것이다. 그렇게 몇 개월을 혹독하게 지내며 자살 고민을 하던 어느 날이었다. 갑자기 이런 생각이 들었다. 스티브 잡스가 죽기 3개월 전인 2011년 7월, 신(神)이 나타나 "너는 이제 3개월 후 생을 마감한다. 하지만 네 모든 재산을 포기하면 너에게 다시 마흔 살로 돌아가게 해주겠다"고 말했다고 상상했다. 과연 잡스는 어떻게 했을까? 두말 않고 모든 재산을 포기했을 것 같았다. 10조 가까운 재산이 있으면 뭐하겠나? 3개월 후면 죽어서 땅속에 묻힐 텐데 말이다. 10조를 포기해서라도 다시 마흔 살의 젊음으로 돌아가기를 염원했을 것 같았다.

만약 당시 신이 나에게 나타나 "너는 이제 3개월 후 회사가 망한다. 하지만 너에게 잡스의 재산 9조3천억 원을 주겠다. 대신 3개월 후 잡스 대신 네가 죽어라"라고 말했다고 상상했다. 그렇게 생각하니 죽고 싶지가 않았다. 한 걸음 더 나아가 신이 잡스에게 "너는 모든 재산을 포기하는 것뿐만 아니라 어쩌면 1년 동안 경찰이고 검찰에 끌려다니면서 억울한 조사도 받아야 한다 그래도 포기할래?"라고 말했다고 치자. 그래도 잡스라면 "내가 대신 조사받겠습니다. 다시 마흔 살로 돌아가게만 해주면 그까짓 게 무슨 대수겠습니까?"라고 말할 것 같았다. 그리고 신이 내게 "준엽아. 너 매일같이 죽고 싶다면서? 그러니 9조 3천억 원을 받고 3개월 후에 죽으면 되잖아?"라고 말했다고 치자. 막상 그렇게 상상하니 이상하게도 죽고 싶지가 않았다. 그리고 9조 3천억 원의 재산을 두고 땅에 묻힌 스티브 잡스와 나를 바꾸고 싶지 않다는 생각이 들었다. 절망적 상황이지만 죽은 잡스가 나를 얼마나 부러워할까 라는 생각이 들었다. 그렇게 생각이 들자 갑자기 세상을 보는 눈이 달라졌다. 새로운 진리에 눈을 뜨게 된 순간 같았다.

"그래 맞아! 내가 지금 스티브 잡스보다 훨씬 부자구나!"

이제 나는 마흔 살이다. 잡스가 평생 모은 재산을 다 포기하고라도 얻고 싶은 젊음과 생명이 있다는 생각을 하니, 10조를 가진 사람보다 더 행복하고 희망이 있다는 기쁨이 들었다. 상황은 달라진 것이 하나도 없는데 생각만 달리 하니 세상을 대하는 자세가 갑자기 180도 변하게 된 것이다. 발상의 전환… 생각의 차이… 그것이 얼마나

이준엽

큰 힘을 가진 것인지 몸소 체험한 순간이었다. 그렇게 생각이 미치자 경찰서에 불려가는 것도 검찰에 불려가는 것도 하나도 힘들지 않게 느껴졌다.

"까짓것, 갈 데까지 가보자! 사업하다 보면 이럴 수도 있지 뭐. 남들 다 한 번씩은 겪는 일인데 힘내자!"

다시 오기가 밀려왔고 패기가 용솟음쳤다. 힘이 나기 시작했고 눈동자에 초롱초롱 빛이 돌았다.

정의란 정말,
무엇일까?

"고난은 신이 보내준 선물이다. 고난이 클수록 선물도 크다."
도올 김용옥

부도가 나면 일이 설상가상으로 커진다. 그중 하나가 금융기관이나 채권자들의 각종 민형사 소송과 고소, 고발이다. 사업하다 실패하면 가장 큰 걸림돌이며 절망의 늪으로 빠지는 이유이기도 하다. 또한 채권자들의 전화와 협박에 시달리면서 그야말로 멘탈이 붕괴되는 '멘붕 상태'에 빠진다. 친구였던 본부장은 "일단 전화를 꺼놓고 호주로 피신하라"고 조언했다. 그때 나는 이렇게 내뱉았다.

"내가 사람을 죽였냐? 무슨 잘못을 했냐? 왜 도망을 가야 하는데?"

물론 그 친구는 여러 사람에게 시달리는 게 안쓰러워 해준 말이었다. 대부분의 사람은 회사가 어려워지고 부도가 나면 일단 휴대전화를 끄거나 아예 번호를 바꾼다. 일체 연락을 끊고 잠적하거나 심지어 외국

이준엽

으로 도망가는 것이 '망한 사람'의 일반적 행태다. 지금 생각해도 나 자신을 대견하게 여기는 부분은, 어려움을 겪는 와중에도 절대 휴대 폰을 끄거나 번호를 바꾸거나 잠적하지 않았다는 것이다. 실은 일종 의 자존심이었다. 내가 휴대폰을 꺼놓고 잠적했다는 소문이 나는 것 이 죽기보다 싫었다. 모든 채권자들과 거래처 사람들의 전화를 하나 도 빠짐없이 다 받았고 응대했다. 정말로 힘든 일이었지만 절대 휴대 폰을 꺼놓지 않았다.

스티브 잡스의 교훈은 다시 일어서는 데 큰 도움이 되었고, 생각이 바뀌자 거리낄 게 없었다. 재기하면 된다고 생각하니 피할 이유도, 도 망갈 이유도 없었다. 당당하게 사람들을 대하고 일일이 응대하고 만 났다. 그랬더니 오히려 하나둘씩 나를 걱정해주고 응원해주기 시작했 다. 사람은, 언제 화가 나느냐면 전화를 피하고 잠적하고 도망다닐 때 이다. 시간이 지나자 수많은 거래처 사람들이며 채권자들이 거의 전 부 내 편이 되었다. 나는 그것이 진정성의 힘이라고 생각한다.

하지만 일부 금융기관이 형사고소한 것은 다른 상황이었다. 그들은 기계적으로 움직였고 어떤 사람은 온기라곤 찾아볼 수 없는 냉혈한도 있었다. 닭고기 회사의 캐피탈사에서 배임과 부정수표단속법으로 고 소했다. 그런데 모두 경찰 조사 단계에서 무혐의 처분을 받았다. 실제 로 내가 배임한 게 없었기 때문이다. 캐피탈사의 대표는 회사가 기업 회생 절차에 들어가자 담보로 받은 당좌수표를 악의적으로 돌려서 대 표이사인 나를 부정수표범으로 몰아 형사고소했다. 비열하기 짝이 없 는 작태였다. 하지만 그것도 무혐의 처분을 받았다. 또 어떤 사람은 제대로 알지도 못하면서 횡령혐의로 고발했다. 그것도 무혐의 처리되었다. 아무리 뒤져봐도 횡령한 사실이 없기 때문이었다. 오히려 회사를 살리기 위해 수억 원을 회사에 빌려주고 그것마저 다 출연하고 나왔는데 무슨 횡령이 있겠는가. 그렇게 해서 나를 괴롭혔던 배임, 횡령, 부정수표단속법 형사고소와 고발은 모두 경찰 조사단계에서 무혐의로 벗어나게 되었다.

그런데 주채권은행이었던 K은행에서 말도 안 되는 '사기죄'로 고소가 들어왔다. K은행은 나와 오랫동안 거래했던 주채권은행이었다. 친분 있던 지점장이 바뀌고 새로운 지점장이 왔는데 그가 참으로 고약한 사람이었다. 자기는 애초에 대출해 준 지점장이 아니라 후임 지점장이니 지점 내 기대출된 자금의 연체관리만 하면 되는 것이었다. 즉 대출 자체의 책임은 자기 책임이 아니고 연체만 안하면 관리책임을 벗어나는 것이다. 가령 회사가 부도나 100억의 대출금 전부를 못 받으면 애초에 100억을 대출해 준 지점장이 책임을 지고, 1천만 원이 연체되는 것은 자기 책임이 되는 것이다. 어처구니없지만 그것이 K은행의 실적관리 시스템이었다. 아마 우리나라 은행들의 관리시스템이 별반 다르지 않을 것이다.

어찌 보면 합리적인 것 같지만 사실 매우 불합리한 시스템이다. 왜냐하면 어떤 경우에는 자기는 1천만 원 이자만 받고 관리책임에서 벗어나고 회사가 100억 부도가 나도록 내버려두어서 일부러 다른 지점장에게 책임을 돌리고 심지어 옷을 벗게 만들 수도 있는 것이다. 실제로 그런 일이 벌어졌다. 내가 처음으로 부도 위기를 겪으며 이자를 연체하자 그 지점장은 관리 책임에서 벗어나기 위해 곧바로 회사의 모든 통장과 받아야 할 금원에 압류를 걸었다. 금원 중에는 군포시에서

이준엽

지원하는 저소득층 자녀들의 교육 지원금도 포함되어 있었다. 군포시는 저소득층 자녀들에게 가야 할 지원금에 압류를 걸자 지급을 보류했다. 당연한 조치였다. K은행은 연체금을 받기 위해 오히려 회사를 더 큰 부도 위험에 빠뜨리는 결과를 만든 것이다.

게다가 아무 실익도 없는 조처였다. 시 지원금에 압류를 걸면 그 금액이 K은행에 가는 것이 아니라 지급이 보류되고, 사업자의 계약 해지 사항에 따라 영어마을 사업권 계약 자체를 해지할 수도 있기 때문이었다. 따라서 나는 압류를 해지할 것을 요청했다. 그래야 회사도 살고 K은행도 살 수 있었다. 하지만 지점장은 연체에 대한 관리책임만 벗어나면 되지 회사가 전체 부도가 나는 것은 이전 지점장의 책임이기에 오히려 자기에게 유리하다는 말까지 했다. 어처구니없는 일이었다. K은행은 유럽발 금융위기 여파로 3천 명이 넘는 구조조정을 단행할 때였다. 조직 내 출신지역 파벌과 이런저런 이해관계로 얽혀 모두 자기만 살아남기 위해 혈안이 되어 있던 때였다. 그러면서 지점장은 압류 해지 조건으로 각서에 서명을 요구했다. 나는 지점장이 내미는 각서에 하는 수 없이 서명을 해주고 압류를 해지하며 소동을 끝냈다.

그런데 나중에 알고 보니 그 각서는 형사적으로 나를 옭아매 자신의 책임을 벗어나기 위한 고도의 술수였다. 지점장은 만일의 사태, 즉 기업회생 절차가 벌어졌을 때 관리 책임을 벗어나기 위한 방편으로 형사적으로 옭아맬 각서를 받아둔 것이었다. 그래야 지점 관리자로서 책임을 면하고 모든 책임을 나에게 뒤집어씌울 수 있기 때문이었다. 결국 그 노림수대로 각서를 위반했다는 이유로 '사기죄'로 고소한 것이었다. 참으로 황당하고 어이가 없었다.

나는 경찰서에서 그간의 자초지종을 설명하면서 소명자료를 제출했다. 나의 설명과 소명 내용을 보더니 이 사건은 사기죄가 성립되지 않는 단순 금융 연체에 지나지 않는다는 것을 파악하고 무혐의 처분을 내렸다. 그런데 그 지점장은 참으로 악랄하기 그지없는 사람이었다. 자기 고등학교 동창인 부장검사에게 기소 청탁을 해둔 것이다. 즉 나를 일단 사기죄로 기소해 달라는 부탁해두었던 것이다. 그 사실은 훗날 사건 관계자가 사건의 내막을 알아내고 나에게 알려주었다. 지점장은 자기가 살아남기 위해서 남을 억지로라도 감옥에 보내겠다는 것이었다. 검찰에서는 경찰에서 무혐의 처분으로 올라오자 사건을 재조사하라고 지시했다. 통상적으로 있을 수 없는 일이다. 경찰에서 무혐의 처분으로 올라온 사건을 그 바쁜 검찰에서 재조사하라고 친절하게 지시를 했다니 말이다.

경찰은 다시 나를 불러 2차 조사를 했다. 달라질 게 없는 사건이었다. 2차 조사에서도 경찰은 무혐의 의견으로 검찰에 송치했다. 그런데 검찰이 또 다시 수사지휘를 했다. 다시 조사하라는 지시였다. 이제 경찰도 검찰의 의중(?)을 알아차릴 수밖에 없었다. 경찰에서 다시 나를 불렀다. 그런데 이제까지와는 다른 느낌으로 나를 대했다. 갑자기 범죄자 취급을 하는 것이었다. 그러더니 결국 기소의견으로 검찰에 송치했다. 검찰과의 교감(?)이었을 것이다. 그렇게 해서 두 번이나 경찰에서 무혐의 의견으로 올린 사건을 세 번째에 사기죄로 기소의견을 받아낸 검찰이 그제야 나를 불렀다. 그때까지만 해도 나는 지점장이 부장검사를 통해 검찰에 손을 써두었다는 것을 알지 못했고 사안의 중대성도 느끼지 못했다. 나는 사회정의를 믿었고 또 그만큼 순진했

이준엽

다. 이미 세 건의 형사고소도 모두 무혐의되는 것을 직접 경험했고 주변 사람들에게 물어도 "죄가 되지 않는다"는 의견이었다. 하지만 경찰에서 기소의견으로 올린 것이 어떤 의미인지 그리고 그것이 검찰로 넘어가면 어떻게 진행되는지 그때는 알지 못했다.

검찰에 불려간 나는 이미 부장검사에게 사건을 지휘 받은 서슬 퍼런 수사관의 악랄한 취조를 받아야 했다. 수사관은 처음부터 나를 완전 흉악범으로 취급했고 10시간 넘는 취조를 당했다. 왜 사람들이 검찰 조사를 받고 나와서 투신하고 목을 매는지 처음 공감한 날이었다. 억울하고 분통했다. 이제 갓 30살 정도 된 초임 여검사는 수사관이 써준 각본대로 나를 사기죄로 기소했다. 애당초 사건을 초임 검사에게 배당하고 노련한 수사관을 시켜 기소하기로 짠 각본이었다. 그렇게 해서 나는 '특정경제가중처벌법상 사기죄'로 재판에 넘겨졌다. 하늘이 무너질 것만 같았다.

큰어머니 조카였던 유영춘 변호사가 변호를 맡아 지루하고 힘든 재판이 시작되었다. 기소부터 1심 재판의 공판이 1년 가까이 걸렸다. 1심 재판관은 무심한 듯 검찰 공소장을 토대로 심리를 했다. 재판 내내 피고인은 한마디도 할 수 없다. 검사와 변호사만 이야기할 수 있다. 검사가 공판 과정에서 말할 때 나는 몇 번이고 일어나 사실은 그게 아니라며 적극적으로 말하고 싶은 순간이 한두 번이 아니었지만 한마디도 할 수 없었다. 지루한 법정 공방 끝에 검찰은 1심 구형량으로 징역 3년을 구형했다. 특가법상 사기죄의 최소 형량이었다. 자칫 감옥에 갈 수도 있는 상황이었다. 일주일 후 1심 판결이 나왔다.

"피고 이준엽! 징역 1년6개월에 집행유예 3년에 처한다!"

특가법상 사기죄가 유죄로 판정된 것이다. 집행유예였으므로 감옥에는 가지 않지만 분명 사기죄로 유죄를 선고받은 것이다. 또 한 번 절망감을 느꼈다. 동업자는 그 사실을 또 악의적으로 퍼 날랐다. 아는 신문기자를 시켜 실제 모 지역일간지에 기사화했다. 그리고 사람들에게 내가 사기범으로 징역을 선고받았다고 떠들고 다녔다. 소문을 들은 사람들이 나를 경계하고 수군거리는 것이 온몸으로 느껴졌다. 변호를 맡았던 유영춘 변호사는 나를 위로했다.

"형님, XXX 대통령도 전과 14범입니다. 그래도 대통령이 되었습니다. 사업하다 보면 이렇게 억울한 일 당하는 게 다반사입니다. 그래도 집행유예 받았으니 이제 다 잊고 사업에 전념하세요."

나는 그대로 물러설 수 없다며 항소했다. 변호사는 1심에서 유죄판결을 받은 사건을 2심에서 뒤바꾸기 쉽지 않다며 시간낭비와 돈낭비에 정신적으로도 힘드니 항소하지 말라고 조언했다. 그도 그럴 것이 특가법상 사기죄의 최소 형량이 징역 3년인데, 1년 6개월을 받았다는 것은 1차 감경을 해준 것이고 거기다 집행유예를 받은 것은 2차 감경을 해준 형량이라는 것이다. 즉 법원도 사기죄는 유죄이지만 죄질이 나쁘지 않음을 감경 사유로 인정해주었으니 법원에서 받을 수 있는 감경은 모두 받았다는 것이었다. 따라서 2심 항소는 더 이상 형량을 줄일 수 없고 아예 무죄를 받아야 하는데 그것이 쉽지 않다는 것이었다. 1심에서 유죄 판결난 것을 2심에서 무죄 판결을 내면 1심이 잘못되었다는 것을 법원 스스로 인정하는 것인데 쉽지 않다는 것이었다. 일리 있는 말이었지만 나는 뜻을 굽히지 않았다.

이준엽

드러난 사실과
보이지 않는 진실

"고통이여, 괴로움이여, 엎친 데 덮치며 오너라!
그 뒤에는 그만큼의 즐거움이 있으리니!"
세익스피어

보통 2심에 승산이 없는 경우에도 변호사는 항소를 부추기고(수임료를 받기 위해) 피고인은 현실적 이유로 포기하는 게 대부분이다. 하지만 변호사가 오히려 항소를 만류하고 나는 끝까지 항소하겠다는 의지를 꺾지 않았다. 내가 살아가는 대한민국의 사회 정의가 이런 게 아니라는 생각에서였다. 유영춘 변호사가 다시 변호를 맡아 고등법원에서 재판을 받았다. 2심 재판도 1년 가까이 걸렸다. 검사측과 치열한 법정 공방을 벌였다. 그리고 마침내 모든 공방을 마치고 피고인 최후진술을 하라는 재판장 명령이 떨어졌다. 나는 자리에서 일어나 최후진술을 했다. 그때 최후진술은 미리 생각해 둔 것도 아니고 연습한 것도 아니었다. 지금도 그 진술을 그대로 기억한다.

— 경찰의 공소장에도 나와 있지 않고 공판과정에도 나와 있지 않은 이 사건의 실체적 진실은 다른 데 있습니다. 2011년 K은행은 3천 명이 넘는 구조조정을 할 때였고 지점장과 부지점장은 관리책임을 면하기 위해 모든 책임을 거래처에 떠넘기려 혈안이 되어 있었습니다. 저희는 K은행과 컨소시엄 업체로서 이 사업을 함께 진행해 온 업체입니다. 4년 동안 단 한 번의 연체도 없었던 회사였습니다….

내 진술이 길어지자 옆에 앉아 있던 유영춘 변호사가 손으로 쿡쿡 찔렀다. 대부분 피고인의 최후진술은 짧게 끝나는 게 상식이다. "법을 잘 몰라 그랬습니다. 부디 선처를 바랍니다" 정도로 반성하는 모습을 보여야 한다. 그런데 고개를 꼿꼿이 들고 재판장을 향해 구구절절 진술하니 오히려 건방진 모습으로 비쳐졌을 것이다. 반성의 자세가 없으면 판결에 악영향을 미칠 수 있다. 하지만 나는 아랑곳하지 않고 진술을 이어갔다.

— 그런데 한 번의 연체를 빌미로 압류를 진행하였고 압류 해지의 조건으로 말도 안 되는 각서를 요구했으며 그것을 빌미로 저를 사기죄로 고소한 것입니다. 제가 아는 한 사기죄라 함은 기망에 의해 금전적 이득을 편취하는 것으로 알고 있습니다. 저는 K은행을 기망한 사실이 없습니다. 모든 회사의 상황을 알렸고 K은행도 모든 내용을 이미 다 알고 있었습니다. 저는 대표이사로서 회사와 학생들, 학부모들을 위해 최선을 결정을 내리고 모든 책임을 지고 물러나왔을 뿐입니다. 부디 현명한 판결을 부탁드립니다.

이준엽

그리고 자리에 앉았다. 더 이상 하고 싶은 말도, 할 말도 없었다. 2년의 지루하고 힘겨웠던 재판 과정이 모두 마무리되는 것 같았다. 일주일 후 선고공판이 있기 전날 아버지에게 전화를 걸었다. 내일 2심 선고가 있다고 말씀 드리자 "내일 일이 잘 될게다"라고 격려해주었다. 그런데 그날따라 아버지의 그 말씀이 위로가 되고 힘이 느껴졌다. 하지만 큰 기대는 하지 않았다. 변호사도 기대하지 말라고 당부했다. 형량을 낮추는 것을 다투는 게 아니라 아예 무죄를 선고받아야 하는데 무죄로 번복되기 쉽지 않다는 것이었다. 오전 10시, 서울 서초동 고등법원에서 2심 선고가 열렸다. 선고를 받기 위해 재판장 앞에 서자 선고 요지가 낭독되었다. 그런데 그 내용이 1심과는 다른 게 아닌가.

— ···〈중략〉··· 원고는 피고와 함께 이 사업을 성공적으로 이끌 책임이
　있었다···〈중략〉··· 따라서 피고가 원고를 기망했다고 볼 수 없다···

그러더니 재판장의 입에서 다음과 같은 말이 떨어졌다.

— 피고 이준엽, 무죄!

깜짝 놀라 재판장의 얼굴을 쳐다봤다. 나도 모르게 눈물이 터지려 하는 것을 간신히 참고 목례를 하고 뒤돌아 재판정을 나왔다. 공판석에 앉아있던 사람들의 눈이 일시에 쏠리는 것을 느꼈다. 겨우 울음을 참고 복도로 나와 제일 먼저 아버지에게 전화를 걸었다.
　"아버지······ 저 무죄 받았어요······."

끝내 울음이 터졌다. 법원 복도에서 전화를 하다 말고 엉엉 울음을 터뜨렸다. 지난 2년의 설움과 고통이 북받치며 올라왔다. 그날 저녁 재판장께 감사 편지를 썼다. 사건을 공명정대하게 다시 바라보고 면밀히 심리해준 데 대해, 그리고 억울한 누명을 벗겨준 데 대해 진심으로 감사의 뜻을 전했다. 이 지면을 빌어 다시 한 번 감사의 인사를 드린다.

"법원장님, 정말 감사합니다. 법원장님 같은 분이 계시기에 아직 이 땅에 희망이 있습니다. 사회 정의를 위해 사법부의 건강함을 지켜주십시오."

이준엽

한국카이스 설립과
위대한 꿈

"실패한 사실이 부끄러운 것이 아니다.
도전하지 못함은 더 큰 치욕이다."
H. 슐러

스티브 잡스를 통해 얻은 교훈으로 나는 어려움을 극복할 수 있었고 당당하게 다시 회사를 설립하기로 마음먹었다. 2012년 4월 17일, 어릴 때부터 꿈꾸어왔던 한국카이스를 드디어 세웠다. 영어마을 회사를 넘겨주고 나온 지 정확히 6개월만이었다. 회사 설립일을 17일로 정한 이유는 17살 때 품었던 초심을 잃지 말자는 다짐이었다. '신신안마원'으로 대변되는 사회적 약자를 늘 배려하는 회사가 되고, 나의 개인적 부를 위해서가 아니라 우리나라를 일본보다 앞선 아시아 최강 국가로 만드는 데 일조하는 회사가 되겠다고 결심했다. 다시 회사를 설립한다고 하자 여러 사람들이 투자했다. 그중에는 그전 회사가 부도나는 바람에 억대의 돈을 손해 본 거래처 사장도 있었다.

그동안 인생을 헛되게 살지는 않았구나 하는 생각이 들었다. 한국 카이스는 교육사업을 하면서 겪었던 숱한 경험과 시행착오를 녹이고 또 녹이면서 한 걸음씩 나아갔다. 세상을 바꾸는 것은 기술이나 특허가 아니다. 진정성이다. 세상을 바꾼 혁명적 기술이나 테크놀로지에는 내면 깊이 들여다보면 그것을 개발한 사람의 진정성이 오롯이 들어있다. 교육사업을 하면서 가져야 할 진정성에 대해 고민을 많이 했다. 왜 새로 들어서는 정부마다 사교육 업체를 못 잡아먹어서 안달일까? 서민경제를 갉아먹는 온상으로 사교육기관을 지목하며 모든 화살을 돌리는 현실에 대한 반성과 성찰을 하게 되었다. 도대체 우리가 하는 사업이 무엇이 문제이기에 이토록 미움을 받고, 존경을 받지 못하는가? 학원을 운영하고, 영어마을을 운영할 때도, 그리고 같은 학원인들에게는 자기 밥그릇을 위협하는 나쁜 사람으로 비쳐지며 거센 저항과 반발을 온몸으로 겪으면서도 끊이지 않는 고민이었다.

이건희 회장이 자주 언급한 '업의 본질'을 고민하고 또 고심했다. 어떤 곳은 일류대학에 들어가게 해주는 것이 존재 이유인 것처럼 말하고, 또 어떤 곳은 특목고를 보내주는 게 지상과제인 것처럼 말하기도 했다. 또 어떤 곳은 단기간에 토익점수를 올려주고, 또 어떤 곳은 학교에서 상위권에 들어가게 해주는 것이 최고의 목표이자 선(善)인 것처럼 말했다. 저마다 소위 일류대를, 특목고를 보내준다든지 또는 단기간에 영어를 잘하게 해준다는지 등의 목표를 내세우며 마케팅을 했다.

나는 교육사업의 본질은 특목고 보내주는 것도, 일류대 보내주는 것도 아니라고 생각한다. 사람들의 꿈을 응원해주는 것이 교육사업의

이준엽

본질이다. 특목고 못 들어가면 실패한 인생인가? 일류대에 못 들어가면 그 학생은 실패한 것인가? 그렇지 않다. 사교육 업체는 사람들의 꿈을 응원하는 곳이어야 한다. 사실 공교육만으로 꿈을 이루기에는 한계가 있다. 김연아가 공교육만 받았다면 세계적 피겨스케이터가 될 수 있었을까? 비단 스포츠 선수나 예능 계통에만 해당되는 게 아니다. 꿈을 위해서는 저마다 공교육을 넘어 각종 사교육의 도움을 받는다. 그래서 나는 어린이 영어학원을 운영할 때도, 중고생을 위한 영어학원을 운영할 때도, 대학생이나 직장인들을 대상으로 하는 온라인 교육사업을 할 때도 그 본질은 단순히 영어를 잘하게 해주는 것을 넘어 꿈을 응원하는 것이라 생각했다.

　그렇다면 꿈이라면 모두 응원받아 마땅한가? '꿈'이라는 말에는 막연히 긍정적 이미지가 떠오른다. 하지만 영어학원을 운영하면서 꿈이라고 무조건 다 응원하는 것이 아니구나 하는 것을 깨달았다. 학원을 다니는 학부모 중에는 돈이 많다는 이유만으로 돈 없는 사람을 무시하기도 했다. 그런데 그 부모가 자기 자식은 의사를 만들겠다, 판사를 만들겠다며 호들갑을 떤다. 또 어떤 사람은 많이 배웠다고 못 배운 사람들을 무시하면서 자기 자식은 판검사 만들겠다는 사람이 있는가 하면 또 절대 다른 아이에게 뒤지는 것은 용납하지 않는다. 그러한 모습을 볼 때마다 꿈이라고 무조건 다 응원하는 것이 아니라는 것을 깨달았다. 아이들도 마찬가지다. 친구들과 더불어 서로 용서하고 화합하고 배려하는 것을 모르면서 무조건 커서 의사며 판사가 되겠다고 이야기하는 모습을 볼 때마다 속으로 섬뜩했다.

　SBS의 〈그것이 알고 싶다〉에서 필리핀에서 한국 관광객을 납치하고 살해를 일삼았던 일당들이 잡힌 사건이 방송되었다. 납치되었다가 간신히 풀려나 목숨을 건진 사람의 인터뷰가 인상적이었다. 그 일당들이 자기 앞에서 자주 했던 말이 바로 '꿈'이었다고 한다. 리조트를 건설하는 꿈이 있다며 자랑스레 떠벌렸다 한다. 자신의 꿈을 이루기 위해 남의 목숨을 해치고 돈을 빼앗는 것… 그런 꿈이 꿈인가? 그래서 아무리 교육사업이라 해도 좋은 꿈을 넘어 위대한 꿈을 응원해야겠다는 생각이 들었다.

"좋은 것은 위대한 것의 적이다"라는 말이 있다. 짐 콜린스의 저서 《좋은 기업을 넘어 위대한 기업으로》에 나오는 말이다. 대부분 사람이 좋은 것에서 머무르기 때문에 위대한 것으로 나아가지 못한다. 나는 우리가 응원하는 꿈도 좋은 꿈을 넘어 위대한 꿈을 응원하는 기업이 되고 싶다는 소망을 갖게 되었다. 자신만의 꿈이 아닌, 남과 더불어 배려하고 용서하고 베풀고 그래서 나라와 민족을 위해, 인류를 위해 의미 있는 삶에 도전하는 꿈, 그런 위대한 꿈을 응원하는 기업이 내가 소망하는 한국카이스의 모토가 되었다.

나는 늘 사람들에게 "위대한 꿈을 응원합니다"라고 인사한다. 그 인사말에는 우리가 응원하는 당신의 꿈이 위대한 꿈이 아니면 응원은 다시 되돌아올 것이라는 믿음이기도 하며 스스로에게 던지는 다짐이기도 하다.

"여러분의 위대한 꿈을 응원합니다."

이준엽

'10점 더하기'

"실패는 고통스럽다.
 그러나 최선을 다하지 못했음을 깨닫는 것은 몇 배 더 고통스럽다."
 앤드류 매튜스

회사의 모토가 "여러분의 위대한 꿈을 응원합니다"라면 슬로건은 'Add 10'이다. 직역하면 '10점 더하기'다. 이 말은 현재 아무리 최선을 다해서 상품을 만들었어도 '80점'짜리에 불과하다는 뜻이다. 또 CEO인 내가 아무리 똑똑한 결정을 내렸어도 '80점짜리' 결정이라는 의미다. 즉 나를 비롯해 회사의 현재 모든 것이 아무리 점수를 후하게 쥐도 80점에 불과하다. 사실 이는 내 자신에 대한 솔직한 고백이며 깨달음이다. 내가 아무리 많은 경험을 하고 공부를 하고 똑똑한 척 해봤자 80점도 안 된다. 그것도 후하게 점수를 주었을 때다. 우리 회사가 아무리 열심히 노력해서 어떤 상품을 만들었어도 80점짜리라는 고백이다. 우리보다 훨씬 좋은 업체에서 더 훌륭한 사람들이 더 좋은 상품과 서비스를 만들고 있는 것이 현실이다. 더 많은 돈을 투자해서 더 좋은 상품을 만들고 있는 것이 현실이다.

무엇보다 내가 아무리 잘난 척을 해도 사실 나는 80점도 안 되는 CEO라는 사실을 뼈저리게 느끼고 또 느꼈다. 그런 고백을 통해서 나온 것이 'Add 10'이다. 우리의 현재 점수는 80점이다. 그러니 서로서로 1점씩만 더 보태서 90점을 만들어 세상에 내보자는 각오이다. 90점을 만들었다고 생각하는 순간, 내일이 오면 다시 80점이라는 마음으로 또 1점씩을 보태자는 뜻이다. 과연 그 결정이 최선인가? 과연 90점이 되는가? 진지한 고민과 반성을 하자는 결의다. 이런 식으로 서로가 서로에게 그리고 자신에게 과연 나의 현재 행동이, 결정이 90점이 되나? 하는 반성을 갖자는 것이다. 그래서 나는 회의 시간을 'Adding Time'이라 부른다. 서로에게 의견을 제시하면서 "이 부분 Adding해주세요"라고 말한다. 스스로 80점이므로 1점씩을 더 보태자는 마음으로 오늘도 한국카이스는 Adding을 해나간다.

마법처럼 풀린다!
'마풀'

"혁신은 연구개발비를 얼마나 많이 들이느냐에 달려있지 않다.
애플이 매킨토시를 만들었을 때 IBM은 최소 100배 이상 연구개발비를 쏟아부었다."
스티브 잡스

한국카이스에서 3년간 심혈을 기울여 만든 온라인 프로그램이 '마풀 영어'다. 마풀은 마법처럼 풀린다, 마음 먹은 대로 풀린다, 마음껏 풀린다에서 따왔다. 지금까지의 인터넷 강의와는 다른 혁신적 온라인 교육 플랫폼을 개발하면서 브랜드를 공모했는데 마케팅 담당 한지은 이사가 제안한 '마풀'이 브랜드로 선정되었다. 대부분의 기존 인터넷 강의는 소위 스타강사들이 서로 '1타 강사' 자리를 놓고 경쟁하는 구조다. 그래서 1타 강사가 되면 많은 돈을 번다. 예전 오프라인 단과학원의 시스템을 그대로 인터넷에 구현해 놓은 것이다.

　오프라인 학원에서는 교실에서 수용할 수 있는 학생수가 제한되다 보니 인기 있는 강사 순으로 마감되었는데 첫 번째로 마감되는 강사를 1타 강사라 불렀다. 1타 강사가 마감되면 그 다음 강사가 차지하고 또 그 다음 강사가 수강생을 받는 구조였는데 인터넷은 그런 제약이 없으므로 1타 강사가 무제한으로 수강생을 받을 수 있었다. 한번 1타 강사로 뜨면 수익은 예전과는 비교도 할 수 없을 만큼 막대해졌다. 소위 재벌 인터넷 강사가 출현하게 된 것이다. 인터넷 강의 사이트마다 스타강사를 내세우는 것이 요즘 온라인 강의의 마케팅이 되어 버렸다. 온라인 교육사이트도 결국 '돈이 돈을 버는 곳'이 되었고, 이전투구하거나 아예 '돈 놓고 돈 먹기' 식의 머니게임도 벌어졌다.

15년 동안 영어교육 사업을 하면서 느낀 문제점과 아쉬움을 해결하고자 노력했고 과연 지금의 온라인 강의가 최선일까? 하며 스스로 Adding을 했다. 그렇게 우리 직원들과 몇날 며칠을 고민했고 외국의 다른 온라인 사이트들을 비교분석했다. 그런 노력을 기울인 지 4년. 그 결실을 보게 된 것이다. 나는 세상을 움직이는 것은 기술이 아니라 '진정성'이라 믿는다. 내가 지금까지 살아오면서 가슴 깊이 새긴 좌우명이다. 기교나 기술이 아닌, 돈 놓고 돈 먹기가 아닌, 적어도 교육사업에서는 '진정성'이 힘이 있고 결국은 대중이 알아줄 것이라는 확신과 소망에서 우리는 고객들의 인생이 마법처럼 풀리길, 마음먹은 대로 풀리길 기원하는 마음으로 오늘도 묵묵히 최선을 다하고 있다.

마풀은 현재 토익과 영어회화, 중국어를 서비스하고 있으며 그 외에도 다양한 프로그램을 준비 중이다. 또한 향후 아시아를 비롯한 세계인들을 위한 글로벌 스마트러닝 기업으로 도약을 준비하고 있다

이준엽

사촌언어인 중국어의 비밀

15년이 넘는 오랜 시간을 교육업계에 종사하다 보니 별의별 사람들을 보게 된다. 무슨 특허를 받았다느니, 최고의 교수법이라느니 하는 사람들부터 무슨 대학에서 개발했다느니, 외국의 무슨 기관에서 만들었다느니 서로 자기가 개발한 교수법이 최고라고 광고하는 모습을 많이 보았다. 중국어 교육도 마찬가지다. 요즘 교육계에서 중국어 교육시장이 가파르게 성장하고 있다 보니 서로 자기가 개발한 교수법이 최고라고 내세우는 곳들이 부지기수다. 그중에 훈민정음을 이용한 교수법을 개발했다는 사람들을 만난 적이 있었다. 근데 알고 보니 이미 조선 시대부터 있었던 너무나 당연한 내용을 마치 자신이 독점적으로 보유하고 있는 교수법인양 사람들에게 떠벌리고 다니는 것이다. 게다가 더 자세히 살펴보니 그마저도 오류투성이인 교육법을 놓고 서로 자기가 원조라며 특허를 받았다고 떠들고 다녔다.

　사실 우리나라는 중국어와 같이 한자를 공유하고 그 한자로 단어를 생성하여 사용하는 한자 문화권이다. 같은 한자로 이루어진 단어를 공유하고 있는 언어다. 이를 언어학적으로 보면 사촌언어라고 한다. 영어와 프랑스어, 이탈리아어 등이 서로 사촌언어인 것은 주지의 사실이다. 우리와 일본어의 관계도 사촌언어다. 같은 한자단어를 공유하기 때문이다. 그런데 중국어는 우리와 사촌언어라고 생각하지 못하고 있다. 발음이 많이 다르고 어순이 우리와 다르기 때문이다. 그런데 사실 알고 보면 중국어도 우리와 사촌관계에 있는 언어다. 마풀 중국어는 이렇게 사촌언어 학습법으로 누구나 쉽게 중국어를 배울 수 있게 개발하였다.

7개 국어에 능통해서 '언어천재'라는 별명이 붙은 인문학자, 언어학자이자 19권의 책을 낸 베스트셀러 작가로 유명한 조승연씨가 있다. 그가 언어천재로 인기를 끌자 여러 교육업체들이 함께하자며 러브콜을 보냈다. 그러나 조승연씨는 언어학자로서 특정 사교육업체와 같이 일하는 것에 큰 거부감을 갖고 있었다고 한다.

그래서 우리 회사가 미팅을 제안했을 때도 처음에는 시큰둥한 마음이었다고 했다. 하지만 우리 회사에 와서 우리가 만든 프로그램과 플랫폼을 보고는 큰 감동을 받았다고 한다. 그것이 인연이 되어 조승연씨는 우리 회사에 주주로 참여하고 개발자로도 참여하여 그동안 갈고 닦았던 언어천재로서의 실력을 마음껏 풀어내고 있다. 참으로 감사한 일이 아닐 수 없다.

우리는 한국을 넘어서 아시아 시장과 세계 시장을 무대로 성장하는 스마트러닝 기업을 꿈꾸고 있다. 마음먹은 대로 풀리는 마풀의 기적과 같이 언젠가 세계인들이 우리가 만든 프로그램으로 공부하게 될 날이 올 거라 굳게 믿으며 우리는 묵묵히 최선을 다하고 있다.

이준엽

선한 사마리아인의
마음으로

"친구란 내 슬픔을 등에 지고 가는 사람이다."
북미 원주민 속담

성경에 보면 예수가 다음과 같은 이야기를 한다.

"어떤 사람이 길을 가다가 강도들을 만났는데, 강도들이 그 사람의 옷을 벗기고 죽도록 때리고는 버리고 갔다. 마침 한 제사장이 지나가다 그 사람을 보더니 피하여 그냥 지나갔다. 또 한 율법선생이 지나가다가 그 사람을 보더니 역시 피하여 지나갔다. 세 번째로 사마리아인이 지나가다 그를 불쌍히 여겨 기름과 포도주를 상처에 붓고 싸맨 뒤 나귀에 태워 주막으로 데려가 간호를 했다. 다음날 주막 주인에게 돈을 주며 '이 사람을 돌보아 주시오. 만일 돈이 더 들면 제가 돌아와서 갚겠습니다' 라고 했다. 너희들 생각에는 세 사람 중 누가 강도 만난 자의 이웃이 되겠느냐?"

한번은 들어봤을 '선한 사마리아인'의 이야기다. 근엄하고 경건하며 사람들의 존경을 받는 제사장도 피 흘려 죽어가는 자를 그냥 무시하고 지나쳤다. 또 사람들을 가르치며 존경을 받는 율법선생도 고통 받는 사람을 무시하고 지나쳤다. 그런데 사마리아인이 보살폈다는 이야기다. 그렇다면 사마리아인은 어떤 사람들일까? 정통 순혈주의 유대인들은 침략자의 피가 섞인 사마리아인을 상종 못할 천한 사람으로 여겼다. 말도 섞지 않을 정도로 개처럼 취급했다. 그런데 예수는 바로 그런 사마리아인이 강도 만난 자의 이웃이라는 가르침을 준 것이다. 당시로서는 파격적 가르침이다. 너희들이 그렇게 존경하고 인정하는 제사장이나 선생이 아니고 상종 못할 사람들이라고 멸시하는 그 사마리아인이 강도 만난 자의 이웃일 수 있다고 가르친 것이다.

나는 어릴 때부터 교회를 다녔기에 '선한 사마리아인'의 이야기는 귀에 못이 박히도록 들었다. 하지만 그 이야기가 진정 무엇을 의미하는지 깨닫지 못했다. 2011년, 회사가 부도나서 어려움을 당해보고 나니 무슨 이야기인지 깨달았다. 나는 강도 만나 죽도록 매 맞고 발가벗겨져 내팽개쳐 죽어가는 사람이었다. 그런 나에게 도움의 손길을 내민 사람은 제사장도, 율법교사도 아니었다. 오히려 침을 뱉고 뒤에서 욕을 해댄 사람들은 내 주변에 있던 멀쩡한 사람들, 배운 사람들, '있는 사람들'이었다.

사업이 잘 나갈 때 나에게 도움을 받고 함께 술 마시고 즐거워한 사람들은 대부분 나를 떠나고 뒤에서 욕하고 피했다. 특히 그런 사람들 중에는 안타깝게도 기독교인들도 많았다. 교회 장로며 집사라는 사람

이준엽

들이 더 그랬다. 반면 도움의 손길을 내밀고 상처를 싸매주고 일으켜 세워준 사람들은 모두 '사마리아인'들이었다. 나는 지금 누군가에게 '선한 사마리아인'인가, 아니면 제사장이며 율법교사인가에 대한 물음을 하게 되는 사건이었다. 선한 사마리아인들이 있었기에 오늘의 한국카이스가 있음을 고백한다.

금보다 귀한 사람들

"고난 속에 인생의 기쁨이 있다. 풍파 없는 항해, 얼마나 단조로운가!
고난이 심할수록 내 가슴은 뛴다."
니체

한국카이스는 2012년 4월 설립하여 지금까지 많은 사람들이 도움의
손길을 보태면서 꾸준히 성장했다. 사람들은 이렇게 성장한 회사를
보면서 나에게 "수완이 좋다"라는 표현을 쓰기도 했다. 어떻게 다니엘
헤니, 수현 같은 배우를 끌어들였느냐, 어떻게 조승연 같은 능력 있는
사람을 끌어들였느냐며 나를 탁월한 수완가로 평가했다. 하지만 나는
수완 좋은 CEO가 아니다. 배우 다니엘 헤니, 수현을 만난 것은 대학
친구인 윤승환 덕분이다. 그의 고교 동창인 최충인 변호사를 만나 금
세 친해졌고 최 변호사가 다니엘 헤니, 수현의 소속사인 에코글로벌
그룹의 정원석 대표를 소개해 주었다. 그것이 인연이 되어 에코글로
벌그룹이 한국카이스의 주주로 투자를 했다. 생각지도 않은 복이었

다. 그것이 또 인연이 되어 다니엘 헤니, 수현 같은 배우들이 모두 우리 회사의 주주가 되었다

이 책의 공저자인 황태섭은 죽마고우이자 생일마저 똑같아서 서로 '영혼의 쌍둥이'라 생각하는 베스트 프렌드이다. 윤승환, 최충인도 그렇게 베스트 프렌드가 되었다. 공통점이 있다면 모두 한국카이스 주주라는 점이다. 참으로 감사한 일이 아닐 수 없다. 어떤 투자자는 회사 소개가 채 끝나기도 전에 계좌번호를 달라고 하더니 계약서도 작성하지 않았는데 먼저 폰뱅킹으로 1억 원을 송금했다. 그분이 이석형 전무이사다. 내가 15년 동안 사업을 하면서 그렇게 초단기로 투자결정을 하고 송금한 사례는 없다. 아마 이 기록은 앞으로도 깨지지 않을 것이다.

사람들은 나에게 "인복이 많다"고 한다. 사업가의 길을 걸어온 사람으로서 인복이 참 많은 사람이라는 생각을 늘 하며 살았다. 어떤 사람은 인맥이 좋은 비결은 무엇이며, 어떻게 인맥 관리를 하느냐고 물었다. 아무리 생각해도 내가 잘한 게 하나도 없었다. 다만 곰곰이 지나온 날들을 돌이켜 보면서 한 가지 들려주고 싶은 사연이 있긴 하다. 그러나 과연 이 이야기를 하는 게 맞는 것인지 무척 망설였다. 그렇지만 독자에게 도움이 되기를 바라는 마음으로 용기를 내본다.

나는 한양대학교를 다녔다. 집은 동대문운동장역에 위치한 광희동이었는데 지하철로 네 정거장이었다. 가난한 시절에 시각장애인 가정에서 비싼 사립대학을 다닌다는 것은 그 자체만으로도 사치였다. 과외를 하면서 용돈을 벌어야 했고 열심히 공부해서 장학금을 받아야 했다. 하루 용돈은 5,000원 정도였다. 그 돈으로 점심도 사먹고 간식

도 사먹고 하루를 생활하는 가난한 대학생이었다. 그런데 지하철에서 구걸하는 시각장애인들을 매일 마주쳤다. 나는 그때마다 주머니에서 천원 지폐를 꺼내 건넸다. 1990년대 초반만 해도 100원 동전을 주는 것이 대부분이었고 500원 동전도 큰돈이었다. 하지만 나는 반드시 천원 지폐를 건넸다.

그 시각장애인들이 아버지 같았고 아버지의 친구들 같았고 우리 집에서 일하는 맹인 안마사들 같았기 때문이다. 어떤 날은 연달아 2명을 만난 적도 있었다. 그러면 2천원이 나갔다. 또 어떤 날은 오며가며 3명의 걸인을 만나면 3천 원이 나갔고 그런 식으로 돈이 다 떨어져 밥을 굶은 적도 있었다. 만약 친구들과 걸어가다가 걸인을 만나면 돈을 건네지 않았다. 그냥 지나간 후에 혼자 돌아와서 천 원을 건넸다.

성경에 보면 예수가 제자들에게 "너희들은 내가 헐벗었을 때 옷을 입혀 주었고, 목마를 때 물을 주었으며 배고플 때 음식을 주었다"라고 말했더니 제자들이 "우리가 언제 주님이 헐벗었을 때 옷을 입혀 드렸고, 목마를 때 물을 드렸으며 배고플 때 음식을 드렸습니까?" 되물었다. 그러자 예수는 이렇게 대답했다.

"너희 중에 지극히 작은 자에게 한 것이 바로 나에게 한 것이다."

지금 생각하니, 그때 내 앞의 시각장애인 걸인들이 바로 예수님이었다. 지나쳤다가 돌아와 돈을 건넨 걸인이 나의 예수였다는 생각을 하게 되었다. 그때 그들에게 주었던 돈을 예수님이 잊지 않고 다 갚아 주셨다고 생각한다. 좋은 귀인들을 보내줌으로써 말이다. 그렇게 해서 만난 귀한 사람들은 일일이 이름을 다 열거하지 못할 정도로 많다.

나는 그 소중한 사람들과 한 달에 한번씩 만나 꿈을 이야기하고 응

이준엽

원하고 도와주고 서로에게 금 같은 인맥을 나누는 모임을 만들었다. 그것이 내가 받은 은혜를 갚는 작은 길이라는 생각에서였다. 매월 마지막 금요일에 모여 서로에게 소중한 인맥을 엮어가는 '마금클럽(마지막 금요일에 모인다는 뜻)'이다. 한국카이스를 만든 주주들의 모임으로 시작하여 이제는 세상을 바꾸는 금 같은 사람들의 모임으로 성장하는 꿈을 꾸고 있다.

글을 마치며

이 책을 내면서 2009년에 냈던 첫 책《내 심장은 멈추지 않는 엔진이다》를 다시 찬찬히 살펴보았다. 여기 실린 글 중에는 그 책에 썼던 내용을 그대로 가져온 것도 많다. 어쩌면 내 이야기는 그 책의 속편으로 《내 심장은 멈추지 않는 엔진이다 그 후》 정도가 맞을 것 같다.

졸저(拙著)라고 생각했는데 출간된 이듬해인 2010년 여름, 출판사 편집국장이 흥분한 목소리로 전화를 해왔다. 국립중앙도서관이 선정한 '휴가철에 읽기 좋은 책 80선'에 선정되었다는 것이다. 나는 출판사에서 로비를 해서 선정된 줄 알았는데 아니었다. 국립중앙도서관의 40명이 넘는 사서들이 매월 출간되는 책 중에서 분야별로 추천도서를 공정하게 선정해서 발표했다는 것이다. 기쁘기도 하면서 한편으로 감사했다.

기쁨과 감사함이 채 가시기도 전에 며칠 후 출판사에서 또 전화가 왔다. 국립중앙도서관에서 'CEO들에게 추천하는 책 7권'에도 선정되었다는 것이다. 처음에 선정한 80권 중에서 바쁜 CEO들을 위해 다시 7권을 엄선해서 발표했는데 거기에도 선정된 것이다. 며칠 후 떡을 손수 맞춰 국립중앙도서관을 찾아갔다. 도서관장을 만나 진심으로 감사하다는 인사를 전했다. 도서관장은 놀라며 이렇게 떡을 들고 찾아와 인사한 저자는 평생 처음이라 했다. 그러나 내 책을 선정해 준 사서는 끝내 만나지 못했다. 40명이나 되는 데다 그 자리에 없었기 때문이다.

첫 책을 자랑하려는 것이 아니다. 이듬해 회사가 부도를 맞았고 어려움을 겪었다. 화려한 CEO에서 밑바닥으로 추락하는 경험도 했다. 그래서 책을 낸 것을 무척이나 후회했다. 그런데 시간이 지나고 보니 그렇게 부족했던 내 책을 추천해준 의미를 찾게 되었다. 수많은 자기계발서들이 있었고 베스트셀러도 많았다. 큰 성공을 거둔 CEO도 아니었으나 진정성 있게 살아온 것에 대한 따뜻한 격려였다.

그리고 그 책은 나를 격려해준 것이 아니라 평생을 시각장애인으로 살면서도 희망을 잃지 않고 감사함으로 지내오신 아버지와 낳지도 않은 아들을 친자식처럼 키우신 어머니에 대한 따뜻한 위로와 격려였다. 또한 아무리 힘들어도 진정성을 잃지 말고, 초심을 잃지 말고 좋은 사업가를 넘어 위대한 사업가의 꿈을 이루라는 하늘의 메시지라는 생각이 들었다.

우리 넷은 이 지면을 빌어 흙수저를 세라믹스푼으로 구워내기 위해 열심히 살아온 이야기를 풀어냈다. 우리는 아직 세라믹스푼이 되지 못한 덜 구워진 수저들임을 고백한다. 하지만 매일 매일 열심히 'Adding'을 하면서 언젠가는 빛나고 영롱한 소리를 내는 세라믹으로 변해갈 것을 믿는다.

이준엽

끝으로 이 책이 나오는 2017년은 내가 1987년, 열일곱 살에 한국카이스라는 브랜드를 만들어 고무지우개로 도장을 파서 책에 찍으면서 꿈을 키우기 시작한 때로부터 정확히 30년이 되는 해이다. 성경에 요셉이 꿈을 꾼 나이가 열일곱이라고 나온다. 그래서 나는 영어이름을 Joseph이라고 지었다. 열일곱에 꿈을 꾼 요셉은 서른 살에 이집트의 총리가 된다. 2017년은 한국카이스가 탄생한 지 30년 되는 해이다. 그리고 한국카이스를 설립한 지 5주년이 되는 해이다. 또한 2017년은 우리 생애에서 처음이자 마지막으로 맞이하는 17이 들어가는 해이다. 앞으로 100년 후인 2117년에나 17이 들어가는 해를 맞이할 테니까. 그렇게 여러모로 많은 의미가 있는 해의 첫 달에 이 책이 출간되는 것도 매우 심오한 의미를 지닌다고 생각한다.

도전의 첫날

황태섭

인생에는 누구에게나 일생일대의 좋은 기회가 세 번은 온다고 한다. 정말 중요한 것은 다양한 역경에도 포기하지 않고 성실히 준비하는 것 그리고 그 소중한 기회를 놓치지 않는 안목이다. 그런 의미에서 첫 번째 행운은 자신의 재능이나 환경만 믿지 않고 끊임없이 노력하는 사람에게 주어진다. 두 번째 행운은 작은 성공에도 교만해지지 않고 감사한 마음으로 받아들이는 사람의 몫이다. 가장 큰 행운은 사랑하는 일을 하는 사람에게 온다. 그런 사람은 과정 자체에서 삶의 의미와 인생의 기쁨, 그리고 더 나은 세상을 만들어가기 위해 자신의 일부분을 나누는 행복을 느낄 수 있기 때문이다.

해외취업은 고민에 대한 선택인가

"인생은 둘 중 하나다. 과감한 모험이던가, 아니면 아무것도 아니다."
헬렌 켈러

요즘 젊은 후배들이 해외취업에 관심이 높은 것 같다. 10명 중 약 9명이 해외취업을 긍정적으로 생각한다(한국산업인력공단과 잡코리아가 공동으로 '해외취업 선호경향' 조사). 후배들로부터 자주 받는 질문도 '해외에서 일하는 경험'에 대한 것이다. 조금이라도 젊을 때 새로운 인생의 가능성을 꿈꾸며 과감한 도전을 하려는 용기에 박수를 보내면서도, 현실적으로 학교 졸업 이후 제대로 된 취업 기회를 박탈당한 젊은 세대들의 분노와 절망을 바라보며 기성세대의 일원으로 무엇보다 미안한 마음과 죄책감이 앞선다.

이제 막 사회생활을 시작하거나, 곧 시작하는 이들에게 취업은 모든 것을 포괄하는 근본적 이슈이다. 그 출발점이 사회적 신분을 대변

황태섭

하기도 하고, 향후 배우자를 결정하는 중요 요소가 되며, 같은 길을 달려온 친구 사이에서도 끊임없이 비교 평가되는 문제이기 때문이다. 그뿐 아니라 본격적으로 경제활동을 하고 대한민국에서 얼마나 행복한 삶을 살 수 있을지에 대한 첫 단추가 바로 취업이다. 새로운 조직에서 생면한 누군가와 매일을 마주하고 소통해야 하며, 힘겨운 업무를 부여받고 그것을 해내기 위해 끊임없이 자신의 무엇인가를 쏟아내야 하는 고통스러운 과정들에 노출된다.

그래서 취업은 숭고한 문제이자 청년세대의 미래를 결정하는 치열한 현실임을 놓쳐서는 안 된다. 더 나은 미래를 고민하며 고된 경쟁에서 처절한 노력을 하며 살아왔지만, 부의 대물림과 폐쇄된 사회 계층 구조로 좌절된 젊은 세대를 위해 현실적 대안으로 '해외 취업'이라는 화두를 꺼내보고자 한다. 그만큼 해외 취업이 현실에 대한 깊은 고민과 좌절 속에서 좁혀진 선택이라 가정하고 신중하게, 그리고 솔직하게 이야기를 시작한다.

니가 가라,
중동

"남을 너그럽게 받아들이는 사람은 항상 사람들의 마음을 얻고,
 위엄과 무력으로 엄하게 다스리는 자는 항상 사람들의 노여움을 산다."
 세종대왕

2015년 3월 19일 박근혜 대통령이 중동 진출에 대한 성과를 설명했다. 그리고 청년 인력들의 중동 진출에 대해 언급했다. 이 발언은 취업을 준비하는 많은 청년의 분노를 샀다. 〈'니가 가라, 중동' 청년들이 중동에 갈 수 없는 이유〉라는 제목의 기사에서 보듯, 청년실업에 대한 문제점과 현실조차 제대로 파악하지 못한 대통령의 무책임한 발언 때문이었다. "대한민국에 청년이 텅텅 빌 정도로…… 한번 해보라"는 말씀은 거의 조롱과 다름없이 들렸을 것이다.

사실 청년들이 더욱 분노한 이유는 청년실업 현실에 대한 정부의 인식 부족뿐 아니라 중동 진출이라는 본질이 '창조경제'를 표방하는 박근혜정부의 허구적 순방 성과 치적 때문이었다는 점이다. 법적 구

황태섭

속력도 없는 MOU를 바탕으로 산출된 경제효과도 황당한데, 거기에 심각한 청년실업 문제를 연계하여 해결책으로 제안하였다는 점이 정말 놀랍다. 정부가 나서서 중동에 새로운 비즈니스와 취업 기회를 만들어 놓았으니, 이제 청년들이 가서 열심히 일하기만 하면 된다는 논리는, 바꿔 말하면 해외 일자리를 정부에서 만들어 놓았지만 해외에는 나가지 않겠다는 청년들의 배부른 생각 때문에 청년실업 문제가 해결되지 않는다고까지 해석할 수 있게 되는 것이다.

마치 닿을 수 없는 높은 곳에 사과를 매달아 놓고는, 그 사과를 따 먹지 못하는 어린아이를 탓하는 것과 같은 상황이 아닌가. 이 무심한 어른은 울고 있는 어린아이를 향해 이렇게 툭 내뱉는다.

"니가 아직 배가 덜 고프구나?"

강인규 교수의 분석에 따르면 ("중동 가라고 하더니, 연봉 깎고 정규직 없애겠다고?") 대통령의 중동 발언은 결국 청년실업 문제를 놓고 정부가 할 수 있는 게 없다고 고백한 것과 다르지 않다. 한국 기업의 해외 진출로 인해 국내 일자리가 자꾸 줄고 있으니 노동시장을 유연하게 만들기 위해 비정규직을 늘리겠다는 방법 아닌 방법을 포함해 청년실업을 해결하기 위한 현실적인 정부정책은 거의 없어 보인다.

문제는 한국 기업의 해외 진출뿐 아니라 한국을 포함한 세계경제 성장은 더욱 둔화될 것으로 보이며, 미국의 트럼프 대통령 당선자를 중심으로 전 세계경제가 보호무역주의로 돌아설 가능성이 높아지는 데 있다. 이러한 무역정책은 해외 수출에 크게 의존하는 대한민국 경제에 치명적이다. 엎친 데 덮친 격으로 앞으로 펼쳐질 중국과 미국의 힘겨루기 싸움에 가장 피해를 보는 것은 한국이다. 정치 안보적으로 미국과 가까운 한국은 끊임없는 중국–미국 간 정치적 이슈로 인해 중국 수출에 심각한 타격을 받게 될 위기에 놓여 있다. 큰 그림에서 경제는 어려워지고 정치는 꼬여만 가는데, 청년실업을 해결하고자 하는 정부의 의지는 눈곱만큼도 보이지 않는다. 우리가 분노하고 투표하면 과연 청년실업 문제를 해결할 수 있을까?

황태섭

영어 점수보다 중요한
취업비자와 운전면허

"대부분의 사람들은 제품을 보여주기 전까지는
자신들이 원하는 게 무엇인지도 정확히 모른다."
스티브 잡스

내가 처음 미국에 간 때는 2001년 7월이었다. 서른이 넘어 미국이라는 곳을 출장으로 처음 가게 되었다. 그때까지는 그야말로 한국의 평범한 흙수저였다. 해외 어학연수 한번 못 가봤고, 좋은 회사에 취직하기 위해 도서관에서 공부만 했다. 정식 주재원 발령을 받기 전 단기파견 형태로 2001년 8월부터 약 3개월간 LA 지사에서 일하게 되었다. 그때는 모든 게 신기했다. 어렸을 때 재미있게 봤던 'LA의 아리랑'의 실제 무대에 발을 디딘 것이다. 미국에서의 새로운 삶은 캘리포니아의 따뜻한 날씨처럼 너무 좋아보였다. 2001년 8월까지만 해도 미국 경기는 꽤 좋았다. 그런데 갑자기 '9.11 테러'가 일어났다.

그날 아침 평소처럼 사무실에 출근했는데, 갑자기 한 선배가 "황 과장, 미국 전쟁 났다. 큰일났다!"라고 외쳤다. 그날 출장 가기로 했던 동료와 다른 선배들은 공항이 폐쇄되어 되돌아왔다. 함께 뉴스를 보면서 경악했다. 어떻게 이런 일이 미국에서 생길 수 있는가! 힘없이 무너져 내린 쌍둥이 빌딩을 보며 모두 큰 충격을 받았다. 뉴스는 이미 전쟁을 선포하고 있었고, 미국인들은 충격과 공포에 휩싸였다. 경기는 급속도로 위축되기 시작했다. 고객들은 갑작스런 판매부진으로 인해 재고 반품과 오더 취소를 요구했고, 미국 내 모든 출장은 전부 취소되었다. 곧바로 외국인에 대해 실질적 조치가 내려졌다.

예전에는 단기 상용/관광 비자인 B1/B2만 가지고 있어도 운전면허를 딸 수 있었다. 그러나 9.11 이후 운전면허를 발행하는 DMV(Department of Motor Vehicles)에서 소셜 시큐리티 번호(Social Security Number)가 없는 외국인에게는 운전면허증을 발급하지 않는다는 방침이 세워졌다. SSN은 미국 정부에서 개개인에게 발행하는 고유번호로 일종의 주민등록번호이며, 이것을 바탕으로 은퇴 후 노년복지혜택을 받는다.

미국에 사는 한인들은 이런 농담을 한다. "미국에서 영어는 못해도 살 수 있지만 운전면허가 없으면 살 수 없다." 미국은 대중교통이 거의 없다. 워낙 큰 대륙이면서도 인구밀도가 낮아 대중교통의 효율이 떨어진다. 집집마다 대부분 차가 2대 이상이고, 출퇴근뿐 아니라 일상생활에도 운전면허가 없으면 집에 갇혀 사는 셈이다. 까다로워진 운전면허 발행 절차는 당장 실생활에 영향을 주었다. 그때만 해도 한국운전면허증과 국제운전면허증을 사용했는데 큰일이었다. 그렇다고 운전을 하지 않을 수도 없었다. 다행히 회사에서 보증을 서고 변호사

황태섭

를 통해 SSN을 발급받은 뒤 어렵게 운전면허증을 받기는 했지만, 많은 외국인들이 고생을 했다.

만약 미국에서 공부하거나 취업을 희망한다면 운전면허 발급을 미리 알아보아야 한다. 한국 운전면허증이 그대로 인정되면 좋겠지만 아쉽게도 그렇지 않다. 참고로, 한시적으로 미국을 방문해 렌터카를 이용하는 경우 반드시 한국 면허증이 필요하다. 아이러니하게 한국에서는 미국 운전면허증이 있으면 교환하는 형태로 발급을 해준다. 운전능력은 필수다. 전업주부라면 매일 아이를 학교에 차로 데려다 주고, 수업이 끝나면 차로 데리고 와야 한다. 장보러 가려면 운전하지 않고는 마켓 가는 것이 불가능하다.

미국의 일상은 운전으로 시작해서 운전으로 끝난다. 운전에 자신이 없고 운전면허를 따는 것도 불가능하다면 숙소나 거처, 대중교통에 대해 철저히 조사해야 한다. 아무리 영어가 능통하고 전문지식으로 무장했다 하더라도 출근을 못하면 어떻게 일을 하겠는가?

요즘은 한국도 미국에 무비자 입국이 가능한 나라가 되어 정말 편해졌다. 보통 무비자로 관광 방문을 하면 3개월까지 체류가 가능하다. 3개월이 지나면 불법체류 신분이 되니 주의해야 한다. 유학을 목적으로 공부하러 온 경우는 학교에서 입학허가서를 발행해 F비자를 받는다. F비자로는 일을 할 수 없다. 투자이민은 E 비자를 받는데, 일을 할 수 있는 자격은 있지만 일의 종류가 제한적이고, 허가 받은 사업을 유지하고 있음을 계속 확인받아야 한다. 15만 달러 이상 투자를 해야 한다고 들었다. 주재원은 지사를 통해 L비자를 받는다. 특이한 비자로는 직업교육 비자인 M비자가 있고, 과학·예술·운동·사업·교육 분야에 특수한 재능 소유자를 위한 O비자(청원서 필요), 언론·보도 활동을 하는 특파원을 위한 I비자, 종교 종사자를 위한 R비자가 있다. 가장 중요한 전문직을 위해서는 H비자가 있다. H비자는 전문직, 간호사, 미국에서 구하기 힘든 임시직 근로자, 산업연수생을 위해 특별히 발행하는 비이민 취업 비자다. 고용하고자 하는 회사에서 청원서를 발행해 이민국과 대사관의 심의를 통해 발급 받는다.

H1B의 경우 매년 취업 비자를 발행하는 수를 제한한다. 보통 미리 정해진 취업 비자 수보다 신청자들이 많으므로 무작위 추첨을 통해 선정한다. 2014년에 신청자는 172,500명이었는데 85,000개가 발행되었다. 취업 비자 탈락자가 5명 중 3명인 셈이다. 대부분 F1비자를 발행받아 미국에서 공부한 뒤 학위를 받으면 졸업 이후 OPT(Optional Practical Training)의 유예 기간을 활용한다. 이 기간에 H1B를 스폰서 해줄 수 있는 회사를 찾아야 하므로 대부분 마음이 급해진다. 석사 이상 학위자는 2만 개의 H1B 대상 중 우선순위이므로 그나마 좀 나은 편이지만, 그 회사에서 채용해야 할 확실한 이유가 있어야 취업 비자 스폰서를 하게 된다. O비자를 받으면 체류 기간에 제한이 없다고 하니, 객관적으로 자신의 재능을 증명할 수 있는 성과가 있다면 O비자에 도전하는 것도 방법이다.

미국에서 정상적으로 일하고 세금 내고 경제활동을 하기 위해서는 체류 신분이 가장 중요하다. 어떤 사람은 F비자나 B비자로 입국했다가 불법체류를 하면서 살아가기도 하는데, 여러 불이익을 당할 위험이 높고 강제 추방을 당할 수도 있으니 아예 생각하지 않는 것이 좋다. 심지어 전문 브로커까지 개입해 사기를 당할 수도 있다. 아무리

황태섭

영어를 잘하고 화려한 경력을 쌓았다 해도 법적으로 일을 못하는 신분이라면 의미가 없다. 운 좋게 시민권자와 결혼하거나, 불법체류 중에 착실하게 세금을 내서 다행히 구제된 경우도 있지만 그런 도박은 하지 않는 것이 좋다.

H1B 비자를 받았다 하더라도 회사를 옮기는 데 제약이 있고, 취업 기간이 제한되어 있기 때문에 부지런히 영주권 수속 절차를 알아보고 미리 준비해야 한다. 영주권 수속을 차일피일 미루다가 갑자기 회사 상황이 안 좋아져 어쩔 수 없이 아이들은 미국에 두고 부부만 한국으로 돌아간 경우도 봤다. 해외취업에서 비자와 체류 신분은 가장 중요한 사항이라는 것을 꼭 기억하자.

성공의 비밀은 '사람'

"나는 매일 세 가지를 반성한다. 남을 위해서 일을 하는 데 정성을 다하였는가,
벗들과 함께 서로 사귀는 데 신의를 다하였는가,
전수 받은 가르침을 반복하여 익혔는가."
공자

대학원 졸업을 준비하면서 취업을 알아볼 무렵 나는 조바심과 걱정이
들었다. 아직 군대를 다녀오지 않아 병역특례업체에 연구원으로 취직
할 생각이었다. 각 회사마다 연구기술직에 해당하는 소수의 병역특례
연구원을 뽑을 수 있었는데 나에게 그런 행운이 올지 알 수 없는 상황
이었다. 특례연구원으로 취업이 안되면 군대를 가야 했다.

다행히 1995년은 한국의 경제 상황이 나쁘지 않았고, 관심을 두고
있던 배터리 산업이 한국에서 막 시작되는 태동기였다. 삼성 계열사
에서는 유일하게 삼성전관(현 삼성SDI)이 신규로 전지사업을 준비하고
있었고, 같은 과 대학원 선배는 이미 삼성전관에 취업한 상태였다. 그
선배가 신입사원 채용을 담당하는 인력개발팀 T/F로 선발되었다. 그

황태섭

선배 덕분에 큰 어려움 없이 원하던 회사에 병역특례 연구원으로 채용되었다. 가고 싶었던 회사, 그리고 병역특례 연구원 자격으로 하고 싶었던 일을 하게 되어 무척 기뻤다.

하지만 그토록 고맙고 가고 싶었던 회사였는데, 5년이 지나자 슬슬 한계가 느껴졌다. 반복되는 개발 업무도 싫증이 났고, 미래에 대한 고민이나 준비 없이 살아가는 자신이 한심하게 느껴졌다. 설레던 첫 마음은 사라지고 마음 한구석에 회사와 내 자신을 바라보는 삐딱한 심정이 자라고 있었다. 그때가 밀레니엄이 시작된 2001년이었는데, IT와 인터넷에 대한 기대로 수많은 벤처와 닷컴붐이 일어났다. 능력있는 동기들과 선배들이 새로운 회사나 벤처기업으로 이직하고 있었다. 본인 스스로 무엇을 원하는지 제대로 알지 못한 채 주변의 변화에 자극받아 부화뇌동하는 상황이었다.

편협한 생각과 잘못된 판단 때문이었을까. 더 이상 이곳에서는 미래가 없다고 판단하고 회사를 그만두기로 결심했다. 대부분의 선배들이 만류했다. 그때는 그들의 충고와 조언이 진심으로 나를 배려하는 것으로 들리지 않았다. 그저 부서장이기 때문에 혹은 함께 진행하던 프로젝트에 문제가 생기기 때문에 말리는 것으로만 느껴졌다. 그때 마침 신입사원 때부터 롤모델이자 직장 상사이셨던 부장님으로부터 연락을 받았다. 다른 프로젝트에서 일하기에 함께 일을 하지는 않는 상황이었다. 부장님은 회사 내에서 다른 기회가 있으니 함께 고민해보자고 하셨다. 부장님의 배려와 충고가 진심으로 느껴졌고, 본인의 처지와 상관없이 나를 걱정해주는 따뜻한 마음이 전해졌다. 결국 그 부장님의 배려와 추천 덕분에 해외에서 일할 수 있는 기회를 얻었다.

방황하던 나를 붙잡고, 새로운 기회를 열어 주었던 그 부장님의 도움이 없었다면 지금 어떻게 되었을까 싶다. 밀레니엄과 함께 시작된 찬란했던 인터넷 열풍은 닷컴 버블로 무너졌고, 한국을 포함한 전 세계는 극심한 불경기를 겪었다. 대부분의 벤처기업들이 문을 닫았으며, 많은 기업이 불황에서 살아남기 위해 생존경쟁을 벌였다. 그 와중에 튼튼한 회사에서 외국의 다양한 거래처와 일하는 경험을 쌓게 된 것은 진짜로 운이 좋았다고 생각한다.

미국에서 한창 IT기업이 성장하던 2002~2007년까지 다양한 고객들을 만나면서 기술적인 토론을 했던 것은 좋은 경험이 되었다. 비록 을의 위치에서 갑을 만난 경험이었지만 미국 회사들이 어떠한 특징과 장점을 가지고 있는지 관찰할 수 있었다. 2002년 초에는 주로 컴퓨터와 인터넷, 작지만 기능이 다양한 휴대폰이 강세였다. 마이크로소프트, 컴팩(Compaq, 훗날 HP와 합병), 델, 모토로라, 팜(Palm) 등의 회사들이 크게 성장했다. 효율적 비즈니스를 위해 각종 모듈이나 부품들을 표준화하고, 대부분의 회사가 브랜드와 마케팅에 치중하면서 부가가치가 낮은 제품의 생산은 중국으로 이전하는 단계였다. 당시만 해도 스마트폰은 비즈니스를 하는 일부 사람들만 사용하던 것이었고, 일부 회사들이 태블릿PC나 PDA를 내놓았지만 대중화되지 않았다.

2007년 미국 주재원 근무 기간이 끝나갈 무렵 자연스럽게 다양한 인맥이 생겼다. 마침 애플과 새로운 비밀 프로젝트였던 아이폰이 진행 중이었고 어려운 고비를 넘긴 끝에 프로젝트도 잘 마무리될 즈음이었다. 한국으로 돌아가면 무슨 일을 해야 하나 고민도 있었고, 미국에서 더 배우면서 일하고 싶다는 아쉬움이 들었다. 그때 애플에 있던

황태섭

고객과 직장 동료의 도움으로 애플에서 새로운 배터리 구매 담당자를 찾고 있다는 것을 알게 되었다. 처음엔 무척 망설였다. 지원했다가 떨어지면 무슨 망신이냐, 협력업체 직원을 과연 애플이 뽑을까, 회사에 소문나면 어쩌지 등등 고민이 많았다. 그러나 문득 이런 생각이 들었다. 이번 기회를 잡지 않고 지나가면 나중에 정말 후회하리라. 떨어지면 창피하겠지만 나중에 후회는 없을 것 같았다.

마음을 졸이며 이력서를 넣은 뒤 인터뷰를 했다. 인터뷰는 그럭저럭 마친 것 같았지만 채용이 될지 확신이 서지 않았다. 초조한 마음을 달래며 "어떠한 결과가 나오든 후회하지 말자"고 다짐하고 있는데, 그날 저녁 기술총괄 매니저에게서 전화가 왔다. 여러 사람의 반대를 무릅쓰고 채용하기로 결정했다는 것이었다. 원래 채용 조건은 비즈니스팀의 구매 담당을 뽑는 인터뷰였는데, 마침 개발 엔지니어를 찾던 기술 총괄 매니저가 바로 결정을 내린 것이었다. 처음부터 기술개발직에서 일했던 나에게는 더없이 좋은 결과였다. 채용 이후 알게 된 사실인데, 원래 구매 담당을 뽑기로 한 비즈니스 매니저는 나에 대한 확신이 없어 한 번 더 인터뷰를 하려고 했다고 말했다.

지나가는 길에 잠깐 참석했던 기술 총괄 매니저는 혹시라도 내가 비즈니스팀으로 갈지 모른다는 조바심이 생겨 다른 팀원들의 반대를 무릅쓰고 바로 결정을 내린 것이었다. 하필 애플 내부적으로 예상치 못했던 채용 경쟁이 붙는 바람에 부족한 경력에도 불구하고 전격적으로 채용된 것이었다. 특별히 내세울 것 없는 내 경력을 무조건 믿고 뽑아준 그 기술 총괄 매니저가 너무 고마웠다. 정말로 운이 좋았다고밖에는 설명할 방법이 없다.

도움을 받은 것 중에 영주권 이야기를 빼놓을 수 없다. 요즘은 주재원 기간에 영주권을 진행하는 것은 원칙적으로 불가능하다. 그러나 그때만 해도 자녀 교육이나 개인적 사유가 있으면 암묵적으로 허용해 주었다. 물론 나는 여전히 해외지사 주재원 중에 서열이 제일 낮았고 영주권은 말도 못 꺼내고 있었다. 그런데 법인관리 부장님이 넌지시 이야기를 해주었다. 영주권을 받으면 자녀 교육에도 혜택이 있으니 미리 준비하라며 이민변호사를 소개시켜 주셨다. 회사 증빙과 관련된 서류에도 도움을 주셨다. 만약 고참 부장님이 그런 도움을 주지 않았다면 미국에 남아서 다른 일을 해볼 기회는 생각도 못 했을 것이다.

20년이라는 세월을 돌이켜보면 정말 많은 분의 도움을 받았다. 좋은 직장으로 인도해준 학교 선배, 방황할 때 미국 주재원의 길을 열어준 부장님, 영주권 수속에 도움을 주었던 해외법인 고참 부장님, 미국 회사로 옮길 수 있도록 도움을 주었던 고객과 직장 동료, 팀원들의 반대에도 불구하고 과감히 채용을 결정했던 기술 총괄 매니저.... 만약 "성공의 비밀이 무엇이라고 생각하는지?" 묻는다면 솔직히 '운'이라고 이야기할 수밖에 없다. 물론 내가 이미 성공했다는 의미는 절대 아니다. 학교 다닐 때는 재능과 노력이 중요하다고 배웠지만, 비슷한 재능과 노력을 가지고도 전혀 다른 삶을 사는 사람을 너무 많이 보았다. 결국 운이란 '사람'이고 귀한 '인연'이라고 믿는다. 스쳐 지나가는 인연이든 특별한 목적을 가진 비즈니스 관계든 있는 그대로의 모습으로, 인연의 소중함에 감사하는 마음으로, 서로 선한 영향력을 주고받으려 노력하다 보면 결국 좋은 사람들과 깊은 인연을 맺게 되는 것이다. 사람과 인연의 중요성, 나는 이것이 성공의 비밀이라고 믿는다.

황태섭

'넘사벽'과 토론문화

"당신의 운명이 결정되는 것은 결심하는 그 순간이다."
앤서니 라빈스

협력업체 직원 신분으로 애플이라는 고객을 만날 때 넘을 수 없는 분명한 경계선이 있다. 애플 본사 로비는 통유리로 되어 있어 로비 안쪽을 볼 수 있지만 애플 직원의 동행 없이는 통유리 입구 안으로 들어갈 수 없었다. 로비에서 비쳐지는 유리 안 풍경은 내겐 마치 죽었다 깨어나도 넘을 수 없는 일종의 '넘사벽(넘을 수 없는 사차원의 벽)'이었던 셈이다. 이러한 넘사벽은 물리적으로 존재할 뿐 아니라 보이지 않는 부분에도 영향을 주었다. 고객과 상담하는 경우나 기술적 문제를 놓고 토론을 벌일 때도 일단 접고 들어가게 만드는 묘한 경계선을 설정해 놓고 있었기 때문이다.

드디어 애플 입사가 확정되어 회사 배지를 받고 첫 출근하던 그날

(2007년 8월 6일), 혼자서 그 통유리 입구를 지나갈 때 묘한 느낌이 들었다. 뿌듯하기도 했고 긴장도 되었다. "내가 드디어 넘사벽을 넘는구나"라는 뿌듯함과 "내가 여기서 잘 해낼 수 있을까"라는 걱정도 들었다. 묘한 설레임과 긴장감의 회오리 속에서 드디어 첫 미국 직장생활이 시작되었다. 그러나 통유리 넘사벽을 건넌 뒤 당황하지 않을 수 없었다.

대부분의 미팅이나 토론은 아무런 준비 없이 즉흥적으로 이루어지기 일쑤였다. 미국인들의 '토론 문화'와 '논리적 사고'에 압도되기 시작했다. 토론 과정을 통해 문제를 다시 정의하고, 이를 해결하기 위한 다양한 아이디들을 끄집어내 우선순위와 장단점을 놓고 치열한 토론을 벌였다. 겸손과 겸양이 최고의 미덕이었던 평범한 한국인인 나에게는 그들의 모습이 조금 아는 것을 다 아는 것처럼 자랑하는 것처럼 보이기도 했다. 한편 부분적 지식을 바탕으로 논리정연한 이야기를 풀어가는 모습에 감탄도 했다. 평소 많이 고민했던 주제일지라도 머릿속에 명확히 정리되지 않는 논리를 영어로 의사소통하기란 쉽지 않았다. 게다가 잘못 이해하고 엉뚱한 답을 하여 망신 당하는 일도 종종 있었다. 미국에서 약 6년간 해외법인 주재원으로 있으면서 다양한 고객들과 의사소통을 했음에도 불구하고, 실제 애플이라는 회사조직 안으로 들어가서 느꼈던 문화적·언어적 충격은 예상보다 훨씬 강했다.

나중에 깨달은 사실이지만, 미국에서 학생들은 논리적 사고와 합리성 그리고 프레젠테이션에 대해 어려서부터 끊임없이 교육을 받는다. 본인 스스로 납득되지 않으면 행동하지 않는 문화 코드라고 보면 된다. 궁금한 것이 있으면 아무리 사람이 많아도 질문을 해서 이해해야

황태섭

하고, 시험이나 숙제에서는 왜 그러한 답과 결론에 도달했는지 집요하게 증명하라고 묻는 게 그들의 문화다. 또한 다양한 토론클럽이 있어 어려서부터 치열한 토론 훈련을 거친다. 많은 사람 앞에서 무엇인가에 대해 스토리텔링을 하고 발표하는 시간을 거치므로 토론문화가 자연스럽게 몸에 배어 있다.

영어는 존칭 표현이나 주변 관계의 높낮이를 나타내는 표현이 적다. 회사 사장이라도 성(last name)이 아닌 이름(first name)을 부르는 게 보통이다. 언어에 담긴 수평적 관계 그리고 토론과 논리가 근간을 이루는 서양문화와 철학을 잘 이해해야 한다. 시키는 것만 착실히 하는 것에 익숙하고, 질문하면 혼나는 문화 속에 살아온 한국인의 습성에 언어의 한계까지 겹치면, 겉으로 보기에 화려한 직장생활이 무척 고달퍼진다. 이를 잘 극복하려면 꾸준한 영어 공부도 중요하고 미팅에 대한 사전 준비와 자신의 업무 지식을 미리 정리해두어야 한다.

나는 미팅이 잡히면 참석자는 누구인지, 의사결정권자는 누구인지, 어떤 주제로 토론을 갖는지, 나올 만한 질문 사항이나 나에게 주어질 업무(action item)는 무엇인지, 미팅을 통해서 반드시 결정하거나 질문 사항이 무엇인지 준비하려고 노력했다. 사전 준비가 잘 되어 있으면 마음의 부담도 덜하고 미팅 후에 해야 할 업무도 줄어들었다. 이러한 과정이 반복되면서 자연스럽게 미팅 준비가 잘되어 있는 사람이 되었고, 기술적 토론의 주 논점에 대해 데이터나 객관적 자료를 바탕으로 의견을 제시하여 팀 전체의 의사결정을 유도하는 역할을 하게 되었다. 부족했던 영어 실력이 오히려 장점으로 승화된 것이었다.

점차 매니저와 팀원들의 신뢰와 신임을 쌓아나갔다. 준비없이 갑작스레 이루어지는 토론은 미팅 이후 follow-up해야 할 사항들을 체계적으로 정리하여 24시간 이내에 대응하였다. 이러한 과정에서 의사소통의 한계도 많이 극복했고, 산발적으로 흩어져 있던 업무지식과 데이터도 상당히 체계적으로 정리하는 계기가 되었다. 많은 양의 데이터나 광범위한 업무지식을 효율적으로 다루기 위해서는 나만의 방식으로 정리하고 쉽게 찾을 수 있도록 구조화하는 것이 중요하다. 첫 번째 미국 직장생활을 통해 '정리'와 '사전 준비'의 중요성을 다시금 깨닫게 된 것이었다.

황태섭

문제 해결 능력: 몰입

"만약 우리가 할 수 있는 일을 모두 한다면 우리는 우리 자신에 깜짝 놀랄 것이다."
에디슨

첫 직장이었던 삼성SDI에서 주어진 역할은 새로운 기술과 제품을 개발하는 연구원이었다. 솔직히 맡은 프로젝트마다 제대로 된 성과가 나오지 않았다. 때로는 개발 납기를 넘겨 제품개발이 늦어진 적도 있었고, 정말 열심히 했는데 생산 초기 단계에서 치명적 문제가 확인되어 뒤늦게 제품설계를 수정한 적도 있었다. 심지어 성공적인 개발 프로젝트를 마무리하고 고객에게 승인용 샘플을 제출했다가 퇴짜를 맞은 적도 있었다. 대박을 꿈꾸며 의욕에 차서 어려운 프로젝트를 과감히 시작했다가 씁쓸한 마무리를 했던 적도 많았다. 솔직히 회사생활을 하는 동안 좋은 평가를 받은 적이 없었다. 업무 능력을 평가하는 '고과'는 늘 C에 머물러 있었다.

운 좋게 미국에 주재원으로 갈 때만 해도 '나는 직접 제품을 개발하는 것보다 고객과의 상담을 통해 문제를 풀어가는 게 적성에 맞으니 앞으로 더 잘할 수 있을 거야.' 희망도 가져보았다. 그런데 고객과 진행하는 프로젝트마다 전혀 예상치 못한 심각한 문제들이 생겼다. 비록 직접 제품을 개발하는 역할은 아니었지만 기술적 문제가 무엇인지 함께 고민하면서 원인과 대책을 찾아내 고객을 설득하는 역할을 해야 했는데 그 일이 쉽지 않았다. 나중에는 그토록 꿈꾸던 유명 미국 회사에서 엔지니어로 일하게 되었지만, 예상치 못한 기술적 문제가 생기면 주어진 시간 안에 해결하기 위해 엄청난 압박감에 시달렸다.

심각한 문제가 개발 마지막 단계에서 확인되는 비상상황에서는 문제해결에 시간을 쏟고 집중하는 것이 아니라 임원진, 매니저, 관련 부서에 문제 상황을 보고하느라 대부분의 시간을 허비했다. 하루 종일 이런저런 미팅에 불려가 해결방안과 진척 사항을 보고하게 되었다. 그리고 저마다 다른 지시사항과 의견 차이로 배가 산으로 가는 경우도 생겼다. 막상 문제가 해결되고 정리된 이후에는 폭풍전야의 고요함 속에서 불안한 마음과 초조함으로 매일을 보냈다. '또 다음엔 어떤 문제가 생기려나… 제발 내일도 오늘만 같이 조용히 지나가면 좋겠다'는 바람도 있었고 '엔지니어라는 직업이 나랑 안 맞나보다… 엔지니어는 죽을 때까지 문제와 씨름하면서 살아야 하는데 매일 이렇게 불안하고 초조하니 이제 와서 직업을 바꿀 수도 없고…'라는 절망적 느낌마저 들었다.

주위에서는 좋은 직장 다닌다고, 대단하다고 말했으나 정작 나는 하나도 행복하지 않았던 것이다. 딱히 탈출구도 보이지 않고 그냥 되

황태섭

는대로 이렇게 저렇게 버티면서 지냈다. 문제가 생기면 문제를 해결하는 데 빠져 살았고, 문제가 없을 때는 불안감을 잊어버리기 위해 일시적인 취미생활에 몰두하기도 했다.

그러다 우연히 황농문 교수의 《몰입》을 접했다. 저자에 따르면 몰입은 그냥 어떠한 생각에 집중하는 과정이 아니라 "다른 생각이 전혀 없이 한 가지 생각으로만 머릿속이 채워지는 경험"이다. 저자는 우연한 기회에 몰입 사고를 통해 이전에 풀리지 않던 문제가 갑자기 너무 쉽게 풀리는 경험을 소개하였다. 그래서 반복된 몰입 과정을 통해 인생관 자체가 바뀌었다고 한다. 해결하고자 하는 중요한 문제를 품고 '몇 달이고 몇 년이고 생각하고 또 생각하는 과정'을 통해 의식과 무의식 안에 담긴 지식들이 새로운 형태의 직관과 지혜로 떠오르게 된 것이다. 중요한 것은 몰입 그냥 되는 것이 아니라 단계적이고 지속적인 훈련이 필요하다는 것이다.

절박했던 마음에 몰입이 제시한대로 한 가지 문제만 집중적으로 생각하는 시간을 가져보기로 했다. 우선 아침 일찍 출근해서 이메일을 체크하기 전에 한 시간 정도 나만의 조용한 시간을 가졌다. 정작 하루가 시작되면 이런저런 미팅에 불려 다니고 급하게 해결해야 할 업무에 치여 생각할 시간도 없었기 때문이었다. 우선 생각해야 할 중요한 문제들을 골라 노트에 메모를 해가며 체계적으로 정리하는 시간을 가졌다. 점심식사 후에는 30~40분 정도 혼자 산책하면서 아침에 생각했던 문제들을 놓고 다시 생각을 했다. 스스로에게 다양한 질문을 던지고, 갑자기 떠오른 가설이나 추론을 바탕으로 알쏭달쏭한 문제들을 설명해보기도 했다. 평소에 무심히 스쳐 지나갔던 데이터나 논문 내용이 문득 문득 떠올랐다.

하루를 정리하면서 잠들기 전에 아침과 점심에 생각했던 문제들을 곰곰이 생각하는 시간도 가졌다. '내가 알고 있다고 착각하는 것은 무엇일까? 진짜 던져야 할 질문은 무엇일까? 왜 이런 현상이 생기는 것일까? 만약 이것이 원인이라면 왜 이러한 현상은 설명할 수 없을까? 다음 단계의 질문을 넘어가기 위해 더 조사를 해야 할 부분은 무엇일까?' 그렇게 충분히 생각하고 천천히 생각하는 연습을 반복하자 주어진 문제에 대한 조바심을 극복할 수 있었다. 비록 저자가 제시했던 '가치관이 변화하는 최고의 5단계'까지는 가지 못했지만 최소한 기초 단계는 충분히 경험했다. 기초적 몰입 과정을 통해 주어진 문제들이 대부분 내가 알고 있는 문제라는 확신이 들었고, 점차 문제를 푸는 과정을 즐기게 되었다. 무의식 속에 잠자고 있던 과거의 지식이나 평가 데이터, 새로운 생각들이 불쑥불쑥 떠오르는 것을 느낄 때는 정말 신기했다.

이러한 경험 덕분에 엔지니어라는 직업에 대해 다시 생각해보았다. 결국 엔지니어는 생각하지 못했던 다양한 문제를 평생 다루면서 살아야 하는데, 문제를 풀 수 있는 자신의 역량(문제해결 능력)에 대한 확신이 없으므로 비참하고 불안했던 것 같다. 그런데 몰입을 통해 문제를 해결할 수 있다는 스스로에 대한 믿음이 생기기 시작하자 이전에 경험하지 못했던 새로운 관점이 생겼다. 황농문 교수 말처럼 '회사에서 월급도 받아가면서 이렇게 즐거운 시간을 가질 수 있다니 너무 감사하고 행복하다'는 생각도 들었다. 그리고 비록 어떻게 해결할지 모르는 어려운 문제가 닥쳐도 '이번에는 어떻게 새로운 문제를 풀어가는

황태섭

재미있는 경험을 하게 될까' 라는 호기심이 생겼다.

아주 어려운 문제를 놓고 창의성이 폭발하여 다양한 아이디어가 샘솟기 시작하는 단계에 이르면 엔지니어로서 가장 즐거운 단계에 이르는 것 아닐까 싶다. 문제가 해결되지 못하면 그저 굳게 닫혀있는, 아무런 의미 없는 문으로 남지만, 몰입을 통해 새로운 아이디어(창의)와 직관이라는 열쇠를 발견하여 마침내 문을 활짝 여는 순간 삶의 가치관이 바뀌는 진귀한 경험을 할 수 있다.

엔지니어가 다양한 기술적 문제와 함께 살아가는 과정이라면, 기업 경영인은 고도의 비즈니스 문제를 놓고 씨름하는 것이고, 전업주부는 다양한 삶의 문제 안에서 지혜를 찾아가며 살아가는 과정이다. 결국 몰입은 엔지니어만의 고유 영역이 아니라 죽을 때까지 다양한 문제와 맞닥뜨리면서 살아가야 하는 우리 모두에게 필요한 역량이다. 특히 해외취업을 고려하는 후배들에게 꼭 하고 싶은 이야기를 고르라면 주저 없이 '몰입'을 권한다. 몰입 사고를 통해 역량을 새롭게 발견하고 자신감을 되찾기 시작하면 다양한 문제를 바라보는 패러다임 전환을 경험할 것이다.《몰입》의 한 구절을 소개한다.

— 죽음과 크게 다르지 않은, 살아도 산 것 같지 않은, 죽지 못해서 살아가는 삶이 아니라 죽음과 가장 반대되는 삶을 살아야 하는 것이다. 하루하루가 생동감 넘치고 삶의 희열로 꽉 찬, 그리고 작지만 내가 가진 모든 능력을 최대로 발휘하는 그러한 삶을 살아야 하는 것이다. 왜냐하면 살아있음이 나의 유일한 기회이기 때문이다.

전문성: 필살기

"마음만을 가지고 있어서는 안 된다. 반드시 실천해야 한다."
이소룡

그토록 원하던 애플로 옮긴 지 1년 정도 지난 시점이었다. 생소하고 불편했던 첫 번째 미국 회사에서 서서히 자리도 잡아가고 나름 회사 생활에 재미를 붙이기 시작할 때였다. 갑자기 마른하늘에 날벼락이 떨어지는 사건이 생겼다. 2008년 9월 15일 리먼브라더스가 파산 신청을 했다는 소식이었다. 그때까지만 해도 그게 얼마나 심각한 사건인지 몰랐다. 곧 세계적인 금융회사들과 미국 자동차회사들이 정부에 구제금융을 신청하거나 문을 닫았고 주가는 반 토막 났다. 어제까지만 해도 멀쩡히 잘살던 중산층이 갑자기 길거리로 쫓겨나는 일도 생겼다. 본인들이 잘못한 것도 없는데 회사에서 잘리고 은행에서 주택을 차압당해 졸지에 집도 잃었다.

황태섭

2008년 미국발 금융위기를 현지에서 생생하게 목격했다. 정말 살벌했다. 그때야 미국에서 산다는 게 무언지 현실적으로 깨달았다. 미국 중산층 이상은 대부분 집을 가지고 있지만 은행에서 30년 상환 장기대출을 받아 주택을 구입한다. 통상 10~30% 정도 다운페이(선금)를 하고 나머지 액수를 은행에서 빌리는 형태다. 법적으로 주택을 개인이 소유하기는 하지만 은행에서 담보대출을 해주기 때문에 만약 정해진 이자와 원금을 제때 갚지 못하면 법적 절차를 거쳐 언제든 주택을 헐값에 처분할 수 있다. 2008년 금융위기 전까지만 해도 미국 부동산 경기가 좋아 너도나도 무리하게 융자를 받아 주택을 구입했다. 집값이 워낙 빨리 오르던 상황이었으니 다들 돈이 된다고 생각했다. 은행 융자 조건도 별로 까다롭지 않았다.

그러다 금융위기가 터지자 걷잡을 수 없는 연쇄 반응이 일어났다. 무리하게 융자를 받아서 주택을 구입한 사람들의 집값이 반 토막 났고, 결국 엄청난 빚만 떠안게 되었다. 설상가상으로 경제가 너무 어려워지자 회사들은 구조조정이라는 핑계로 직원들을 해고하거나 문을 닫았다. 일자리를 잃은 사람들은 더 이상 은행융자를 갚지 못해 집을 차압당했고, 심지어 자동차산업의 메카였던 디트로이트는 시 전체가 파산하는 지경까지 이르렀다. 사실상 미국 중산층이 붕괴된 것이다. 아무리 크고 유명한 회사를 다니고 높은 직책에 있더라도 직장에서 잘리는 순간 주택융자를 더 이상 갚을 수 없다면 곧바로 길거리에 나앉는 현실을 생생하게 접했다.

2008년 미국발 금융위기는 아메리칸 드림이라는 핑크빛 꿈에 젖어 있던 나에게 냉혹한 현실이 무엇인지 뼛속 깊숙이 느끼게 해준 경험이었다. "이대로 가만히 있어서는 안 되겠구나. 오늘 갑자기 회사에서 잘리더라도 살아남을 수 있는 나만의 무엇을 준비해야겠다"라는 생각이 들었다. 하지만 그저 답답한 고민일 뿐 구체적으로 무엇을 해야 할지 몰랐다. 이런저런 고민과 방황 속에 있다가 우연히 《구본형의 필살기》를 접했다. 마음이 너무 절박해서 그랬는지, 한 구절 한 구절이 마음에 와서 박혔다. 내 마음을 뒤흔들었던 구절을 소개한다.

— 참을 수 없이 하고 싶은 일이 있다면 두려워 말고 그 일을 따라 나서라. 그 우주적 떨림을 거부하지 마라. 그 일 속에서 살아 있음을 느낀다면 그 일이 곧 자신의 천직임을 알아야 한다. 그러나 아직 그런 떨림을 얻지 못했다면, 지금 주어진 일을 아주 잘 해낼 수 있는 즐거운 방식을 찾아야 한다. 그 방법을 알아내는 순간 매일 숙제처럼 목을 죄어오던 일상의 일들 중에 어떤 것들은 나의 타고난 적성에 잘 어울려 이내 즐거움으로 바뀌게 된다는 것을 알게 될 것이다. 나는 그 일이 내 천직으로 가는 입구라는 것을 믿게 되었다. 그 일에 통달하게 되면 죽을 때까지 먹고 살 수 있는 평생의 직업으로 변용될 것이다. 이것이 바로 직장인 필살기 발굴 원칙이다.

이 책의 접근이 흥미로웠던 이유는, 현재 가지고 있는 것을 모두 포기하고 거창하게 꿈과 재능을 찾아보라는 것이 아니라 현재 하고 있는 일에서 하나씩 찾아보자는 현실적인 접근 때문이었다. 과연 자신의 꿈과 재능을 정확히 아는 사람이 얼마나 되겠는가. 나도 마찬가지였다. 주어진 삶을 어떻게든 잘 살아내기 위해 아등바등하며 살고 있었

황태섭

을 뿐, 꿈과 재능에 대한 열정을 잃은 지 오래였다. 그저 어떻게 하면 주어진 삶을 더 잘해낼 수 있을지 정도만 고민하는 수준이었다.《구본형의 필살기》를 숙독하고 중요한 내용을 뽑아 독후감을 만든 다음, 책에서 제시한 대로 '필살기 진화도'에 도전했다. 그때 이런 생각이 들었다.

— '매니저나 높은 사람이 숙제를 주면 열심히 고민하면서 성실히 자료를 만들어 왔는데, 내 자신을 위해 마음을 담아 자료를 만든 적이 없구나. 내 인생이 매니저보다 중요하고 회사보다 중요하지 않은가. 진짜 마음을 담아서 제대로 분석하고 열심히 해보자!'

엔지니어라는 직무를 바탕으로 책에서 시키는 대로 적성/중요도 분석을 하고 이를 차트로 정리했다. 솔직히 작업하면서 손발이 오그라드는 순간도 있었지만 소중한 나의 인생을 생각하면서 더 심한 일도 할 수 있다고 자신을 다잡았다. 더 전략적 접근을 위해 향후 강화해야 할 역량과 줄여야 할 영역을 정리했다. 마침내 10년 후 나만의 필살기를 만들어내기 위한 진화도 차트를 만들었다. 차별성, 브랜드 이미지, 전문성, 고객관계라는 기준으로 평균 이하의 현재 수준과 10년 후 업계 최고가 되기 위한 전략적 계발 항목을 도출했다. 매일의 업무에서 줄여야 하거나 없애야 할 분야를 도출하고, 앞으로 더욱 집중하고 발전시켜야 할 분야도 정리하게 되었다.

물론 그때 세운 10년 필살기 진화도 계획을 모두 달성한 것은 아니다. 하지만 그 과정을 통해 정말로 마음을 쏟아 집중적으로 계발해야 할 것이 무엇인지 진지하게 돌아보는 계기가 되었고, 반복되는 일상에서 그쪽과 관련된 업무를 할 때면 엄청난 집중력이 발휘되었다. 결국 필살기 진화도 수립 이후에 다양한 업무에서 강력한 시뮬레이션 프로그램을 개발했고, 그것 때문에 미국 직장에서 먹고 살았다 해도 과언이 아니다. 사실 그때만 해도 이렇게 유용하게 사용할 것이라고는 생각하지 못했다.

소중한 나만의 필살기가 빛나는 인연과 만나면 생각지도 못한 새로운 기회와 운이 찾아온다. 회사에서 반복 업무에 지쳤거나 앞으로 무엇을 하며 살아야 할지 고민이라면 자신만의 필살기를 꼭 만들어야 한다. 특히 해외취업을 하려는 사람은 강력한 필살기를 끊임없이 완성해가야 한다. 거기에 몰입 훈련을 바탕으로 한 '문제해결 능력(창의성)', '공감적 소통을 통한 팀워크'까지 뒷받침되면 어디에서 무슨 일을 해도 즐겁게 일할 수 있다.

황태섭

사관(史官)처럼 정리하고
기록하기

"타고난 머리보다 무딘 연필이 앞선다."
서양 격언

2016년 국정농단 사태로 나라가 어수선하다. 박 대통령의 혐의를 입증할 결정적 증거가 된 안종범 전 청와대 수석의 업무수첩에 대한 이야기를 듣고 있으면 묘한 감정이 든다. 500쪽이 넘는 수첩에 대통령의 지시사항들이 꼼꼼히 적혀 있었고, 검찰 관계자는 이 수첩이 조선시대 왕의 말을 그대로 받아적은 사초(史草) 수준이라고 했다. 박 대통령을 보좌하면서 대통령의 메모 철학을 청와대 수석으로서 따라하지 않을 수 없었을 것이다. 박 대통령은 '수첩공주'라는 별명답게 장관들에게 중요한 사항들을 어떻게 적지 않고 일일이 기억할 수 있느냐며 메모의 중요성을 질책했다고 전해진다. 결국 수첩과 기록에 대한 사랑(?)은 국정농단의 진실을 밝히는 데 결정적 원동력이 되었으니 아이러니하지 않을 수 없다.

기록에 대한 우리 선조들의 사랑 또한 대단하다. 〈조선왕조실록〉은 1대 태조부터 25대 철종에 이르는 472년(1392~1863)을 서술한 조선왕조의 공식 국가기록으로서 대한민국의 자랑스러운 유산이다. 1,707권 1,187책에 이르는 방대한 내용이며 정치, 외교, 경제, 군사, 법률, 사상, 생활 등의 모든 것이 담겨 있다. 특히 사관들은 국왕의 일거수일투족을 기록하고, 왕이 사망한 후 실록을 편찬하는 방식을 취함으로써 공정성과 객관성을 확보했다. 실록과 사관은 최고 권력에도 굴하지 않았던 조선시대의 놀라운 기록 정신을 보여준다. 그렇다면 왜 기록과 정리는 중요한 것일까? 찰스 두히그는 《1등의 습관》에서 이렇게 말한다.

— 창의? 새로운 아이디어 내려고 애쓰지 마세요. 창의성은 갑자기 우주에서 뚝 떨어지는 게 아닙니다. 결국 서로 다른 이질적 부분의 생각들이 적절하게 결합되거나 자신의 경험에 대한 관찰을 과제에 적용할 때 나오는 겁니다. 요즘은 마음만 먹으면 인터넷을 통해 언제라도 충분한 정보를 받을 수 있지요. 일반적으로는 정보를 더 많이 확보할수록 결정의 질은 나아집니다. 하지만 어느 지점을 넘어 지나치게 많아지면 두뇌는 한계점에 이릅니다. 결국 정보를 철저하게 점검하지 않고 결정을 내리게 되지요. 그래서 필요한 것이 정보의 가공입니다.

두히그에 따르면 강의를 들으면서 손으로 필기하는 학생들과 노트북

황태섭

을 사용하는 학생의 차이를 추적한 결과, 필기 학생들의 성적이 훨씬 좋았다. 강의가 끝난 후 기록한 내용을 즉각 빼앗았는데도 결과는 같았다. 새로운 정보를 만나고 그것을 내면화하는 과정에서 정보를 가공하기 위해 조금이라도 더 고통스러운 과정을 겪었던 학생들의 성적이 좋았다는 뜻이다. 그는 체중을 줄이고 싶으면 스마트폰 앱을 사용하는 대신 매일 체중을 측정한 결과를 모눈종이에 그래프로 그리라고 조언한다. 새로운 개념들이 잔뜩 소개된 책을 읽는다면 때때로 책을 덮고 방금 읽은 개념에 대해 설명할 수 있을 정도로 머릿속을 정리하라는 것이다. 그래야만 정보를 제대로 이해하고 올바르게 활용할 수 있기 때문이다.

우리 뇌는 새로운 개념이나 정보를 받아들이는 데 느리다. 반복된 학습이나 내 것으로 정리하는 고통스러운 과정을 통해 뇌의 신경망 뉴런 연결이 비로소 활성화되기 때문이다. 창의력의 근간이 되는 재조합 능력도 결국 필요한 정보를 내면화하는 과정에서 이루어진다. 그렇기에 정리 습관은 위력적이다. 나는 새롭게 안 사실이나 공부한 내용을 반드시 독후감이나 쉽게 다시 확인할 수 있도록 파워포인트로 정리하는 습관을 유지하고 있다. 틈틈이 정리한 자료들을 몇 년 동안 모아보니 어느덧 기술백서가 되었다. 기술백서의 자료들은 갑작스런 토론에도 유용하게 사용되고 새로운 아이디어를 모아 특허를 출원하는 경우에도 핵심 자료가 되고 있다.

관심있는 사람들을 모아 틈틈이 정리한 자료들을 설명하고 발표하는 기회도 일부러 만들고 있다. 누군가에게 설명하는 과정은 스스로 학습할 수 있는 가장 좋은 내면화의 기회이며, 본인이 미처 생각하지 못했던 부분에 대한 질의응답 과정을 통해 더 깊은 학습 기회를 제공해주기 때문이다. 혹시 스스로 머리가 부족하다고 생각한다면 남들보다 더 기록하고, 정리하고, 한번 더 고민하고 들여다보면 된다. 그 과정이 반복되면 창의적 직관의 밑거름으로 찬란하게 거듭날 것이다.

황태섭

핵심 습관을 찾아서

"습관이란 인간으로 하여금 그 어떤 일도 할 수 있게 만들어준다."
도스토옙스키

'자기계발'에 대해 고민하다 보면 귀착점은 '습관'에 이른다. 그만큼 습관은 내 자신이 어떠한 사람인지 파악하는 중요한 단서이자 나의 미래를 결정하는 엔진이다. 찰스 두히그는《습관의 힘》에서 다른 습관이나 개인의 삶에 결정적 영향을 주는 '핵심 습관'이 존재함을 역설했다. 나만의 강력한 핵심 습관을 찾아내는 것이 성공을 결정짓는 제일 중요한 요소이기 때문이다. 핵심 습관은 좋은 습관들이 생활 속에 자리잡도록 선순환을 만들어가는 마중물 역할을 한다. 아울러 핵심 습관이 잘 유지되면 예상치 못한 어려운 일이 닥쳐서 일상이 흔들리더라도 곧바로 제자리로 돌아가는 회복탄력성을 제공한다.

　나에게 핵심 습관은 운동과 독서 그리고 글쓰기이다. 규칙적 운동이 몸의 상태를 일정하게 유지하고 무엇인가를 해냈다는 성취감을 제공한다면, 독서는 정신적 근력을 키워주는 과정이자 새로운 것을 맛보는 즐거움을 제공한다. 글쓰기는 막연한 생각들을 일목요연하게 정리하면서 내면을 다시금 성찰하게 해다. 운동과 독서, 글쓰기가 잘 균형을 이루고 있을 때는 힘들고 어려운 일이 있어도 긍정적 마음을 바탕으로 어렵지 않게 제자리로 돌아간다. 아직까지 나만의 핵심 습관을 찾지 못했다면 운동과 독서, 글쓰기를 시작해보라. 이루고자 하는 핵심 습관이 생겼다면 매일 똑같은 시간에 똑같은 것을 반복하는 실천 원리를 실행해보자. 반복의 힘은 생각보다 강력하다.

그렇게 형성된 습관은 무의식적으로 앞으로 나아가게 할 뿐 아니라 뇌의 뉴런 신경망 시냅스 연결에도 영향을 주어 탁월한 직관과 혜안을 만들어준다. 좋은 습관을 빨리 만드는 비결 중 하나는 새로운 습관을 '보상(즐거움)'과 연계하는 방법이다. 예를 들어 매일 운동하기 귀찮은 사람은 운동을 하면서 좋아하는 음악을 듣거나 평소에 즐겨보는 TV 프로그램을 보는 것이다. 보상이 주어지는 반복적 루틴은 쉽게 습관으로 형성된다. 만약 나쁜 습관을 없애고자 한다면 그것을 무턱대고 참기보다는 비슷한 보상을 제공하는 다른 습관으로 대치하는 것이 훨씬 더 효과적이다.

나도 반복과 루틴의 힘을 확인하기 위해 직접 실험을 해본 적이 있다. 잘 들리지도 않는 영어 랩을 출퇴근 같은 시간에 반복해서 들었다. 내용은 잘 모르지만 듣기만 해도 흥이 나는 노래였다. 몇 달에 거쳐서 같은 시간에 무의식적으로 반복해서 듣다보니 놀랍게도 나중에는 저절로 부를 수 있는 수준까지 이르렀다. 이 원리를 적용하여 출퇴

황태섭

근 시간에는 각종 어학공부에 도전하고 있다. 매일 출퇴근을 활용하여 1시간 가량 영어, 일본어, 중국어를 들으면서 바로 따라하는 방법이다. 신기하게도 생소한 외국어가 자연스럽게 몸에 체득됨을 느낄 수 있었다.

이 원리는 어디에나 적용 가능하다. 남들보다 1~2시간 일찍 출근하여 홀로 조용히 몰입의 시간을 가질 수도 있고, 점심시간이나 저녁 시간을 쪼개 전문 분야에 대한 업무 노트를 작성할 수도 있다. 중요한 것은 같은 것을 같은 시간에 매일 반복하는 것이다. 이 강력한 습관의 힘은 나만의 필살기를 만들어가는 중요한 엔진이자, 탁월함을 제공하는 창의적 직관의 밑거름이 되기 때문이다.

애플 이야기,
스티브 잡스는 나르시스트였을까?

"오늘은 내가 2년 반 동안 기다렸던 날입니다. 때로는 혁명적 제품이 모든 것을 바꾸어 놓는 순간이 있습니다. 애플은 그래왔습니다. 한 번이라도 그런 일을 하게 되면 정말 행운일 겁니다. 그런 면에서 애플은 매우 운이 좋습니다. 우리는 세상을 변화시킨 몇 가지 제품을 내놓았거든요. 1984년 매킨토시를 발표했고 그것은 애플뿐 아니라 컴퓨터 산업 전체를 바꾸어 놓았습니다. 2001년에는 아이팟을 소개했고 음악을 듣는 방법뿐 아니라 음악산업 전체를 뒤흔들어 놓았습니다. 그리고 오늘 우리는 세 번째로 혁명적인 새 제품을 소개하려 합니다."
스티브 잡스, 2007년 아이폰 발표회에서

아이폰 출시와 함께 엄청난 성장을 이뤘던 2007년 애플에서 일한 것은 정말 큰 행운이었다. 솔직히 말해서 일반적인 상황이었다면 나의 경력으로는 애플에 취직하기 힘들었을 것이다. 2007년 당시 애플은 배터리 품질 문제로 골머리를 앓고 있어서, 실제 설계 및 생산 개발 경험이 있는 엔지니어를 필요로 하는 상황이었다. 엔지니어 대부분이 박사학위를 가지고 있을 뿐 아니라 유명 회사에서 일한 경험이 있는 사람들이었다. 애플에서 일하면서 느꼈던 점들을 이야기하고자 한다.

애플은 어떻게 세계적인 기업으로 성장할 수 있었고, 약 140조 원의 브랜드 가치를 만들어 낼 수 있었을까? 지금도 여전히 애플은 브랜드 순위에서 1위를 달리고 있다. 애플 로고에는 재미있는 일화가 있

황태섭

다. 회사를 설립하고 이름을 어떻게 정할까 고민했던 잡스가 마침 책상에 놓여 있는 사과를 보고 즉흥적으로 정했다고 한다. 사과를 한입 베어 먹은 모습을 넣은 이유는 bite라는 발음이 컴퓨터 데이터의 기본 단위인 byte와 동일했기 때문이다. 사실 애플 로고는 지금의 사과 모습이 아닌 뉴턴이 사과나무 밑에서 생각하고 있는 형태였는데 후에 무지개 색깔이 들어간 사과 로고로 변경되었다.

애플은 '사용자 경험'과 '첫인상'을 굉장히 중요하게 여긴다. 제품을 구입한 고객이 특별한 이유가 없더라도 만족하지 못하면 30일 이내 무조건 제품을 반품하거나 교환해준다. 한창 온라인 구매가 유행일 때도 소비자들이 직접 제품을 체험해볼 수 있는 고급스런 오프라인 매장을 만들었다. 이제 애플스토어는 세계 각처의 가장 고급스럽고 비싼 곳의 아이콘이다. 제품 포장만 전문적으로 설계하고 디자인하는 팀이 별도로 있어서 처음 애플 제품을 구입한 사람들이 신선한 첫 느낌을 갖도록 한다. 사람들이 단지 용도를 위해 제품을 구입하는 것이 아니라 애플이라는 브랜드를 소유하고 싶은 욕구를 충족시켜 주는 것이다.

용도만 놓고 생각하면 가격이 2~3배 비싼 제품을 사는 것은 바보 같은 짓이다. 하지만 제품을 사용하면서 특별한 애착이 생기거나 쓸수록 차별화된 가치를 발견하면 충성고객이 되어 계속해서 제품 구입뿐 아니라 홍보 역할까지 한다. 애플 제품은 재구매율이 매우 높고 사용자가 제품을 자신의 일부로 여기는 경향이 있다. 우리는 그것을 '브랜드'라 말한다. 애플 제품을 사용하다 보면 '디지털 오르가즘'을 느낀다고 말하는 사람도 있다.

처음 아이폰이 출시되었을 때 국내에서는 LG의 프라다폰을 베낀 디자인이라는 조롱이 있었다. 뒤집어서 생각하면 왜 LG 프라다폰은 먼저 출시되었는데도 아이폰 같은 대작이 되지 못했을까? 애플이 스마트폰 사업에 진출한다고 했을 때 휴대폰 사업에서 선두를 달리던 노키아, 모토로라, 삼성, LG 등은 무척 긴장했다. 드디어 애플이 아이폰을 발표하자 삼성은 "기대 이하의 제품 디자인과 성능 때문에 안심했다"는 반응을 보였고, 한국 언론은 LG 프라다폰을 베낀 디자인이라는 네티즌들의 의견을 부각시켰다. 사실 아이폰의 잠재력을 정확히 평가하기는 어려웠을 것이다. 지나치게 비싼 가격(2년 약정 4GB $499)은 일반 휴대폰 시장에서 수용되기 어려웠다. 거기에다 삼성과 LG를 옹호하기 위한 한국의 언론 플레이가 더해지면서 찻잔 속의 태풍으로 평가되는 분위기였다. 실제 애플의 첫 번째 아이폰 판매량은 140만대 정도에 불과했으니 2007년에는 다들 아이폰을 무시하는 상황이었다. 그렇게 첫 번째 아이폰은 속칭 '애플빠'들의 전용 장난감으로 평가되었다.

하지만 아이폰의 숨겨진 잠재력을 관찰하면서 "비즈니스 모델의 혁신이 기술적 혁신보다 중요하다"는 사실을 새삼 깨달았다. 아이폰에 적용된 기술들은 이미 휴대폰 업계에서 쓰여진 기술들이었다. 심지어는 스마트폰이라는 것도 이미 존재했다. 하지만 애플은 아이폰의 성공과 보급화를 위해 독특한 비즈니스 모델을 꺼내들었다. 휴대폰 통신업계에서 3인자였던 AT&T와 독점계약을 하는 조건으로 비즈니스 주도권을 완전히 장악한 상태에서 기존 관행에 창조적 파괴를 시도했다. 아이폰을 독점 공급하는 조건으로 WiFi를 처음으로 스마트폰에

황태섭

사용할 수 있게 했다. 당시에는 대부분의 통신업체가 '갑'이었고, 이익을 위해 무선 WiFi를 휴대폰에 사용하지 못하게 막아두었다. WiFi를 사용할 수 없는 스마트폰은 이메일이나 간단한 웹브라우징 용도로 한정될 수밖에 없었다.

나아가 기존 스마트폰의 고질적 문제였던 사용자 인터페이스를 획기적으로 개선했다. 터치 방식의 제품들이 LG 프라다폰을 포함해 여럿 있었지만 느리고 정확하지 않아 인기가 없었다. 스타일러스를 써야 하거나 아주 불편한 작은 키보드 때문에 대부분의 사람이 스마트폰을 사용하지 않았다. 어찌 보면 애플은 스마트폰이 대중화되지 못한 이유를 정확히 파악했고, 첫 아이폰을 통해 총알을 날려보면서 사전 포석을 깔아둔 것이었다. 휴대폰 시장이라는 거대한 판을 뒤집기 위한 전략적 포석이었다. 애플은 정전압 터치기술을 보유한 작은 벤처회사를 인수해서 처음으로 아이폰에 적용시켰고, 전용 운영체제를 개발해 쉽고 직관적으로 사용할 수 있도록 했다. 그리고 데이터 걱정 없이 마음껏 아이폰을 쓸 수 있도록 WiFi라는 걸림돌을 비즈니스 전략으로 해결했다.

그러자 아주 재미있는 현상이 발생했다. 똑똑한 유저들을 중심으로 아이폰을 해킹해서 자신이 원하는 프로그램을 설치해 사용하기 시작한 것이다. 원래 애플은 OS를 개방하지 않고 폐쇄적 운영을 하면서 앱을 직접 개발해 탑재했다. 그런데 생각지도 못했던 희한한 프로그램들이 등장해 사용자들이 원하는 대로 사용했다. 그러면서 아이폰의 용도가 아주 다양해졌다. 재미있는 게임도 생기고 이런저런 프로그램과 다양한 기능이 추가된 운영체제도 어둠의 경로를 통해 얻을 수 있었다. 심지어 애플 직원들도 일부러 아이폰을 탈옥시켜 사용하는 경우도 많았다. 만약 애플이 이를 무시하고 무조건 사용하지 못하게 막았다면 아이폰은 정말 찻잔 속의 태풍에 머물렀을지도 모른다.

2008년 두 번째 아이폰 3G가 발표되었을 때 애플은 과감히 이를 적극적으로 수용하여 앱스토어(App Store) 생태계를 만들었다. 개발자들에게 아이폰용 애플리케이션 개발툴을 제공하고 앱 판매수익을 나누는 모델을 제안했다. 대신 앱 유통은 애플이 책임지고, 사용자와 개발자들을 보호하고 장려하는 탁월한 선택을 했다. 애플의 생태계 전략은 그야말로 대박이었다. 전체 파이를 키우고 폐쇄성을 최소화할 수 있는 전략이자, 스마트폰 앱 개발이라는 새로운 비즈니스 기회를 만든 것이다. 애플은 2008년 금융위기에도 불구하고 약 1,200만 대를 팔았으며, 2009년에는 2000만 대를 넘기는 기록을 달성했다. 그제야 삼성, LG를 포함한 기존 휴대폰 업체들의 탄식이 쏟아져 나왔다.

이미 애플은 독보적인 스마트폰 운영체계(Operating System), 미려한 제품 디자인과 탁월한 하드웨어 성능, 막강한 앱스토어라는 비즈니스 모델을 구축하고 거침없이 휴대폰 시장에 창조적 파괴를 일으켰다. 지금은 누구나 다 아는 콜럼버스 달걀이겠지만, 이를 간과한 노키아는 끝없이 추락해 결국 마이크로소프트에 인수합병되는 수모를 겪었다. 한때 휴대폰의 대명사였던 모토로라도 명맥만 유지하는 회사로 전락했다. 결국 비즈니스 모델의 혁신이 기술 자체의 혁신보다 중요한 셈이다.

사실 애플의 전략에는 위험요소가 많았다. 새로운 시장 개척의 프

황태섭

런티어 역할은 말처럼 쉬운 것이 아니다. 그동안 애플이 전략에 성공할 수 있었던 것은 사용자 경험, 디자인과 콘텐츠를 중요시하는 철학이 있었기 때문이다. 새로운 제품개발에서 내부적으로 디자인팀에 우선순위와 결정권을 부여하므로 디자인팀은 강력한 힘을 갖는 무서운 팀이기도 하다. 또 자니 아이브를 주축으로 스티브 잡스에게 직접 보고하는 특권을 갖고 있었다. 디자인팀의 콘셉트가 완성되면 이를 실제 제품으로 구현하는 하드웨어팀과 소프트웨어팀은 반드시 그 요구를 만족시켜야 했다. 그렇지 못하면 곧장 집으로 가야 하는 분위기였다. 중요한 프로젝트들은 회사 내부의 모든 역량을 쏟아부어 모든 엔지니어가 집중할 수 있도록 프로젝트 수를 최소화했다. 가장 결정적인 것은 최종적으로 완성된 프로토타입 제품이 당초 기획했던 완성수준에 도달하지 못하면 과감히 취소했다.

실제로 아이패드는 출시되기 5년 전부터 기획했던 프로젝트였고 낮은 완성도로 인해 여러 차례 중도에 취소되기도 했다. 스티브 잡스는 일본 언론과의 인터뷰에서 이렇게 말했다. 심각하고 어려운 결정을 내려야 할 때 직원들이 말은 안 해도 잡스를 포함한 경영진의 결정을 지켜본다는 것이다. 과연 경영철학이 말로만 그치는 것이 아니라 실제 상황에서도 그런 판단을 하고 결정을 내리는지 말이다.

나는 개인적으로 잡스가 나르시스트였다고 생각한다. 잡스의 전기를 읽어보면 괴팍한 행동도 많고, 자신의 결정에 심한 집착을 보이기도 했다. 주위 사람들과 엔지니어들을 대할 때는 대부분 천재 아니면 바보라는 극단적인 태도를 보였다. 자신의 의견에 반박하는 사람은 심하게 몰아붙였고, 필요한 사람이 있으면 수단과 방법을 가리지 않고 자기 사람으로 만들려 노력했다. 잡스는 태어나면서 부모로부터 버려진 뒤 입양되었다는 사실이 큰 상처가 되었던 것 같다. 다행히 좋은 부모와 워즈니악 같은 훌륭한 친구를 만나 강점과 직관을 극대화 시켰지만 운이 나빴다면 크게 실패한 삶을 살았을 가능성도 높다. 과대한 자아 이미지를 바탕으로 '현실 왜곡장'을 만들어 사람들을 한계까지 몰아붙였고, 결과적으로 정말 운 좋게 성공을 거두었다.

그의 성공 이면에는 개인의 능력보다는 IT산업의 태동기에 좋은 사람들을 만났기 때문이 아닐까 생각한다. 완벽한 제품에 대한 광기와 예술적 아름다움에 대한 집착이 기업 철학으로 승화된 사례라 할 수 있다. 그래서 잡스를 지나치게 우상화하거나 영웅시할 필요는 없다고 생각한다. 결국 엄청난 성공은 대부분 진짜 운 좋게 적절한 타이밍에 좋은 사람을 만나 탁월한 선택을 한 결과일 가능성이 높기 때문이다.

어쨌거나 회사에 있는 동안 갑작스런 잡스의 죽음은 큰 충격이었다. 비록 그가 필요 이상으로 포장되었던 것도 사실이지만, 실제 잡스의 상징적 영향력은 대단했다. 그가 말한 것들은 정말로 이루어진다고 다들 믿고 따랐다. 가끔 구내식당에서 그를 지켜볼 수 있었고, 새로운 제품을 발표하던 순간을 직접 눈으로 보고 가슴으로 느낄 수 있었던 것은 큰 행운이었다. 만약 잡스가 아직 살아 있다면 애플은 지금과는 또 다른 행보를 보이지 않았을까? 그가 생전에 스탠포드 졸업식에서 남겼던 명연설 중에 아직도 늘 가슴에 남아 있는 이야기가 있다. 아직 그의 연설을 접하지 못했다면 한번 읽어보기를 권한다.

아이러니하게도 잡스의 마지막 연설문과 그의 안타까운 죽음은 나

황태섭

로 하여금 결국 다른 직장으로 옮기는 계기가 되었다. 그의 말대로 "내가 진심으로 사랑하고 자부심을 갖는 일이 무엇일까?"라는 질문 덕택이었다.

— 여러분이 진정으로 만족하는 유일한 길은 여러분 스스로 훌륭하다고 믿는 일을 하는 것입니다. 그리고 훌륭한 일을 하는 유일한 길은 여러분이 하는 일을 사랑하는 것입니다. 만일 그것을 아직 찾지 못했다면, 계속해서 찾으십시오. 주저앉지 마십시오. 언젠가 그것을 발견할 때 여러분은 마음으로부터 그것을 알게 될 것입니다. 그리고 다른 훌륭한 관계들처럼, 그것은 해가 지나면서 점점 좋아질 것입니다. 그러므로 그것을 발견할 때까지 계속 찾으십시오. 주저앉지 마십시오.

또 다른 시작

"악해지지 말자(Don't be evil)."
구글 창업 모토

실리콘밸리에서 일하면서 구글에 대해 소문으로 들었던 것은 주로 다음과 같았다. 로비에서 일하던 안내원(receptionist)이 주식 상장 덕분에 백만장자가 되었다거나, 직원 처우와 조건이 아주 좋아서 집에 가지 않고 거의 회사에서 산다는 이야기도 들었다. 공짜로 밥을 주는데 호텔 수준의 식사라던가, 취업 인터뷰를 할 때는 이상한 질문을 하고 IQ 테스트와 비슷한 심사를 한다는 이야기도 있었다. 소문으로만 듣던 내용이라 진짜 그런지는 알 수 없으나 참 재미있는 회사라고 생각했다. 하지만 나와는 전혀 상관없는 이야기라고 생각했다.

애플에서 근무한 지 5년이 지났을 때 다양한 사건들이 생기기 시작했다. 갑작스런 잡스의 죽음, 나를 뽑아주었던 기술매니저의 이직, 팀

황태섭

개편과 새로운 팀 멤버 영입 등 여러 가지 일이 있었다. 그리고 같은 사무실을 사용하면서 아주 친하게 지냈던 동료가 갑자기 교통사고까지 당했다. 그와 함께 특허도 많이 출원하고, 기술적 토론도 많이 했는데 몇 달 동안 병원에 입원을 했다. 애플에서 처음 3년은 힘들고 어려워도 배우면서 성장한다는 느낌이었는데, 4~5년이 지나자 점차 할 수 있는 일이 좁아진다는 느낌이 들었다. 굳이 핑계를 대자면 초창기에는 기술을 중심으로 소수정예 인원이 한마음으로 혁신을 향해 일하는 분위기였다면, 잡스의 죽음 이후 매니지먼트가 바뀌면서 정치적 분위기로 바뀐 느낌이었다. 팀 내에서는 그래도 꽤 고참 엔지니어였지만 점점 작은 세부 사항까지 일일이 상부 허락과 승인을 받아 진행해야 하는 상황이 되니 갑갑하기도 했다. 무언가 의미 있는 일, 사랑하는 일을 하고 싶다는 마음이 간절해지기 시작했다.

그러던 차에 교통사고를 당했던 동료가 퇴직을 했다. 서로 의지도 많이 하고, 도움도 주고받았던 사이였기에 아쉬움이 많았다. 그 친구가 몇 달 뒤에 연락을 해왔는데 구글에 입사했다는 것이다. 처음 연락을 받았을 때만 해도 "구글에서 배터리 관련된 일이 얼마나 있을까"라는 의문이 들었다. 구글은 맛있는 식사를 주는 것으로 유명하니 오랜만에 그의 얼굴도 볼 겸 한번 놀러 가기로 했다. 애플 본사에서 구글 본사는 차로 15~20분 거리였다. 몇 달 만에 만난 동료는 무척 반가웠다. 안부를 묻고 이런저런 이야기를 나누었다. 나는 예전과 회사 분위기가 많이 달라졌다고 솔직히 말했다. 그때 그의 말 한마디가 내 마음을 움직였다.

"이봐, 혁신적인 배터리 기술개발을 위해 함께 일해볼 생각 없어?

너는 너만의 강점이 있고 나는 나만의 강점이 있는데, 함께 일한다면 엄청난 시너지를 다시 발휘할 수 있을 거야. 구글이라는 좋은 여건에서 함께 일하면 분명 좋은 결과가 있겠지. 나와 함께 세상을 바꿔보자고. 더 좋은 세상을 위해."

세상을 바꿔보자는 절친 동료의 말이 마음을 사로잡았다. 사실 그는 일을 도와줄 사람이 필요했고, 구글에서 일하기 때문에 그저 회사의 철학과 문화를 이야기해준 것이었다. 그런데 그의 이야기가 내 마음 한구석에 있던, 사랑하는 일을 찾고자 하는 '열망'을 건드렸던 것이다.

그렇게 해서 나와는 전혀 상관없을 것 같았던 구글 본사에서 두 번째 미국 회사생활이 시작되었다.

황태섭

구글의 회사 문화와
경영철학

"리더로서 내가 할 일은 사내 모든 직원들이 좋은 기회를 갖도록 해주는 것이다.
또한 그들이 의미 있는 활동을 하고 사회 이익에 기여할 수 있도록 하는 것도
나의 일이다."
래리 페이지

구글에서 새로운 직장생활을 하면서 제일 궁금했던 것은 회사문화와
기업철학이었다. 구글은 왜 그런 문화와 철학을 가지게 되었을까? 그
리고 실제로 직원들이 그런 철학과 문화를 느끼면서 일을 하는지 궁
금했다. 사실 대부분의 기업이 그럴듯하게 포장하지만 실제 직원들이
일하면서 느끼는 것과는 꽤 차이가 난다.

　20여 년의 직장생활에서 느낀 점은 '사람'에 대한 중요성이다. 아
쉽게도 일부 한국 기업은 직원을 하나의 부품이나 기능으로 취급하는
일이 많다. 언제든 부품을 갈아 끼우더라도 회사가 잘 돌아갈 수 있도
록 시스템과 프로세스를 강조할 수밖에 없다. 대부분 정해진 프로세
스와 회사 방침에 사람을 끼워 맞추고 싶어 한다. 하지만 사람은 기계

가 아니다. 개인의 재능과 열정 그리고 팀원들과의 상호작용을 통해 얼마든지 다른 결과를 가져올 수 있다.

구글은 직원에 대한 배려가 높고 사람의 가치를 이해하는 회사라는 생각이 들었다. 직원들이 회사에서 편안한 느낌과 안정된 마음으로 일할 수 있도록 다양한 배려를 한다. 아침, 점심, 저녁뿐만 아니라 업무 중에 잠시 쉬면서 낮잠을 자는 공간도 있고, 다양한 취미생활을 통해 스스로를 리프레시(refresh) 할 수 있도록 운동시설, 개인수영장, 야외 배구장, 농구장, 축구장도 있다. 물론 다른 회사들도 이러한 시설들을 제공하지만 실제로 자유롭게 이용할 수 있는 분위기인지가 더 중요하다.

구글은 각자 업무 공간을 본인이 원하는 대로 취향에 맞게 꾸밀 수 있도록 허용하고, 휴대폰, 노트북, 컴퓨터, 모니터 등 업무에 필요한 도구도 취향에 맞게 선택할 수 있도록 한다. 넉넉한 회의실 운영과 함께 개인 노트북을 이용해 언제든 화상회의를 할 수 있어서 회의실 잡느라 시간 낭비할 일이 없고, 회의자료를 온라인으로 공유하여 다른 일과 동시에 작업할 수 있기 때문에 자료 만드느라 시간을 낭비하지도 않아 아주 효율적이다. 결국 직원들이 최대한 행복감을 느끼면서 일할 때 최대의 성과를 발휘한다는 믿음으로 세심한 배려를 한다. 이런 회사에서 일할 수 있게 된 것은 정말 큰 행운이었다.

구글에서 일하면서 아주 인상적으로 느낀 점은 '소통'이었다. 매주 목요일 저녁이 되면 'TGIF(Thank God It's Friday)!'라는 행사가 있다. 창업 이후 매주 지켜온 구글만의 전통이다. 초창기에는 회사가 작았으니 별로 어려운 일이 아니었겠지만 거대 기업이 된 지금에도 수만

황태섭

명의 직원이 함께 온라인, 오프라인으로 모여 경영진에게 다양한 질
문을 하고 회사가 어떻게 돌아가고 있는지 공유한다는 것은 쉬운 일이
아니다. 처음 입사한 직원을 'Noogler(New Goolger)'라 표현하는데,
첫 출근 주간의 목요일 저녁에 독특한 Noogler 모자를 쓰고 TGIF!에
참석한다. 내가 처음 참석한 TGIF!는 마침 Mother's Day가 있는 주
간이어서 부모들까지 초청해 다양한 소통의 시간을 가졌다. 부모들이
재미있는 질문도 하는 등 아주 즐거운 시간이었다.

이러한 전통들이 쌓이고 쌓여서 그런지 경영진에 대한 신뢰와 존경
심은 정말 대단하다. 소통의 또 다른 차원으로는 다면평가가 있다. 윗
사람이 아랫사람을 일방적으로 평가하는 것이 아니라 정기적으로 동
료들 간에 객관적인 평가를 하고 피드백을 받는 시스템을 제공하고,
매니저도 팀원들로부터 평가를 받는다. 그리고 정기적으로 회사 차원
의 설문조사를 통해 직원들의 만족도, 경영진과 임원들의 리더십, 부
서 만족도를 평가한다. 이러한 시스템은 다양한 '예방적 소통'을 통해
사람 트러블이 생길 수 있는 상황을 미리 방지한다. 그뿐 아니라 동료
에게 특별한 감사를 표시하고 싶으면 칭찬카드를 보내거나 소액의 특
별 보너스를 보낼 수도 있다. 서로에 대한 존중과 칭찬을 통해 긍정적
피드백을 만들어가는 것이다. 소통을 특별히 중요시하는 문화의 바탕
에는 사람에 대한 존중이 있다.

창업가정신과
새로운 도전의 기회

"어려움의 한가운데에 늘 기회가 놓여 있다."
　알버트 아인슈타인

구글을 창업한 래리 페이지와 세르게이 브린은 스탠포드 박사과정 중에 만났다. 두 사람은 모두 유대인이자 1973년 동갑내기였다. 1995년 스탠퍼드대 학생 오리엔테이션에서 박사과정 2년차였던 브린은 입학 예정자들의 캠퍼스투어에서 가이드 역할을 맡았다. 캠퍼스투어를 통해 두 사람의 첫 만남이 이루어졌다. 둘은 첫 대면부터 논쟁을 벌였다고 전해진다. 하지만 금세 친해졌고 캠퍼스 단짝이 되었다. 서로 다른 성격과 스타일이었지만 두 사람을 이어준 것은 토론문화에 익숙한 유대인 가정환경과 비슷한 관심사였다. 만날 때마다 벌어진 두 사람 논쟁은 서로 깊이 '교감'하는 계기가 되었다.

　세르게이는 원래 모스크바대학 출신 유대인 과학자 부부의 아들로

황태섭

러시아에서 태어났고, 유대인 탄압과 차별을 피해 1979년 미국으로 이주했다. 과학자 부모의 영향으로 세르게이는 어려서부터 수학과 컴퓨터공학에 깊은 관심을 가졌다. 페이지는 미시건주립대 교수로 있던 아버지와 컴퓨터 교사였던 어머니의 영향을 받아 어렸을 때부터 발명가를 꿈꾸었다. 테슬라처럼 위대한 발명가가 되고 싶어 했지만 시대를 앞서간 혁신적 발명에도 불구하고 테슬라의 불행한 말로에 충격을 받아 사업에 대한 꿈을 간직했던 것으로 전해진다.

마침내 둘은 1997년 박사과정 연구 중에 새로운 검색엔진을 만들어냈다. 일반적인 인터넷 검색엔진은 검색어 위주의 단편적 서비스를 제공했는데 사용자 의도에 맞지 않는 엉뚱한 결과를 내놓기 일쑤였다. 이 문제점을 개선하기 위해 'PageRank'라는 새로운 알고리즘이 접목된 검색기법을 개발했고, 이를 바탕으로 Google을 세웠다. 복잡한 포털사이트 서비스를 제공하던 다른 인터넷회사와 달리 정확하고 간단명료한 검색서비스를 제공하는 구글 검색은 곧바로 인터넷 검색시장의 주인공 자리를 차지했다. 이익만을 추구하는 기업이 되지 말고, 사용자들에게 세상에 존재하는 모든 정보를 쉽게 사용할 수 있도록 하고자 했던 두 젊은이의 열망과 철학을 바탕으로 구글은 실리콘밸리의 가장 혁신적이면서 좋은 기업의 아이콘으로 자리 잡게 되었다.

현실적 문제들로 인해 많은 취준생들이 공무원 시험을 준비하고 있다. 갈수록 취업 경쟁은 심화되고 첫 직장으로 어디에 취업하는지에 따라 나머지 인생의 항로가 바뀐다 해도 과언이 아니다. 하지만 공무원이라는 직장도 언제까지 안정적일 수 있을까? 나는 그렇지 않다고 생각한다. 지금이야 은퇴를 보장하고 연금까지 주어진다 하지만 앞으로 평생직장 개념은 공무원을 포함하여 점차 희박해질 것이다. 나라와 정부가 부실화되면 가장 먼저 타격을 받는 직장이 공무원 아닐까? 공무원이 되고자 하는 이유가 국가경쟁력을 끌어올리고 국민에 대한 서비스를 획기적으로 개선하고자 하는 큰 뜻이 있는 것이 아니라면 앞으로 10년 혹은 20년 후에는 큰 의미가 없을 것이다. 시간이 흐를수록 세상에 안정적 직업은 사라질 것이고, 사람의 수명은 계속 연장되므로 제2의, 제3의 직업이 필요한 시대가 오고 있다. 기업뿐만 아니라 개인들도 끊임없는 혁신과 변화가 필요한 시대가 오고 있는 것이다.

대한민국의 아쉬운 현실 중 하나가 대기업이 창업가정신을 버리고 돈되는 사업 위주로 진출한다는 점이다. 왜 이런 일이 생기는 것일까? 자본주의 체제에서 기업은 생존을 위해서는 이익을 추구할 수밖에 없다. 성장과 유지를 위해 이익을 추구하는 기업활동은 당연한 것이다. 문제는 쉽게 돈을 벌겠다는 철학과 방법에 있다. 지금의 대기업들은 정부와 국민의 도움으로 세계적 규모의 글로벌회사로 성장했다. 많은 기업이 창업 초창기에는 무에서 유를 만들기 위해 뼈를 깎는 노력을 했다. 부족한 기업경쟁력은 나라와 기업을 사랑하는 국민의 애국심 덕택에 극복될 수 있었다. 그 힘들고 어려운 과정에서 이전에는 없었던 건설, 조선, 철강, 반도체, 휴대폰, 자동차, 생활가전 등 다양한 산업 기반이 마련되었다. 초창기의 창업정신을 간직한 대기업이라면 그렇게 얻어진 경쟁력으로 새로운 먹거리와 산업 기반을 만들어갈 책임이 있다.

안타깝게도 대기업이 재벌체제로 넘어가면서 창업가정신이 상실되

황태섭

었고, 그저 쉽게 돈이 되는 사업이라면 무엇이든 진출하는 상황이 되었다. 경제지표로 국민에게 무엇인가를 보여주어야 하는 정부의 단기적 성장 위주의 경제정책과 맞물리면서 부의 양극화를 더욱 가속화시킨다는 데 심각성이 있다. 일반 국민은 더욱 가난해지고 전체 소비는 줄어들면서 대기업 중심의 편중된 부는 기업 비자금이나 새로운 형태의 정경유착을 통해 더욱 부패화 될 위험이 있다. 기업의 잘못된 사업 방향을 바로 잡아주어야 할 정부마저 이러한 움직임을 더욱 부채질하고 있다.

대기업에 족쇄를 채우자는 이야기가 아니라 대기업이 국내 산업 기반을 건강하게 다지는 올바른 맏형 역할을 감당할 때 비로소 글로벌 경쟁력을 오랫동안 유지할 수 있는 점을 이야기하고 싶은 것이다. 한국의 산업이 기술적으로 취약한 이유는 원자재나 핵심 기술은 외국에서 대부분 수입하고 단지 제품 대량생산을 통해 사업이 유지되기 때문이다. 제품을 싸고 좋게 많이 만들어 이익을 내는 모델은 곧 중국에게 추월당한다.

외적 상황을 살펴보자. 지금 중국은 무섭게 기술 격차를 줄이고 있다. 중국 정부의 정책과 엄청난 내수시장, 우수한 인력을 바탕으로 새로운 회사들이 태어나고 있으며, 한국이나 일본과의 기술 격차는 짧으면 1~2년, 길어야 3~4년이다. 무엇보다 중국이 무서운 점은 새로운 회사들이 번뜩이는 아이디어를 가지고 창업하기 쉽다는 점이다. 게다가 엄청난 자본을 바탕으로 한 정부 지원도 뒷받침되고 있다. 물론 중국에서도 비리나 관료부패가 심각하기는 하지만 2014년 국가별 부패지수를 보면 한국 7.05, 중국이 7.10이다. 사실상 한국과 별 차이가 나지 않는다. 실제로 일반 중국인들의 정부 지지와 신뢰도는 아주 높은 편이다. 정부관료들도 현업에 대한 감이 좋고 중앙정부의 요구에 따라 일사분란하게 움직인다. 향후 중국이 제조업 인프라 기반과 내수시장을 바탕으로 정부의 자본과 지원정책을 통해 전 세계의 제조업을 석권할 것으로 전망된다. 그동안 한국 대기업들이 20~30년간 닦아놓은 산업 기반들이 향후 5년 안에 크게 흔들릴 수밖에 없는 운명인 것이다.

안팎으로 어려운 사면초가에 놓인 대한민국에는 희망이 없는 것일까? 나는 아직 희망이 있다고 믿는다. 물론 대기업 위주로 짜여진 '구조적 경제문제'와 '출세와 성공에 대한 사회 문화적인 가치문제'가 쉽지는 않겠지만 단일 민족의 5천년 역사의 장점이 있기 때문이다. 바로 대부분의 사람들의 가치관이 비슷하다는 점이다. 일단 마음이 하나로 모여지면 대한민국 국민은 엄청난 저력을 뿜어내는 민족이다. 특히 극단적 어려움에 처해 있을 때 우리 민족이 보여준 저력은 참 대단한 것이었다. 만약 이러한 현실에 대한 위기의식을 국가 차원에서 공유하고, 창업가정신을 바탕으로 한 벤처기업과 중소기업 위주의 정책으로 국민적 지지를 이끌어낼 수 있다면 새로운 그림이 가능하다.

특히 한 나라의 교육체계는 고유한 성공 가치를 대변한다. 지금 대한민국의 교육 가치는 그저 취직과 돈벌이에 불과하다. 이래서는 미래가 없다. 교육은 그저 취업 수단으로 전락하는 것이 아니라 올바른 가치 체계를 다음 세대에 전달하는 과정이어야 하고 열정과 재능을 살려내는 숭고한 작업이 되어야 한다. 그렇게 하기 위해서는 무엇보다 다 함께 먹고 사는 걱정에서 벗어나야 가능하다. 정부는 국민들이

황태섭

1~2단계의 욕구에서 벗어날 수 있도록 기본적 복지를 제공해야 하고, 이미 자리잡은 대기업은 국민이 3~4단계의 욕구에 도달할 수 있도록 기업 생태계 확장전략을 추진해야 한다. 그렇게 확장된 생태계에서 자연스럽게 창의적인 벤처기업도 나오고 핵심 경쟁력을 지닌 강소기업들과의 전략적 제휴 및 협업도 창출된다.

수직적 체계에서 피라미드의 꼭대기를 차지한 대기업이 갑이 되어 모든 이익을 가져가는 형태로는 더 이상 미래가 없다. 앞으로 대한민국에 '문제의식'과 '창업가정신'을 보유한, 작지만 강한 회사들이 많이 나와야 한다. 대기업은 이러한 회사들에 물질적 투자뿐 아니라 인력과 전략에 대한 투자와 협업을 통해 새로운 가치를 만들어가야 한다. 기득권을 가진 자들이 사회적 책무를 다할 때, 그리고 그러한 기득권에 대한 사회적 정당성을 부여받을 때 사회는 건강해진다. 실리콘밸리에 다양한 크고 작은 벤처기업들이 생겨날 수 있는 것도 그러한 맥락이다. 대학이나 연구소에서 참신한 아이디어와 창업가정신으로 무장한 젊은이들이, 혜안을 지닌 노련한 투자자와 만나 끊임없이 새로운 기술과 회사를 만들어가는 과정이 우리나라에서도 펼쳐져야 한다.

앞으로의 4차 산업혁명은 제조업과 정보통신 기술을 융합해 새로운 부가가치를 창출하는 방식이다. 대표적으로 가상현실, 인공지능, 자율 주행자동차, 사물인터넷이 주목을 받고 있다. 그동안은 대량생산, 소비 체제를 바탕으로 규모의 경제를 갖춘 대기업이 유리했다면 앞으로는 개인 맞춤형 생산과 시장의 다양성에 대응하는 속도와 유연성을 갖춘 강소/벤처기업의 시대가 열린다. 혁신적 아이디어와 기업가정신으로 무장한 스타트업이 주도하는 경제 패러다임으로 변모하고 있는 것이다. 이러한 당돌하면서 혁신적 창업가정신으로 무장한 톡톡 튀는 회사들이 대한민국에서 많이 나오기를 꿈꾼다.

문제가 있는 곳에는 항상 기회가 있다. 전 세계적으로 심화되는 노령화 문제는 '노인 인구에 대한 새로운 형태의 복지 서비스'를 필요로 하고, '행복하고 건강하게 오래 사는 법'에 대한 실질적 수요를 만들어가고 있다. 여기에 하루가 다르게 진화하는 IT기술을 접목하면 보다 살기좋은 세상을 만드는 데 기여하면서 참신한 비즈니스도 만들 수 있지 않을까? 온실가스 문제와 기후문제도 인류가 공통적으로 직면하고 있는 심각한 사안이다. 특히 한국은 천연자원도 부족하고 에너지 보안 문제가 심각하다. 재생에너지의 산업 기반 확충과 새로운 전문인력을 창출할 수 있는 교육사업을 한다면 대한민국의 미래도 책임지고, 새로운 일자리도 만들어갈 수 있다.

한국을 찾는 관광객들이 증가하고 있다. 그런데도 제주도는 중국인 관광객으로 몸살을 앓을 정도이고, 주요 관광지는 바가지요금과 한철장사로 인해 다시는 가고 싶지 않은 장소로 변하고 있다. IT기술을 바탕으로 제대로 된 관광서비스를 제공하는 생태계를 만들면 어떨까. 관광객과 현지인의 체험과 추천을 바탕으로 한, 믿을 수 있는 소셜 네트워크가 있다면 이러한 문제들을 건전하게 해결할 수 있다.

사교육이 지나친 가계 부담과 사회 부채의 주범이 된 지 이미 오래되었다. 교육의 가치가 이미 변질되었기 때문에 자연스레 발생한 부작용이겠지만 사교육을 건전하게 바꾸는 교육 비즈니스 모델이 있다면 어떨까? 합리적 비용으로 가성비 높은 교육과 함께, 능력을 객관적

황태섭

으로 평가해주고 관련 직업을 소개해주는 인프라가 있다면 어떨까? 사교육 문제와 가계 부채라는 두 마리 토끼를 동시에 잡을 수 있는 좋은 방법이 있지 않을까?

많은 아이들이 따돌림과 학교폭력으로 고통을 받고 있다 한다. 그 아이들의 프라이버시를 지켜주면서도 학교폭력을 예방할 수 있는 좋은 아이디어는 없을까? 만약 학생의 스마트폰이나 웨어러블 기기들을 연동해 안전을 지켜주고, 걱정거리를 상담할 수 있는 상담 생태계가 있다면 얼마나 좋을까? 교사들이 단지 지식만 전달하는 것이 아니라 멘토 역할을 하면서 학생들과 선후배 사이에서도 멘토링 프로그램을 구축하고 학교에서 지식 이상의 인간관계를 만들어가는 생태계를 구축하면 어떨까?

뉴스와 미디어를 통해 들려오는 다양하고 심각한 문제들은 우리에게 수많은 기회들을 알려주는 동전의 또 다른 면이다. 끊임없이 문제의식을 가지고, 창업가정신을 바탕으로 아직 세상에 존재하지 않는, 가치있는 무엇인가를 창출한다면 거기에 대한민국의 미래가 있고 희망이 있다. 젊은 세대들이 과감하게 도전할 수 있도록 격려하고, 실패를 딛고 일어설 수 있는 사회적 인프라를 만드는 것은 정부와 기성세대가 꼭 해야 할 사회적 책무이다. 그래서 애플, 구글, 테슬라, 페이스북을 능가하는 훌륭한 회사들이 대한민국에서 많이 탄생되면 좋겠다. 많은 이들에게 현실적 롤모델이 되는 대한민국형 '혁신 창업가'와 '새로운 기업'의 출현이 아주 시급한 과제이다.

인류의 미래는
에너지에 달려 있다

"우리는 도로 위의 모든 차들이 전기자동차가 될 때까지 멈추지 않을 것입니다."
엘론 머스크

자주 듣는 단어지만 다소 추상적 느낌을 주는 '에너지'란 과연 무엇일까? 에너지는 쉽게 말해 어떠한 시스템이 일을 수행할 수 있는 능력을 의미한다. 과학자들에 의해 에너지의 개념 정립이 이루어지면서 이를 수치화 및 이론화하게 된 계기는 증기기관의 발달과 열역학의 발전 덕분이었다. 에너지는 새롭게 만들어지는 것이 아니라 보존되는 것이며, 다른 형태의 에너지로 전환될 수 있다. 그 경우 반드시 무질서도가 증가하고 100% 다른 형태의 에너지로 전환될 수 없음이 입증되었다. 예를 들어 자동차는 화학에너지를 운동에너지로 변환시키면서 원하는 곳에 도달할 수 있게 해주지만 일부는 열과 소음으로 낭비되며, 아울러 배기가스와 같은 부산물을 만들어낸다.

황태섭

핵발전소는 핵에너지를 열에너지로, 다시 전기에너지로 변환시켜 주는 장치다. 하지만 치명적인 핵폐기물을 만들어낸다. 휴대폰을 사용하기 위해서는 반드시 배터리를 충전해야 하는데, 배터리는 전기에너지를 화학에너지로 변환하여 저장했다가 이동하면서 휴대폰 사용이 가능하도록 다시 전기에너지로 변환해준다. 리튬 이온전지는 배터리 중 가장 높은 에너지 변환 효율을 갖지만 2~3년 후에는 재료가 열화되어 더 이상 사용할 수 없다. 우리의 다양한 일상생활은 에너지와 밀접한 관계를 맺고 있다. 에너지가 없다면 일상생활뿐 아니라 전 세계가 마비되는 심각한 상황이 일어날 것이다.

그러나 이렇게 중요한 에너지는 근본 문제를 지니고 있다. 대표적 화학에너지인 석유는 매장량의 한계가 있고 특정 지역에만 집중되어 묻혀 있다. 따라서 모든 나라가 필요로 하는 핵심 자원인 에너지를 둘러싸고 다양한 정치적 경제적 갈등이 유발될 수밖에 없다. 지난 40년간 세계는 여러 차례의 오일쇼크와 석유자원을 둘러싼 값비싼 전쟁을 치렀다. 가장 안전하고 깨끗한 에너지로 여겨졌던 핵에너지는 가장 골치아픈 에너지 채집 방식임이 판명되었다. 러시아 체르노빌 사고와 동일본 지진사고로 인해 인류는 핵에너지가 얼마나 심각한 문제를 일으킬 수 있는지 생생히 목격했다.

이제 오일에너지에 기반한 지구는 심각한 기후변화 문제로 몸살을 앓고 있다. 〈UN 2045 보고서〉에 따르면 인류 생존에 가장 위협이 되는 요소가 바로 기후변화인데, 온실가스 증가로 인해 해수면 온도가 계속 상승하고, 전 세계적으로 심각한 가뭄과 극심한 강수량 변화를 겪게 되며, 이는 결국 각종 식물의 성장 변화와 동물의 라이프 패턴

변화를 유발하여 식량, 물, 토지 및 생존 문제를 야기할 것으로 전망된다. 전문가들은 기후 문제를 이대로 방치하다가는 결국 식량과 물과 같은 필수 자원을 둘러싼 국가 간의 약탈 전쟁이 일어날 수 있다고 경고한다.

심각한 기후변화 문제를 해결하고자 전 세계적으로 다양한 시도들이 이루어지고 있지만 아직까지 그 효과는 미미하다. 대표적인 예가 국가 간 탄소배출권 적용 및 재생에너지 지원정책이다. 탄소에 기반을 둔 석탄이나 석유가 아닌 다른 방식으로 에너지를 채집하고 사용을 유도하는 방법이다. 2010년 기준으로 전체 에너지의 약 18%를 차지하는 재생에너지 비율이 2025년까지 그대로 유지된다면 CO_2 배출량은 2025년에는 3배 이상 증가될 것으로 추산된다. 만약 2025년까지 재생에너지 비율을 46%까지 끌어올릴 수 있다면 CO_2 배출을 절반 이하로 감소시킬 수 있다. 과학자들은 1984년부터 해수면 상승 온도와 CO_2 농도와의 상관관계를 추적했는데, 놀랄 만큼 높은 상관관계가 입증되었다. 지구온난화와 기후문제는 더 이상 정치적 음모론이 아닌 심각한 현실적 문제이자 위협인 것이다.

2016년 태양광 패널비용은 1975년 $101.05/Watt 대비 약 0.6% 수준인 $0.61/Watt으로 급격히 감소했으며, 태양광 발전비용도 $0.10/kWh 수준으로 수렴하고 있다. 이는 기존 석탄이나 석유를 이용한 발전 방식의 비용과 비슷해지는 수치로서 태양광 발전의 Grid Parity라고도 불린다. 한마디로 태양광 전기발전의 손익분기점인 것이다. 결국 태양광기술의 혁신적 발전과 규모의 경제 효과로 인하여 획기적으로 태양광 발전비용이 감소하고 있다. 또한 석탄이나 오일에

황대섭

의지한 발전 방식은 수확체감의 법칙, 즉 사용량이 많아질수록 생산 비용이 늘어나는 고질적 문제가 있지만(한국의 전기누진세를 생각하면 된다), 태양광 발전은 수확체증의 법칙, 즉 사용량이 많아질수록 생산비용이 줄어드는 장점이 있다. 많이 쓸수록 더 깎아주는 것이 상식적으로 맞는 것 아닌가?

태양광에너지의 가장 높은 수요처로 예상되는 전기자동차의 비용도 향후 10년 안에 급격히 낮아질 것으로 예상된다. 320km를 달릴 수 있는 전기자동차는 현재 3만5천~4만 달러 수준으로 기존 가솔린 자동차보다 높지만 2020년경에는 2만2천 달러 수준으로 낮아질 것으로 예상되며, 2025년 이후에는 더 이상 가솔린 자동차는 전기자동차와 더 이상 가격경쟁을 할 수 없을 것으로 추산된다. 그뿐 아니라 자율주행 기술까지 접목되면 더 이상 불필요하게 많은 자동차를 생산할 필요도, 보유할 필요도 없어지며 자동차는 소유의 대상에서 공유 및 서비스의 대상으로 전환된다. 토니 세바 교수의 주장이 그저 허황된 이야기로 들리지 않는 이유는 바로 경제적 근거를 바탕으로 하고 있기 때문이다.

실제로 이 거대한 그림과 계획에 맞추어 찬찬히 미래를 준비하고 있는 사람이 있다. 엘론 머스크이다. 그는 테슬라를 설립하여 전기자동차 사업의 가능성을 증명하였고, 한걸음 나아가 태양광 설치 사업 및 혁신적 배터리를 통한 에너지 저장 솔루션 사업을 추진하고 있다. 머스크의 전략은 태양광에 기반한 청정에너지를 바탕으로 뛰어난 성능의 전기자동차를 빠르게 확산 보급하여 오일에 중독된 지구 경제와 환경을 혁신하겠다는 대담한 발상이다. 태양광에 기반한 전기자동차는 시간이 갈수록 오일에 기반한 에너지와 가솔린 자동차의 비용을 충분히 따라잡을 수 있을 뿐 아니라 더욱 경제적으로 유리해지기 때문이다.

눈을 돌려 유럽을 살펴보자. 독일은 재생에너지 선진국이다. 2011년 기준 재생에너지가 전체 전력생산의 20%를 차지하였다. 이로 인해 창출된 일자리는 약 381,600개이며 일자리의 약 2/3는 2000년에 제정된 재생에너지법에 의해 생겨났다. 독일 정부의 장기 계획에 따르면 2020년에는 재생에너지가 전력생산의 27%, 2030년에 적어도 45%가 되리라고 전망한다. 북유럽 국가 노르웨이는 산유국이지만 아이러니하게도 '전기차 천국'으로 불린다. 각종 세금 혜택 및 보조금, 전용차선을 통해 전기자동차를 적극 장려한다. 2015년 노르웨이에서 팔린 전기차는 약 2만 6천 대로 신차 판매 중에서 17%를 차지한다. 10년 후의 노르웨이 도로는 전기자동차로 채워질 것으로 보인다. 2025년부터 특수차량을 제외한 일반 차량의 등록을 무공해 차량으로만 국한했기 때문이다.

에너지 혁신은 멀리 미국이나 유럽만의 이야기가 아니다. 가까운 일본과 중국도 발빠른 행보를 보이고 있다. 특히 중국의 친환경차 시장 확대는 강력한 정부정책을 기반으로 한다. 중국 정부는 나날이 심각해지는 대기오염 문제를 개선하고, 60%에 이르는 석유의 국외 의존도를 줄이기 위해 다양한 지원정책을 펼치고 있다. 2020년까지 전기자동차와 같은 친환경 차량을 500만 대까지 보급하는 목표를 세웠으며, 이미 세계 최대 전기차 시장을 보유하고 있다. 2016년 상반기에 판매된 전기차는 약 12만 3천대로 세계 1위를 차지했다. 또한 전기자

황태섭

동차 세계 20위 내 중국 업체가 무려 9개나 되며 1위 또한 BYD라는 중국 기업이다. BYD는 2016년 상반기에 무려 4만3천 대를 팔았다. 한국자동차산업협회에 따르면 한국은 같은 기간 불과 745대를 판매하였다.

　에너지사업은 향후 인류의 미래가 달려 있는 중차대한 사업 분야이자, 10년 안에 큰 변화와 혁신이 예상되는 분야다. 미국, 유럽, 중국, 일본에서는 정부와 다양한 기업들이 그 중요성을 깨닫고 전략적으로 움직이고 있다. 비록 한국은 시작은 늦었지만 재생에너지 시장 확대와 기술 발전 및 보급을 위해 정부-기업-학계가 혼연일체가 되어 범정부 차원의 중장기 지원 정책 로드맵, 한국형 비즈니스 모델 발굴, 혁신적인 기술 개발 및 우수한 에너지 인력 육성을 바탕으로 재생 에너지 선진국으로 거듭나야 한다. 앞으로 대한민국의 미래를 만들어가는 창의적인 에너지 혁신 기업이 탄생하기를 기대한다.

Ceramic Society를 꿈꾸며

"나는 우리나라가 세계에서 가장 아름다운 나라가 되기를 원한다."
백범 김구

2015년 여름에 한국 출장을 갔다가 공항에서 시내로 이동하기 위해 택시를 탔다. 그런데 택시기사의 운전 실력이 예사롭지 않았다. 별로 빨리 달리는 것 같지 않은데 차량의 전체 흐름을 타면서 아주 부드럽고 빠르게 운전했다. 인천공항에서 강남까지 40분 만에 주파했다. 궁금해서 어떻게 그렇게 운전을 잘하시냐고 물었다. 그는 기분이 좋았는지 재미삼아 예전에 스포츠카와 고속도로에서 레이싱 대결을 펼친 이야기까지 해주었다. 결국 비싼 스포츠카를 이겼다고 했다. 스포츠카를 몰던 젊은 친구가 창문을 열고 엄지를 치켜세웠다고 한다.

그러면서 운전하는 것이 너무 좋고, 지금 몰고 있는 택시를 너무 사랑한다고 했다. 아침에 일 시작하면서 차와 대화를 나누고, 일 끝내고

왕태섭

차량보관소로 복귀하면 혹시라도 문제가 없는지 직접 점검한다는 것이다. 보통 업소용 차량은 주행거리 30만km가 넘으면 규정상 다시 사용할 수 없어 폐차를 해야 하는데, 지금 차는 20만km가 넘었지만 아직 새것 같아서 이제 30만km가 넘으면 개인 차량으로 전환해서 쓰겠다는 사람이 줄을 섰다고 했다. 매일 차와 대화를 나눌 정도로 차를 사랑하고 운전을 좋아하는 사람이기 때문에 가능한 일이구나 싶었다. 그와 대화를 나누면서 "사랑하는 일을 하는 사람은 정말 행복하다"는 진리를 다시 한 번 깨달았다.

살다 보면 먹고 살기 위해 하기 싫은 일을 해야 하고, 보기 싫은 사람을 만나는 것이 우리 인생이다. 인생에는 누구에게나 일생일대의 좋은 기회가 세 번은 온다고 한다. 정말 중요한 것은 다양한 역경에도 포기하지 않고 성실히 준비하는 것, 그리고 그 소중한 기회를 놓치지 않는 안목일 것이다. 그런 의미에서 첫 번째 행운은 자신의 재능이나 환경만 믿지 않고 끊임없이 노력하는 사람에게 주어지리라 믿는다. 두 번째 행운은 작은 성공에도 교만해지지 않고, 감사한 마음으로 그리고 겸손한 마음으로 자신의 성공을 '운'으로 이해할 수 있는 사람의 몫이다. 하지만 결국 가장 큰 행운은 사랑하는 일을 하는 사람에게 온다. 그 사람은 과정 자체에서 삶의 의미와 인생의 기쁨, 그리고 더 나은 세상을 만들어가기 위해 자신의 일부분을 나누는 행복을 느낄 수 있기 때문이다.

20여 년의 직장생활을 돌이켜보니 사실 너무도 많은 분께 도움을 받으면서 이제야 비로소 사랑할 수 있는 일을 찾았다고 생각한다. 부모님의 사랑, 직장 동료와 선배들의 도움과 신뢰, 친구들의 우정, 가족의 사랑 덕분이다. 그러한 과정을 통해 함께 더 좋은 세상을 만들어 갈 수 있다면 그리고 주위에 선한 영향력을 끼칠 수 있다면 생의 마지막 순간에 후회 없는 삶을 살았다고 말할 수 있으리라.

물론 아직 가야 할 길이 멀고 앞으로도 많은 도전과 어려움이 있겠지만 사람에 대한 순수한 사랑이야말로 세상을 바꾸고 사람을 바꾸는 위대한 힘이 있다고 믿는다. 조건 없이 베푸는 사랑을 바탕으로 절망에 빠져있던 평범한 흙수저들이 아름답고 찬란한 도자기 수저로 거듭날 때, 그렇게 깨닫게 된 아름다운 사랑의 힘을 아낌없이 나누어줄 때 대한민국이 위대한 '세라믹 소사이어티'로 거듭날 수 있다고 믿는다. 백범 김구 선생님이 꿈꾸셨던 그런 아름다운 나라 말이다.

— 나는 우리나라가 세계에서 가장 아름다운 나라가 되기를 원한다. 가장 부강한 나라가 되기를 원하는 것은 아니다. 내가 남의 침략에 가슴이 아팠으니, 내 나라가 남을 침략하는 것을 원치 아니한다. 우리의 부력(富力)은 우리의 생활을 풍족히 할 만하고, 우리의 강력(強力)은 남의 침략을 막을 만하면 족하다. 오직 한없이 가지고 싶은 것은 높은 문화의 힘이다. 문화의 힘은 우리 자신을 행복하게 하고 나아가 남에게 행복을 주기 때문이다. 지금 인류에게 부족한 것은 무력도 아니오, 경제력도 아니다. 자연과학의 힘은 아무리 많아도 좋으나 인류 전체로 보면 현재의 자연과학만 가지고도 편안히 살아가기에 넉넉하다. 인류가 현재에 불행한 근본 이유는 인의가 부족하고 자비가 부족하고 사랑이 부족한 때문이다. 이 마음만 발달되면 현재의 물질력으로 20억이 다 편안히 살아갈 수 있을 것이다. 인류의 이 정신을 배양하는

황대섭

것은 오직 문화이다.

— 나는 우리나라가 남의 것을 모방하는 나라가 되지 말고 이러한 높고 새로운 문화의 근원이 되고 목표가 되고 모범이 되기를 원한다. 그래서 진정한 세계의 평화가 우리나라에서, 우리나라로 말미암아서 세계에 실현되기를 원한다. 홍익인간(弘益人間)이라는 우리 국조(國祖) 단군의 이상이 이것이라고 믿는다.

희망의 첫날

윤승환

흙수저를 고급 세라믹 스푼으로 구워내려면 판단, 선택 그리고 인내와 노력이 필요하다. 구체적으로는 자신이 처한 상황에 대한 판단을 통해 원재료인 흙의 상태를 파악하고 돌을 골라낸다. 그리고 비전을 선택하고 브랜드 차별화를 통해 유약과 조각 무늬를 덧붙인다. 끝으로 어떤 상황에서도 최선을 다해 학습하고 현실에 굴복하지 않고 인내하고 노력한다는 마음가짐으로 고온의 도가니에 들어가 수천 도로 자신을 구워내야 한다. 이런 과정을 거치면 금수저, 은수저들을 물리치고 최고의 왕실 식탁에 올라가는 고급 세라믹 스푼으로 변신할 수 있을 것이다.

삼수생 경영학도

"한 번의 실패와 최종적인 실패를 혼동하지 말라."
　스콧 피츠제랄드

'3포세대(연애, 결혼, 출산)', '5포세대(3포 + 내집 마련, 인간관계)'를 넘어 '7포세대(5포 + 희망, 꿈)'까지……. 도대체 몇 개를 더 포기해야 하나 싶을 정도로 계속 '포기'가 늘어나는 시대다. 참으로 안타깝기 그지없다. 이런 사회 분위기에서 어느덧 40대 중반에 접어든 기성세대로서, 막연한 희망이 아닌 구체적이고 실질적인 조언을 해줄 수 없을까 고민했다. 그 일환으로 사회 초년생 시절에 IMF 외환위기를 겪으며 회사 파산도 맛보고 이곳저곳 재취업을 하면서 오로지 '국내파 샐러리맨'으로서 살아온 경험담을 들려주고자 한다.

　나는 그야말로 오리지날 흙수저 출신이다. 이 '흙수저'의 정의가 무엇인지에 대해서는 수많은 의견들이 있을 수 있겠으나, 나는 이렇게 간단히 정의 내리고 싶다. 자신이 집안 내의 부모님 또는 다른 가족들에게 경제적인 지원을 계속해줘야 하는 사람은 흙수저이며, 집안에서 경제적인 지원을 받거나 최소한 본인이 아무런 지원을 해주지 않아도 되는 사람은 흙수저가 아니라고 생각한다. 20대 후반에 취직한 이후 지금까지도 계속 집안에 경제적인 지원을 하고 있는 나야말로 진정한 흙수저가 아니고 무엇이겠는가. 40대 후반으로 접어들고 있는 지금까지도 단기간의 해외 출장 외에는 1주일 이상 해외에서 지내본 적이 없다. 당연히 유학이건 배낭여행이건 다녀본 적도 없다. 아버지는 대기업에서 직장생활을 하시다가 퇴사한 후 건설업에 뛰어들었는데 상황이 나빠져 가세가 급격히 기울기 시작했다. 고등학교를 다니던 1988년은 우리나라가 서울올림픽을 치르며 온통 축제의 도가니에 빠져 있던 시절이었다. 하지만 아버지의 연이은 사업 실패로 우리 가족은 힘든 나날을 보내야 했다. 그래서 나는 〈응답하라 시리즈〉 같은 추억 드라마를 싫어한다. 그때의 안 좋았던 기억들이 다시 떠오르기 때문이다.

핑계일지 모르지만 감수성이 예민한 사춘기 시절, 집안이 어려워지자 학교 수업보다 다양한 취미에 빠져들었다. 문학과 철학 등의 인문학부터 일본만화와 일본가요를 시작으로 국제정치와 경제현상 등에 이르기까지 다양했다. 월간 〈현대문학〉을 정기 구독하고 노벨문학상 작품을 읽고, 서양 철학사나 경제학사에 큰 족적을 남긴 책도 읽었다. 또 〈타임〉과 〈뉴스위크〉를 읽기도 했다. 그래서 고등학교 수준을 넘어서는 고급 영어와 기초 일본어를 조금씩 익혔다. 학교에서 지정한 인문계 필수과목인 제2외국어는 프랑스어였지만 나는 하라는 프랑스어 공부는 안 하고 만화와 음악을 이해하기 위해 독학으로 일본어를 익힌 것이었다.

학교 공부를 등한시하다 보니 성적은 갈수록 떨어졌다. 겉으로는 얌전한 학생이었으나 밤에 이렇게 딴짓을 하느라 잠이 모자라서 수업 시간에는 맨날 졸기만 했다. 결국 대학입시에 실패하고 삼수까지 해서야 겨우 들어갈 수 있었다. 그때 처음부터 고등학교 공부를 기초부터 다시 시작하니 학교 때 몰랐던 원리를 알아가는 재미도 나름 있었고 성적은 꾸준히 올라갔다. 재수 때는 학원에 잠시 다녔으나 삼수 시절에는 공공도서관을 전전하며 공부에 몰두했다.

대학 진학 후 집안의 경제 상황은 더 나빠졌다. 서울에서는 전세로도 유지할 수 없어 일산신도시의 조그만 연립빌라로 이사 갔다. 부모님, 나, 남동생 4식구가 15평의 작은 빌라에서 살게 되었다. 그 상황에서 연애나 캠퍼스의 로맨스 따위는 사치였다. 다른 친구들처럼 미팅이나 소개팅을 하며 놀기보다는 졸업 후 '경영학과' 출신으로서 어떤 직업을 선택해야 할지 제일 먼저 고민했다. 미국에서는 경영학 석사 과정인 'MBA 과정'을 나와서 금융업계에 진출해 펀드매니저를 하거나 컨설팅 업계에서 컨설턴트로 일하는 것이 최고의 엘리트 코스라는 사실을 확인했다. 샐러리맨으로서 가장 빨리 큰돈을 벌 수 있는 방법이라고도 생각해 졸업 후 펀드매니저나 컨설턴트가 되기로 마음먹었다. 미국 MBA유학도 가야겠다고 생각했다.

남자 대학생이라면 당연히 고민하는 군복무에 대해서도 심사숙고했다. 고심 끝에 ROTC를 지원하기로 마음먹었다. 내가 생각했던 ROTC의 장점은 첫째, MBA를 가기 위한 공부를 중간에 끊지 않고 졸

윤승환

업 때까지 할 수 있고 또 군대에서도 사병보다는 더 자율적으로 공부할 수 있지 않을까 싶었다. 둘째, MBA 입학할 때나 직장에 취직할 때 장교 출신이라는 경력이 도움이 될 것이라 생각했다. 셋째, 장교로 근무하면 공무원에 준하는 월급이 나오니 유학에 필요한 돈을 모을 수 있을 것 같았다. 그렇게 나는 경영학을 전공하면서 ROTC를 지원한, 당시 지극히 평범한 삼수생 출신의 대학생이었다.

꿈을 이루어주는
마법의 키 3가지

"지식을 얻기 위해서는 공부해야 한다.
그리고 지혜를 얻기 위해서는 관찰해야 한다."
마릴린 사반트

대학을 졸업하고 군 생활을 마친 후 첫 직장으로 투자신탁회사에 들어갔다. 이후 자산관리공사와 증권회사 IB부문을 거쳐 지금은 SK네트웍스의 전략기획실에서 M&A파트장으로 일한다. 요즘 청춘들의 취업난은 아주 심각하지만 내가 대학을 다니던 때도 취업난에서 아주 자유로운 것은 아니었다. 80학번까지는 몰라도 적어도 90학번 이후로 현재까지 우리나라에서 취업난이 없었던 시절은 단 한 번도 없었다. 특히 대학 동기들인 91학번의 경우, 남자들은 대부분 군복무를 마치고 복학하고 졸업한 연도가 대개 97~98년이었다. 1997년 말, 한국에 IMF 외환위기가 터졌다. 대부분의 기업들이 일제히 신규채용을 중단했다. 있는 직원들도 내보내는 처지였으니 어떻게 신입사원을 채용할 수 있었겠는가.

윤승환

그런데다 1971년생들은 베이비붐 세대로 건국 이래 연도별 출생인구 중에서 가장 많은 102만 명이 태어난 세대이다. 한해 출생아가 102만 명을 넘은 기록은 1971년이 처음이자 마지막이었고, 이후 한 번도 100만 명 넘게 아기가 태어난 해가 없다. 지금은 그 절반도 되지 않는다. 그야말로 취업할 학생들은 많은데 나라는 거덜 난 상황이었다. 그만큼 내 동기들도 취업이 녹록치 않았다. 그럼에도 불구하고 세 가지 능력을 갖춘 인재들은 대부분 원하는 곳에 들어갔다. 나는 이것을 세 가지 마법의 키라 부른다.

첫 번째 키 : 글로벌 수준의 외국어 능력

대학 2학년 무렵부터 미국의 톱 MBA스쿨 입학을 목표로 했기에 외국어 수준 역시 목표를 높게 가졌다. 토플 기본서를 시작으로 6개월마다 영어책을 1권씩 마스터했다. 정확히는 6개월마다 두 권씩 공부했는데, 한 권은 처음 읽으면서 눈에 익히는 과정으로 삼았고, 다른 한 권은 모르거나 틀리는 부분이 10% 이하가 되도록 서너 번을 반복하여 보았다. 단어집도 대학생들이 필수적으로 공부하던 〈Vocabulary 22000〉으로는 부족하다고 생각해 〈Vocabulary 55000〉까지 마스터했다. 졸업 전까지 GRE(미국 일반대학원 입학용 시험) 및 GMAT(미국 경영대학원 입학용 시험)를 언제든지 즉시 시험칠 수 있을 정도의 수준까지 준비를 마쳤다. 군 생활 중에도 이 책들은 손에서 놓지 않고 거듭 보면서 감각을 유지하려 노력했다. 흙수저라는 상황을 다시 반복하게 되지만, 이 학습과정에서 어학연수나 학원 수강 등에 투자할 만한 집안의 뒷받침이나 재정적 여력은 전혀 없었다. 학원 다닐 시간과 비용을 절약하고자 오로지 서점에서 고르고 골라서 돈을 아껴 산 어학책을 몇 번이고 되풀이해서 보는 것만이 학습에 투자할 수 있는 여력의 전부였다. 이외에도 일본어 역시 틈틈이 공부했다. 영어 공부시간의 20% 가량을 일본어에 할애했는데, 과거 하라는 학교공부는 안하고 일본 만화를 보거나 일본 가요를 들은 경험을 발전시킨 것이 도움이 되었다.

두 번째 키 : 광폭의 공부 지식

한양대 경영학과에는 미국 명문대 출신의 젊고 뛰어난 교수들이 많이 계셨다. 학교에서는 소위 SKY에 뒤지지 않기 위해 인문계 중에서 경영학과와 법학과를 '간판학과'로 삼고 집중 투자했다. 그런 교수님들의 좋은 수업들을 들으면서 한편으로 도서관에 비치된 〈포춘 (Fortune)〉이나 〈니혼게이자이(日本經濟新聞)〉를 비롯한 각종 경제지를 읽으면서 글로벌 경제의 흐름과 현상을 익혔다. 그래서 미국에서 EVA(Economic Value Added: 기업의 세후영업이익에서 투자자 몫의 수익-자본비용을 제외한 금액으로 1년 동안 순수하게 기업이 창출한 부가가치)라는 신개념의 등장이라든지, 일본에서 정부의 ODA(Official Development Assistance: 선진국의 개발도상국 지원 프로그램) 지원 하에 제조업체들이 동남아에 적극 진출해 가전이나 자동차공장 등을 설립하는 현황과 그것을 기반으로 한 일본의 대(對) 아시아 국가 및 기업 전략에 대해서도 파악할 수 있었다. 그 외 언론고시라 불리는 신문·방송사 공채시험 분야의 기출 문제집도 공부했다.

고등학교 때 틀에 박힌 학교공부에는 취미를 느끼지 못해 이것저것 다양한 공부를 한 것이 '경영학과'라는 학문을 만나 빛을 발한 것이다. 경영학은 결국 다양한 나라에서 다양한 분야에 걸친 다양한 기업들에 대한 이야기 아닌가. 경영학도로서 폭넓은 분야를 공부하고 관심을 갖는 것은 매우 중요한 자세다. 그렇다면 이런 광폭의 공부습관이 비단 경영학과에만 해당되는 것일까? 지금의 시대를 통섭의 시대라 한다. 한 분야의 학문으로는 무엇을 성취하기 쉽지 않다. 분야와 전공을 넘나들어 폭넓은 지식과 소양을 갖춰야 한다. 따라서 대학생이라면 반드시 광폭의 공부를 해야 한다.

세 번째 키 : 인적 네트워크

모든 성공한 사람의 곁에는 훌륭한 멘토나 좋은 친구, 또는 선후배가 있다. 이런 멘토나 동료 없이 성공한 사람은 없다 해도 과언이 아니다. 월마트 창업주 샘 월튼에게는 장인 롭슨이 멘토였다. 롭슨은 월튼이 첫 소매점을 시작할 수 있도록 2만 달러를 빌려주었다. 아인슈타인에게도 막스 탈무드라는 멘토가 있었다. 독일에서 의학을 공부하던 고학생 탈무드는 소개받은 학생들을 경제적으로 지원해주는 유대 민족의 전통에 따라 일주일에 한번 아인슈타인의 집에서 저녁식사를 했다. 탈무드는 아인슈타인이 지적 호기심이 풍부하다는 것을 알아차리고 각종 과학책을 가져다주었다. 과학에 눈이 번쩍 뜨인 아인슈타인은 과학서적들을 엄청나게 읽어나갔고 결국 20세기 최고의 과학자가 되었다. 스티브 잡스에게는 스티브 워즈니악이라는 천재 엔지니어가 있었다. 워즈니악이 없었으면 오늘의 애플은 없었을 것이다. 빌 게이츠도 스티브 발머라는 든든한 영업맨이 있었기에 아이디어와 기술개발에 집중할 수 있었다.

경험도 많지 않고 아는 것도 적은 상황에서 미래를 혼자 개척해가는 것은 무척 힘들다. 누군가 곁에서 조언해 주는 사람이 있다면 더 수월하게, 더 효율적으로 인생을 살아갈 수 있다. 나는 고1 때 이 책의 공동저자인 최충인 변호사를 만나 3년을 내리 같은 반을 다녔다. 의기투합한 우리는 키순으로 자리배치를 할 때 일부러 무릎 높이를 조절해가며 단짝을 계속 유지했다. 그리고 지금까지 단짝 친구로 지내고 있으니 30년을 함께 한 것이다. 최충인 변호사는 어린 시절 미국에서 공부한 경험이 있었기에 동경의 대상이었고, 미국 생활의 경험과 이야기를 많이 해주었다.

이렇게 글로벌 수준의 외국어 능력과 광폭의 공부 지식, 좋은 친구와 선후배는 인생을 살아가는 중요한 세 가지 키다. 요즘 젊은 세대를 '단군 이래 최고의 스펙 세대'라 말한다. 대부분의 젊은이들이 대학까지 공부했고 대학원 출신, 유학파에 박사들도 많아졌다. 외국어 실력도 우수하고, 각종 자격증을 딴 친구들도 많다. 그런데 그런 후배들을 보면서 살짝 아쉬움이 든다. 글로벌 경쟁력을 갖춘 외국어가 목표가 아니라 취업을 위한 어학 점수가 목표인 것은 아닌지, 또한 주어진 문제풀이에만 몰두하면서 광폭의 지식 습득은 다소 부족한 것은 아닌지 하는 점이다. 특히 세 번째 키인 좋은 멘토나 친구들도 부족해 보인다. 점점 더 이기적으로 변해가면서 세상을 함께 헤쳐 나갈 멘토와 친구들이 없는 것은 아닌지 걱정스럽다.

윤승환

전략적이고 경제적인
시간관리와 건강관리

"모든 일은 계획으로 시작되고, 노력으로 성취되며, 오만으로 망친다."
관자

그러면 막연하게 전략적으로 살아야 한다는 조언에서 한 발 더 나아가, 어떻게 전략적이고 경제적으로 사는지에 대한 구체적인 방법 2가지를 제시한다. 이는 내가 평소에 연구하여 실천하고 있는 시간관리와 건강관리에 대한 것이다. 나는 시간관리를 3가지 변수에 의해 계량화하고, 해야 할 일의 우선순위를 정하는 것을 습관화하고 있다. 구체적으로 설명하면 이렇다.

- 현재 당면한 업무(Works -to-do List)를 작성한 후, 3가지 변수별로 점수를 부여한다.

1. 중요한 일 (1~10점 부여)

2. 급한 일 (1~10점 부여)

3. 단독으로 100% 완결 가능한 일 (1~10점 부여)

- 3개의 점수를 곱한 후, 총 합계점수를 산출한다.

- 총 합계점수를 투입 가능한 전체 시간에 대입하여 업무별 시간을 배정한다.

- 아래에 간단한 예시를 보자. 만약 오늘 업무시간 중에 해야 할 일이 3가지라 가정하면, 업무별로 3개 변수별 점수를 부여해보자.

1. 계약서 이메일 보내기: 중요도 8점, 긴급성 10점, 단독완결성 3점

2. 옆 부서의 업무 문의사항 답변: 중요도 2점, 긴급성 8점, 단독완결성 9점

3. 회사에서 부여한 잡무(복사용지 보충, 문서수발 등): 중요도 6점, 긴급성 2점, 단독완결성 10점

- 이렇게 분류하여 점수를 부여하면

1. 계약서 이메일 배정 점수는 8 × 10 × 3 = 240점

2. 업무 문의 답변은 2 × 8 × 9 = 144점

3. 회사잡무는 6 × 2 × 10 = 120점이 된다.

그렇다면 업무시간 배정 비율을 240 : 144 : 120으로 놓고 하루 총 8시간을 근무하면(휴식시간은 제외) 8시간 × 60분 = 480분이므로 480분

구 분	중요도 (a)	긴급성 (b)	단독완결성 (c)	총점 (d=axbxc)	시간 배정 (d÷e)	총시간(분)
1. 계약서 이메일	8	10	3	8 x 10 x 3 =240	240÷504= 47.6%	229
2. 업무 문의 답변	2	8	9	2 x 8 x 9 = 144	144÷504= 28.6%	137
3. 회사 잡무	6	2	10	6 x 2 x 10 = 120	120÷504= 23.8%	114
합 계				504 (e)	100%	480

구 분	229분 (3시간 49분 배정)	137분 (2시간 17분 배정)	114분 (1시간 54분 배정)
1. 계약서 이메일			
2. 업무 문의 답변	아침 9시~12시, 1시~1시49분		
3. 회사 잡무		오후 4시 6분~오후 6시	오후 1시 49분~4시 6분

을 다음 표와 같이 합리적으로 배분할 수 있다. 이런 식으로 평소 업무를 배분하면 우선순위 순으로 가장 효율적이고 합리적인 업무 추진이 가능하다.

그런데 여기서 단독으로 100% 완결 가능한 일이 왜 중요한 업무, 급한 업무와 동등할 정도의 중요 변수로 취급 받아야 하는지, 굳이 그럴 필요까지 있는지 의문이 생길 것이다. 이에 대해 부연 설명하면, CEO나 고위 임원급이 아닌 직원은 자기가 하고 싶은 일만을 맡을 수는 없다. 그렇다면 오히려 반대로 생각하여 다른 사람이 하기 싫고 귀찮은 일을 떠맡아 혼자 완벽하게 수행하는 것도 좋은 전략이 된다. 가령 외부 고객에게 거절해야 하는 상황이라든지, 복사용지가 떨어져 비품실에서 가져와야 하는 등의 사례를 보자. 누구나 이런 일은 하기 싫은 법이다. 그러나 사실은 모두 하기 싫은 일에 숨은 기회가 있다. 누가 봐도 달콤한 결과가 예상되고 하기 쉬운 일에는 경쟁이 치열하다.

윤태호 작가의 〈미생〉에는 복사기를 앞에 둔 두 부류의 사람이 등장한다. 상사가 복사를 시켰을 때 "내가 이런 일이나 하러 회사 들어왔나" 하고 멍하니 있는 사람과, 복사기의 작동을 기다리는 사이에 복사 내용을 읽어보는 사람이다.

이렇게 시간관리를 습관화한 결과, 나는 일하면서도 책을 쓰고 개인 공부를 할 여유 시간을 확보했다. 경제적인 절약을 위해 가계부를 쓰듯이 시간 절약을 위한 가계부를 쓰면서부터 의미 없이 낭비되는 시간을 최소화하고 내게 맡겨진 중요한 업무나 내가 먼저 하면 남들이 편해질 사소한 업무 모두를 놓치지 않으면서도 내가 하고 싶은 일을 별도로 할 수 있게 된 것이다.

다음으로는 건강관리를 전략적으로 하는 방법을 소개하겠다. 독자들의 이해를 쉽게 하기 위해 나의 신체 수치를 솔직하게 밝히겠다. 키 180cm에 체중 68~69kg 수준을 유지하고 있다. 참고로 이 수치는 20대 중반 대학시절의 수치와 정확히 동일하다. 그리고 체성분 분석결과에 따르면 근육량이 적정 수준 이상이며, 체지방량은 적정 수준 이하이다. 쉽게 말해 표준형 체형과 근육형 체형의 중간 수준이다. 이러한 수치와 체형은 타고난 것일까? 물론 어느 정도는 그럴지도 모른다. 하지만 적어도 최근 1년여 동안은 다이어트와 운동으로 노력해서 건강을 관리한 결과다.

나는 다이어트를 하는 방법으로 '호르몬 다이어트' 원리를 최대한 도입하려 했다. 호르몬 다이어트의 원리는 무엇일까? 인간이 수백만

윤승환

년 동안 진화하면서 축적된 체내 유전자 정보와 전혀 다른 가공식품이나, 야간 활동의 증가로 인한 수면 패턴의 변화가 원인이 되어 안정적 호르몬 분비의 혼란이 초래한 호르몬 불균형 때문에 만성피로가 축적되고 비만이 가중되며 온갖 성인병의 원인이 된다. 따라서 정제한 곡류와 전분, 설탕, 가공 지방류 등의 정크푸드 섭취를 최소한으로 줄이고 규칙적인 운동과 일찍 잠자리에 드는 생활습관을 유지하면 자연스럽게 비만 해소와 건강 증진이 따라온다. 즉 수백만 년 동안 인류의 유전자에 기록되어 있는 생활습관으로 최대한 돌아가면 된다.

끝으로 운동방법에 대해서도 간략히 소개한다. "헬스클럽에 왕복하는 시간만큼이라도 아무 데서나 운동하라"고 말하고 싶다. 나는 평소에 14층에 있는 사무실까지 계단으로 다니며 최대한 엘리베이터를 타지 않으려 한다. 그리고 매일 스쿼트, 팔굽혀펴기, 누워서 발 들어올리기를 100개씩 한다. 몸이 안 좋거나 술을 많이 마시면 하루를 건너뛰기도 하지만 평균 1주일에 적어도 3~4일은 이 운동량을 달성한다. 또한 이러한 운동을 위해 헬스클럽을 전혀 가는 일 없이 회사 내에서 업무시간 중에 대부분의 운동량을 달성한다.

그 방법은 이렇다. 점심 먹기 직전 5분 내지 10분이면 회사 회의실에서 스쿼트와 팔굽혀펴기를 30~40회 가량 할 수 있다. 오후 일과 중에나 퇴근 직전에도 마찬가지로 간단히 이런 운동이 가능하다. 이렇게 하루에 2~3회 잠깐씩만 운동하면 100개의 목표를 대부분 무리 없이 달성할 수 있다. 그리고 집에 가서는 잠자기 전에 누워서 발 들어올리기를 100개 수행한다. 이 역시 완료까지 5분 이상 걸리지 않는다.

이 운동방식에는 여러 장점이 있다. 헬스클럽에 왕복하는 시간, 옷

갈아입고 씻고 하는 등등의 시간과 비용, 번거로움이 전혀 들지 않는다. 운동하면서 남의 눈치를 볼 필요도 없고 아무한테도 서로 신경 쓸 필요가 없다. 언제 어디서든 조용하게 진동 없이 간단히 운동효과를 낼 수 있다.

이런 식으로 시간관리와 건강관리를 병행함으로써 평범한 일반 회사원으로 일하면서도 이렇게 책을 쓰고 개인의 발전을 위한 공부를 할 수 있는 시간과 체력이 배양될 수 있었다. 평소에 꾸준히 연구하고 노력하는 자세만이 험한 양극화 시대에서 살아남을 수 있는 방법이 아닐까 싶다.

윤승환

최고의 연봉과
초고속 실직

"당신이 받는 수표의 크기와 당신의 재능의 크기를 절대 혼동하지 말라."
말론 브랜도

나는 국내 금융권, 공기업, 대기업 등에서 직장생활을 했다. 그 시작은 1997년 6월로, 장교로 군 생활을 마치고 여러 회사와 금융기관 등에 합격했다. 그중에는 국내 대형 은행에서 공채 1등을 하여 은행장이 직접 배지를 달아주며 대표로 입사 선서를 한 경험도 있었다. IMF 외환위기가 터지기 직전이었고 영어와 일본어 능력을 갖춘 사람이 그리 많지 않았던 시절이어서 취업에 큰 도움이 되었다. 또한 틈틈이 공부한 경제, 시사 지식도 도움이 되었다. 또 앞서 말했듯이 나는 일찌감치 일류 직장에 취직하여 Top 클래스 MBA를 가는 것이 목표였기 때문에 혼자서 여러 가지 취업전략을 궁리하여 실천하기도 했다. 두 가지 예를 들어보겠다.

입사지원서 제출 시 '1등 아니면 꼴찌'로 접수했다. 입사공고 정보를 입수하면 며칠 전까지 회사의 현황이나 최근 주요 이슈에 대한 연구 등을 사전에 마치고 그에 맞는 원서와 맞춤형 자기소개서를 미리 준비해 두었다가 첫날 제일 먼저 접수하는 것을 목표로 삼았다. 피치 못하면 마지막 시간에 맞춰 제출했다. 서류 접수부터 경쟁은 시작되는 것이라 생각했기 때문에 엄청 부지런하던가, 아니면 마지막까지 완벽하고 신중하게 작성했다는 인상을 주는 것이 좋은 방법이다.

또한 면접 시 질문과 답변 전략도 별도로 세웠다. 면접마다 필수적으로 나오는 질문을 개인-회사, 과거-현재-미래 등의 체계로 분류할 수 있을 것이라 생각했고 그 답변을 체계적으로 준비하면 어떤 질문에도 여유있게 답변할 수 있다. 이를 표로 정리하면 다음과 같다.

구 분	과 거	현 재	미 래
개인	본인이 과거에 가장 힘들었던 일은?	자신의 장점과 단점은?	앞으로 목표가 있다면?
회사	우리 회사에 대해 알고 있는지?	회사의 현재 이슈가 무엇인지?	앞으로 회사 또는 한국 경제는 어떻게 나아가야 할 것인지?

이러한 식으로 지원한 결과 동시에 여러 곳에서, 그것도 대부분 최상위권의 합격통지를 받고 자신감이 하늘을 찔렀다. 합격한 회사들 중에서 가장 연봉이 높은 곳에 가기로 마음먹었다. 혼자 힘으로 빨리 돈을 모아 MBA 유학을 가는 것이 목표였기 때문이다. 심지어 연봉이 높다고 알려진 회사에 전화를 걸어 올해 채용계획이 있는지 직접 묻기도 했다. 회사 인사부에 직접 전화하는 것은 좋은 방법 중의 하나

윤승환

다. 회사 입장에서 보면, 그만큼 자기네 회사에 관심을 갖고 적극적으로 찾아오려는 인재로 보기 때문이다.

1997년 7월, 최종적으로 선택한 회사는 '신세기투자신탁'이었다. 종금사, 투신사, 증권사 등의 제2금융권은 신입사원 초봉이 높았다. 신세기의 신입사원 연봉은 3,500만 원 정도로 웬만한 대기업보다 2배가량 높았다. 연봉도 높은 데다가 1~3지망 부서를 전부 국제금융팀으로 적었는데도 합격인 것으로 보아 입사 후 즉시 국제금융팀에 배치해줄 것이라는 확신이 들어서 망설임 없이 선택했다.

당시 투자신탁회사의 주력 상품은 일반인이나 기업을 대상으로 투자자금을 모아 회사채나 국공채에 투자하는 단기금융펀드(Money Market Fund: MMF)였다. 한국 경제가 매우 위태로운 상황이라는 것은 어렴풋이 알았지만 정부의 라이센스를 받고 일종의 기간 금융산업으로 기능하던 8대 대형 투신사(한국·대한·국민·중앙·한남·동양·제일·신세기투자신탁)가 장차 위험해지리라고는 상상도 못했다. 또한 내 금융 상식으로 고객의 돈을 맡아 채권에 운용하는 투신사로서는 설사 투자한 채권이 부도가 나더라도 그 손실은 고객이 책임져야 하며, 투신사에 일시적 영업손실은 발생할지언정 존립 자체가 위태로워질 상황은 없으리라 판단했다.

그러나 이는 금융과 경제를 이론으로만 공부한 내 착각이었다. 투신사들은 원금 보전 상품이 아닌데도 실제 창구에서는 원금이 보전되는 예금인 양 소비자들을 호도하며 MMF를 판매했다. 얼마 지나지 않아 IMF 사태가 터졌다. 한보철강, 기아자동차 등의 채권이 폭락했고 원금 손실이 두려워진 투자자들은 급히 MMF를 인출하기 시작했다.

투신사들은 당연히 원금 이하로 돌려줘야 할 MMF를 회사와 상품의 신뢰도를 지키기 위해 거의 대부분 원금을 보전해서 돌려주었다. 그 손실은 고스란히 회사가 떠안았다. 처음에는 다들 그 사실을 몰랐지만, 업무 처리를 하는 실무 직원들로부터 소문은 급속히 퍼져나갔다.

이런 관행이 계속되면 투신사가 망하는 것은 시간문제였다. 회사를 믿고 늦게 MMF를 찾는 사람은 한푼도 건질 수 없는 상황이 될 수 있다는 소문이 빠르게 번져갔다. 많은 사람들이 MMF 인출을 하기 위해 몰려들었고, 한번 속도가 붙자 걷잡을 수 없었다. 회사 자금은 급격히 바닥나고 1997년 12월, 신세기투자신탁은 8대 투신사 중 제일 먼저 파산했다. 입사한 지 불과 7개월만의 일이었다. 나는 졸지에 오갈 데 없는 실직자로 전락했다.

이 경험을 토대로 나는 취직 시 연봉을 우선순위로 두지 말라고 권한다. 그렇다면 무엇을 염두에 두어야 할까? 배움과 성장의 기회이다. 많이 배우고 성장할 수 있는 곳과 좋은 경력을 쌓을 수 있는 곳이 연봉보다 훨씬 소중하다. 그러기 위해서는 먼저 경험을 쌓은 좋은 멘토를 찾는 것이 더더욱 필요하다. 또한 경력을 잘 유지하고 관리해야 한다. 조직 내 부서는 대체로 인사, 재무, 회계, 세무, 총무, 법률, 전략, R&D, 마케팅, 관리 및 영업, 교육 부서 등이 있다. 어떤 경력을 쌓든 궁극적으로 그 분야의 최고 전문가가 될 것을 목표로 삼아야 한다.

그리고 한번 몸담은 조직에서 쉽게 움직이지 말 것을 권한다. 이왕 선택한 조직이면 그 조직의 장단점을 파악하고 익숙해질 때까지 최소 5년은 필요하다. 그래야만 자신이 속한 분야에서 최고 전문가가 될 방법은 어떤 것인지 조금은 감을 잡을 수 있기 때문이다.

윤승환

굴욕은 디딤돌이
된다

"좋은 프로 엔지니어가 되려면 시험에 도전하여 늦게까지 공부하라.
 그렇게 하면 당신은 어떻게 시간을 관리하고 긴급 상황을 다룰 수 있을지 배울 것이다."
 빌 게이츠

신세기투신 파산 이후 약 6개월을 실직 상태로 지내다 자산관리공사에 들어갔다. 이곳을 2년가량 다닌 후 국내 증권사 IB본부(Investment Banking: 기업들이 주식이나 회사채 등의 유가증권을 발행하여 자금을 조달할 때나 M&A, IPO 시에 해당 기업의 유가증권 인수, 거래, 기타 자문 등을 제공하는 분야)로 옮겨서 일했다.

증권사 IB본부에 다니던 2003년 초, 서로 다른 2개 회사가 합병한 지 얼마 안되어 어수선한 분위기였다. 구조조정이 임박했다는 흉흉한 소문이 돌더니, 어느 날 전 직원에게 개인 프로필을 자세히 적어내라는 지시가 내려왔다. 가끔 있던 일이어서 별 생각 없이 작성했는데 알고 보니 이번에는 특정 의도가 있었다. 회사 전체의 구조조정을 위해

IB본부 내에서 영업점으로 전환 배치할 인력을 선별하기 위해서였다.

나는 외국어 능력이 있고 투신사 국제금융팀과 자산관리공사에서 쌓은 경력이 있어서 회사에 꼭 필요한 인재라는 자신감과 자만심이 있었다. 그러나 회사는 그런 것을 별로 중요하게 여기지 않았다. 구조조정에는 소위 누구 라인이냐, 즉 어떤 임원과 팀장의 직원인지가 가장 중요했고 그 다음으로는 어느 대학을 나왔고 어떤 자격증이 있느냐였다. 그런데 나는 자신감에 도취되어 상사들의 권위를 인정하지 않았다. 내가 훨씬 더 일을 잘하고 외국어도 능통한데 단지 나이가 많다는 이유로 높은 직책에 있고 많은 연봉을 받는 사람들이라 생각했다. 그러다 보니 상사에게 잘 보이기 위한 노력을 하지 않고 묵묵히 내 일만 열심히 했다. 이런 내게 '라인'이 있을 리 만무했다.

일류대 출신이나 석사, 박사도 아니고 그렇다고 두드러진 자격증 하나 없었다. 나를 특별히 아껴주는 임원이나 팀장도 없는 실정이었다. 결국 본사 직원 중 하위 20% 가량에 해당하는 '구조조정 대상'이 되어 재배치 교육을 받는 등 참을 수 없는 굴욕과 좌절을 겪어야 했다. 그 충격과 굴욕감은 6개월 만에 첫 직장이 망해버린 경험보다 훨씬 더 컸다. 부서 재배치를 받은 후 1년이 안 된 2003년 말에 원래 근무하던 IB본부의 요청에 따라 복귀했지만 그 기간에 자신을 돌아보고 깊이 반성하는 기회를 가졌다.

이후 내 생활태도는 완전히 바뀌었다. 아무리 나보다 못한 상사라도 어떤 장점이 있는지 그것을 찾아서 배우자는 것이 목표가 되었다. 업무능력이 떨어지는 사람은 사내 정치라도 잘하게 마련이다. 그런 것도 배울 점이었다. 또한 업무나 인간적인 면에서 아무리 못마땅한 상사가 있더라도 그 앞에서는 티 내지 말고 할 일은 완벽히 수행하자고 다짐했다. 다시는 이런 수모를 겪지 않기 위해 무엇이든 새로 공부하는 것이 필요하다고 생각했다. 대학원이나 자격증 등 여러 가지를 검토한 끝에 미국회계사(AICPA: American Institute of Certified Public Accountants) 자격증에 도전하기로 결심했다.

애초에 목표로 했던 미국 MBA 유학은 너무 돈이 많이 들고 시간도 오래 걸렸다. 한국 대학원도 마찬가지였다. 또 결혼과 더불어 큰맘 먹고 질러놓은 주택 구입대출 원리금 상환 등 매달 받는 월급이 빠듯해 현실과 타협할 수밖에 없었다. AICPA는 회사를 다니면서도 시험 볼 수 있고, 비용은 국내 대학원의 1/4, 미국 MBA의 1/20 이하로 비교적 저렴했다. 이 선택은 탁월했다. 2004년부터 공부를 시작하여 2008년 2월 최종 합격하기까지 무려 5년 가까이 걸렸지만(그 중간에 아이의 탄생으로 1년가량 공부하지 못한 것을 고려하면 실제 기간은 3년을 넘지 않았다) 나에게는 큰 기쁨이었다.

AICPA 자격증을 딴 후 MBA 출신이나 다른 유학파와 비교해 업무적으로 많이 뒤지지 않는다는 실력과 자신감을 갖게 되었다. 30대 중반의 나이에 미국의 최신 회계사 시험을 공부하기가 쉽지는 않았으나 이전에는 잘 알지 못했던 미국의 회계, 상법, 세법, 경제 과목의 형성 배경과 체계적 지식을 추가로 습득할 수 있었다. 주관식 문제를 재빨리 이해하고 그에 대한 답변을 영어 문장으로 작성해서 시험장 내 컴퓨터에 입력해야 하기 때문에 영어 실력도 이전보다 비교할 수 없을 정도로 높아졌다. 몇 년에 걸쳐 저녁 약속과 주말을 희생하고 하루 3~4시간씩 자면서 노력한 대가는 투자비용을 몇 배로 보상해 주었다.

한국 금융은
우물 안 개구리

"한국의 금융산업 경쟁력은 세계 80위로 후진국인 케냐, 네팔보다 낮다."
이영환

금융기관에 다니면서 우리나라 금융산업에 대해 느낀 점이 참 많았다. 우리나라의 금융업은 한마디로 말하면 '해외 업체와의 경쟁을 위해 전혀 노력하지 않는 업종'이다. 예전보다 조금 나아졌지만 금융 소비자 보호라는 명목 하에 정부의 간섭과 통제도 만만치 않다. 바꿔 말하면 그로 인해 대부분의 금융기관들은 정부의 안전한 보호와 테두리 안에서 큰 사고만 치지 않으면 어느 정도 손쉽게 수익을 낼 수 있다. 즉 철저히 국가 보호를 받는 온실 속 화초이므로 해외에 나갈 생각도 없고 또 그러다 보니 해외 금융업체와 경쟁해서 싸울 능력도 없고, 어쩌다 해외 금융기관이 첨단 기법의 상품을 들고 오면 제대로 이해하지도 못한 채 단순히 판매 창구로서의 역할만 하는 게

윤승환

고작이다.

특히 이해할 수 없는 것은 제조업의 발전 추세에도 맞추지 못하는 한국 금융업의 현실이었다. 예전 내 친구 한 명은 미국 듀폰(Du Pont)의 한국 지사 재무팀에서 근무했다. 듀폰은 다국적 화학기업으로 200년의 역사와 6만여 명의 근로자, 2015년 매출액 252억 달러(약 29조 원), 순익 19.5억 달러(약 2.2조 원)에 이르는 거대 기업이다. 그런데 그 친구는, 듀폰 한국지사는 사업상의 연결만 해주는 기능으로 한국 내 매출과 순익이 그리 크지 않았기 때문에 한국 금융기관에서는 어디에서도 대출이나 신용장거래 등 제대로 된 무역금융 거래를 취급해 주지 않는다고 토로했다. 듀폰이 얼마나 큰 회사인지, 듀폰과 거래하면 향후 어떤 이익이 있을지는 한국 금융기관의 임직원들에게는 전혀 고려 대상이 아니었던 것이다. 자기와 상관없는 일일 뿐이고 그렇다고 듀폰과 거래했다 해서 월급을 더 주는 것도 아니기 때문이었다.

백번 양보하여, 아무리 큰 다국적기업이라도 한국 내의 위상이나 실적은 다를 수 있으므로 금융기관 내부의 규정에 미달하면 거래하지 못할 수도 있다고 인정해 보자. 그렇다면 삼성전자나 현대자동차가 해외로 활발히 진출하고 수출 거래를 키워나가는 동안 국내 금융기관들은 어떤 식으로 대기업과 동반 진출을 하고, 어떤 해외 금융서비스를 제공하였을까? 내가 보기에는 산업은행, 수출입은행, 외환은행 등 다소 특수한 전문 기능을 가진 3곳을 제외하고는 어느 금융기관도 국내 대기업의 해외 진출과 성장에 상응하는 서비스를 제공하지 못하고 있다.

국내의 다른 분야는 선진국 수준으로 성장하고 있는데 금융분야는 여전히 후진국인 것이다. 해외 금융기관들이 전 세계를 무대로 뛰어다니며 다양한 M&A 기회를 파악하고 자문에 나서고 고부가가치 금융 영역을 개척하고 있는 지금도 국내 금융기관들은 우수한 인재들을 뽑아놓고서 겨우 부동산 담보대출이나 예금계좌 입출금, 일반적인 증권거래, 단순 무역금융 서비스 등 고등학교만 졸업해도 할 수 있는 일을 시키며 시간을 보내고 있다. 나는 그렇게 많은 국내 금융기관의 해외 지점들이 있었는데도 1997년 외환위기나 2008년 리먼사태 그리고 최근의 마이너스 금리 현상들, 조선업과 해운업의 위기에 이르기까지 어떠한 사건도 전혀 예측하거나 분석하지 못하고 있는 현실을 안타깝게 생각한다.

국내 금융기관들은 세계가 무섭게 변하고 있는 이 순간에도 철저히 우물 안 개구리로서 해외투자나 연구조사, 자문 등에는 무능하고 무책임한 상태이다. 지역 파벌, 학벌 파벌 등으로 밥그릇만 지키려 하고, 자기 책임을 지지 않기 위해 남을 감옥에라도 보내려는 현실이 지금도 그대로인 것이다.

한국의 금융과 경제 현실에 대해 단적인 예를 들어보겠다. 1994년 이후 2015년까지 22년 동안 기존의 전통적 경제학 영역(미시·거시)이 노벨경제학상을 받은 횟수가 13회(59%), 게임이론에서 촉발된 '전략적 경제학 분야'에서 수상한 횟수가 9회(41%)로 전략연구가 당당히 주류 경제학으로 올라선 것을 알 수 있다. 전략적 경제학, 즉 게임이론의 창시자인 존 내시(John Forbes Nash Jr.)는 1994년 유명한 '균형이론(Nash equilibrium)'으로 노벨경제학상을 받았다. 이후 균형이론에 근거

윤승환

한 혁신적 경제학 이론이 쏟아져 나왔다.

그런데 원래 내시의 이론은 1950년, 겨우 21세 때 28장짜리 프린스턴대학 박사논문으로 발표된 것이다. 21세의 학생이 쓴 28장짜리 논문에 박사학위를 수여할 만큼 미국의 학문적 개방성도 놀랍거니와, 더더욱 놀라운 것은 겨우 21세의 청년이 150년간 세계 경제학을 주름잡던 애덤 스미스의 고전경제학 이론을 비판한 것에 대해 프린스턴대학이 중요한 경제이론으로 승인해 준 사실이다. 이후 전 세계에서 게임이론을 토대로 한 새로운 경제, 화폐 정책이 수없이 등장하는데도 한국은 이러한 추세를 전혀 따라가지 못하고 있다. 아직도 공무원, 회계사 시험이나 각종 학교교육, 경제정책의 의사결정 등에서는 미시, 거시 경제학 이론을 절대적 경전처럼 떠받들고 있다.

최근 한국의 금융, 경제정책의 실패는 학문적 폐쇄성과 최신 경제이론을 따라가지 못하는 데 있다. 우리나라 교육기관의 폐쇄적 학문 분위기는 더 말하면 입만 아플 뿐이다. 학문적 폐쇄성과 우물 안 개구리로 살아가는 우리나라 금융기관의 현실에서 어떻게 혁신과 발전을 기대할 수 있겠는가?

게임이론과 존 내시

영화 〈뷰티풀 마인드〉의 실제 주인공으로 잘 알려진 천재 수학자 존 내시는 정신분열증(약사법 개정 후 '조현병'으로 순화해 사용한다)으로 평생을 고생했다. 그럼에도 노벨경제학상을 수상한 그의 이론은 기존 학설에 대한 기발한 지적에서 시작되었다. 순수학문의 가장 기본적 가정조차 받아들이지 않는 그에게 "물리학도 배우지 않고 상대성이론의 오류를 지적하려 한다"는 프린스턴대학을 주름잡던 거장 아인슈타인 교수의 비판은 어찌 보면 당연한 말이었다. 그러한 비판에도 불구하고 내시는 150년간 경제학계를 지배해 온 애덤 스미스의 '보이지 않는 손' 이론을 정면으로 거부하며 자신만의 새로운 경제이론인 '균형이론'을 만들어낸다.

그의 이론은 "개개인이 수요·공급의 원칙에 따라 이익을 창출하면 그 결과는 자연히 사회 전체의 이익 증가로 이어진다"는 고전경제학의 기본 모델을 부정하며 시작한다. 한마디로 수요-공급 이론은 사람들의 경쟁심리로 인해 완벽한 것이 아니며, 진정한 경제학은 수많은 사람의 심리 상태를 정확히 반영해야 완벽한 분석이 가능해진다는 것이다.

〈뷰티풀 마인드〉에 나온 내쉬의 일화는 실제 있었던 일이다. 그는 술집에서 가장 예쁜 금발 여자를 놓고 친구들과 장난스럽게 떠들던 중 '균형이론'의 영감을 얻는다. 그와 친구들이 나누는 영화 속 대사는 다음과 같다.

> 우리는 아담 스미스의 보이지 않는 자비로운 손의(benevolent hand) 이론을 다들 믿고 있지.
> 경쟁 상황에서 개인의 욕망이 전체 공동체의 이익을 형성한다는 것 말이야.
> 아담 스미스는 틀렸어.

윤승환

우리 모두가 저 금발 아가씨(blond)를 차지하기 위해 경쟁한다면, 우리는 서로를 막을 것이고 아무도 그녀를 잡지 못해.

그러니 우리는 그녀의 친구들을 잡아야 해.

그러나 그녀의 친구들 역시 우리에게 등을 돌릴 거야. 왜냐하면 아무도 두 번째로 선택받는 것을 좋아하지 않을 테니까. 그래서 다시 우리 중에 승자는 없어.

그런데 만약 우리 중 아무도 금발 아가씨에게 다가가지 않는다면?

우리는 서로 싸울 일도 없고 그녀의 다른 친구들을 기분 나쁘게 하지도 않을 거야.

이게 우리가 이길 유일한 길이야. 우리 모두가 취해야 할 유일한 길이라고.

아담 스미스는 전체 그룹을 위한 최고의 결과는 모든 사람이 스스로를 위해 노력할 때 얻어진다고 했지.

이는 모든 현대 경제이론의 기초야.

그는 틀렸어. 최고의 결과는 모두가 자기 자신, 그리고 전체 그룹을 위해서 최선을 다해야 얻어지는 거야.

술집에서 발견한 이론 속에는 자신과 상대가 어떻게 전략을 짜고 게임에 임해야 최선의 결과(균형, 안정적 평형상태)가 도출되는지에 대한 의문과 해답이 자리 잡고 있다.

특히 그는 자신의 선택이 어떻게 상대의 결정에 영향을 미치고, 역으로 상대의 전략이 자신에게 영향을 미치는지를 고려해 최선의 결정을 내리는 데 주목했다. 고전경제학 모델에 의하면 개인은 자신이 얻을 이익만 생각해도 전체 이익이 증가하지만, 실제로는 자신과 상대 모두를 고려한 안정된 전략만이 게임에서 사회적 이익의 증가를 가져온다는 것이다.

내시의 균형이론에 따르면 게임 참여자 모두가 하나의 결론에 도달했을 때, 즉 모든 참여자가 자신의 선택이 최선이라고 여겨 더는 전략을 변화시킬 의도가 없는 경우를 '균형'에 도달했다고 설명한다. 모두가 자신에게 맞는 최선의 전략을 선택하고, 그 선택의 결과가 모두에 공평할 경우, 이것이 이론상 최적의 '균형 상태'라는 것이다.

그는 균형이론을 게임과 결부하여 설명한 28장짜리 프린스턴대학 박사논문으로 애덤 스미스의 고전경제학 이론을 뒤집으며 학계 스타로 떠올랐다. 1950년, 겨우 21세 때였다. 이후 균형과 게임이론에서 시작한 새로운 분야(게임과 전략에 기초한 경제학)에 대한 연구는 죄수의 딜레마(Prisoner's Dilemma), 군축협상, 환율 전쟁, 안정적 자원 배분, 기업의 시장 지배구조 연구 등 다양한 분야로 파생되었다.

내시의 균형이론은 각자가 상대가 수행할 최선의 전략을 전제로 경제 활동을 수행해야 궁극적 안정(균형, 평형) 상태에 도달한다는 것이다. 모든 경제 주체들은 경제활동에 임할 때 상대의 반응(심리상태)을 고려해야 하며, 그렇지 않고 각자가 자신만의 수요-공급을 생각하며 경제활동에 임한다면 영원히 평형 상태에 도달하지 못하고 불규칙적 경제 변동이 거듭된다는 것이다.

결국 이러한 평형 상태는 애덤 스미스 이래 고전경제학에서 충실히

윤승환

믿어왔던 '시장 근본주의'를 부정하는 것이다. 즉 "각자가 자기 이익을 추구하면 시장이라는 보이지 않는 손이 작용하여 모두에게 최적인 상태가 된다"는 것, 그래서 "정부가 섣부르게 나서면 시장이 왜곡되어 모두에게 나쁜 영향을 준다"는 이론이 틀렸다는 것이다. 시장가격이 각 참가자의 합리적 기대가치를 반영하여 정부의 간섭 없이도 자원을 효율적으로 분배한다는 논리가 시장 근본주의 이론의 토대다.

그런데 '부조리한 평형'에서는 시장 참여자들이 모두 합리적으로 행동하는데도 자원배분은 왜곡되고 부당한 이익을 갖는 집단이 생겨 인간사회의 불평등은 증가된다. 게다가 이 상태는 나름의 평형(균형)을 이루어 오랫동안 지속되는 경향이 있다. 여기에서 시장만능주의가 왜 틀렸는지, '보이지 않는 손'이 왜 틀렸는지, 신자유주의 이론의 모순이 무엇인지 나타난다. 빈부격차 확대와 사회불평등, 경기침체의 원인도 여기에서 발생된다. 각 행위자들이 자신의 이익을 극대화하기 위해 행동하면 모든 사람에게 최악의 결과가 나올 수 있다. 결국 국가라는 외부 행위자가 개입하여 법률, 제도, 세금 등의 방법으로 각 행위자의 행동을 강제해야만 사회적으로 바람직한 결과가 도출될 수 있다는 이론이다. 이렇게 세상의 경제활동에는 뜻밖에 수많은 '내시 평형'이 숨어서 존재한다는 것이 알려지면서 '시장 근본주의'에 심각한 오류가 있다는 것이 발견되었다. 그리고 부조리한 평형 상태를 최적 상태로 바꾸는 '보이는 손' 역할을 하는 국가의 중요성이 부각되었다.

[출처 : 윤승환 · 정승원 공저 《전략과 경제의 타임머신에 올라타라》]

수익은 금융기관이!
위험은 고객에게!

"은행은 날씨가 좋을 때는 당신에게 우산을 빌려주고,
비가 오면 돌려달라고 하는 곳이다."
로버트 프로스트

돈을 벌 것 같지만 상당한 위험성도 있는 기회가 있다면 기회는 금융
기관이 직접 차지하고, 위험은 고객에게 전가하는 것이 한국 금융권
의 뿌리 깊은 관행이다. 이 관행 역시 글로벌 트렌드를 전혀 쫓아가지
못하는 현실, 쫓아갈 생각과 의지도 없는 현실이 만들어낸 것이다. 제
대로 된 금융기관이라면 리스크가 크지만, 꼭 필요한 상품이라면 그
에 대한 분석과 대처를 할 수 있는 전문기관인 자신들이 투자하는 것
이 바른 자세다. 그러나 현실은 어떠한가?

  불과 수년 전 한국 중소기업들을 초토화했던 통화 파생상품
KIKO(Knock-In Knock-Out: 계약기간 중에 환율이 미리 정한 하한선 아래로
내려가면 은행과의 계약이 무효되고, 상한선 위로 올라가면 회사가 은행에 몇 배

윤승환

의 손실을 물어줘야 하는 리스크가 큰 파생상품)의 판매로 많은 중소기업들이 총 3조 원의 손실을 보았다고 알려졌다. 심지어 KIKO는 국내 은행이 직접 설계하고 만든 것도 아니었다. J사 등 해외의 유수 금융기관들이 만든 상품을 팔아주면 최소 2%, 최대 12%가량의 판매수수료를 지급한다는 사실에 눈이 멀어 모든 은행권이 앞다투어 판매 경쟁을 벌였다. 더욱 어처구니없는 사실은 이로 인한 개인과 기업의 피해는 한국뿐 아니라 이미 일본, 홍콩, 인도 등 개발도상국과 신흥국에서 꾸준히 발생했다는 점이다. 해외에서 파생상품 판매로 인해 어떤 사태가 일어났는지 조사나 연구는 전혀 하지 않고, 몇몇 글로벌 금융기관들의 피상적 설명만 믿고 무책임한 리스크를 소중한 고객인 중소기업에게 전가했던 것이다.

뉴스에 자주 등장한 주가연계증권(Equity-Linked Securities: ELS) 관련 시세조작으로 인한 손해배상 청구소송의 예도 있다. 2003년 증권거래법 시행령에 따라 상품화된 ELS는 투자 경험이 없는 일반 시민에게 생소한 금융상품이다. 그러나 국내 금융기관의 일선 창구에서는 저금리 시대 유용한 투자 대안이라며 ELS를 마구잡이로 판매했다. ELS는 개별주식 가격이나 주가지수와 연계해 투자수익을 지급하는 유가증권이다. 주가지수에 따라 수익이 정해지다 보니 주가지수가 상승할 때 수익을 내는 것, 등락구간별 수익률이 달라지는 것 등 유형이 다양하다. 중요한 것은 대체로 투자 시점 이후부터 만기까지 중간마다 정해진 상환기준 결정일이 있고 그 기간에 ELS가 가진 상환조건을 달성해야만 투자이익을 거둘 수 있다.

그러나 문제는 상환기준 결정일에 맞춰 ELS를 공동 설계한 금융기관이 ELS와 직접 관련된 개별주식을 대량으로 매도하는 어처구니없는 일이 벌어진 것이다. 애초에 계약한 수익률을 투자자에게 지급하면 금융기관은 엄청난 손실을 보기 때문에 ELS 가격 결정일의 증시 폐장 시간을 정확히 기다렸다가 대량의 시장가 매도 주문을 내서 고객에게 약정된 수익률이 지급되는 것을 막은 것이다. 다시 말해, 계약한 수익률을 내기 위한 어떠한 노력도 하지 않고 또 그런 계약을 지킬 만큼 수익을 낼 능력도 없으면서 판매수익을 얻고 고객은 손해를 보도록 무책임하게 행동하는 것이다. 양복을 차려 입고 점잖게 영업을 하는 것처럼 보일 뿐 최소한의 양심도 없는 몰염치하고 파렴치한 일을 하는 것이다. 부끄러운 일이다.

KIKO와 ELS의 예를 단적으로 들었지만, 지금도 이런 식의 무책임한 금융상품 판매는 여러 기관에서 다양한 상품에 포장을 씌워 진행되고 있다. 게다가 판매 직원들이 이런 상품의 장단점을 깊이 있게 이해하지 못하는 경우가 많다. 또 판매수수료가 높아 직원들에게 상품 판매의 압력이 높고 실적 경쟁도 엄청나다. 반면 중요한 리스크나 금융기관에 유리한 내용 등은 상품설명서 뒷면에 깨알같이 숨겨 놓는다. 돋보기로 봐야 알 정도이며 이해하기도 어렵게 설명해 놓았다.

이러한 작태는 근본적으로 개혁되어야 한다. 그래야만 금융기관 스스로가 변화 속에서 살아남을 수 있다. 인터넷 모바일 뱅킹과 인공지능이 활성화 될 미래에는 한국 금융기관 자체가 존폐의 기로에 설 것이기 때문이다. 이를 극복하기 위해서는 근본적인 투자, 연구개발과 해외 진출을 통해 리스크를 줄이고 수익을 늘릴 수 있는 금융흐름을 스스로 개척하는 방법밖에 없다.

위기는 되풀이된다.
금융에서나 인생에서나

"어떤 위기에서도 약간은 좋은 것들이 생기게 마련이다."
데이브 펠저

1997년 IMF 구제금융의 충격이 다소 지난 후인 1998년 여름부터 취업시장에 약간의 숨통이 트이기 시작했다. 그중에는 은행권의 부실채권(회사채를 말하는 債券이 아니라 은행이 받을 돈인 債權) 급증으로 인해 갑자기 위상과 역할이 중요해진 성업공사의 대규모 채용도 있었다. 성업공사는 원래 한국산업은행에서 부실채권 회수와 공매(公賣: 공적인 경매) 등을 전담하는 본부로 시작하여 1962년에 분사했으며 한국자산관리공사로 이름을 바꾸었다. 홈페이지를 보면 금융기관 부실채권 인수, 정리 및 기업구조조정 업무, 금융 소외자의 신용회복지원 업무, 국유재산 관리 및 체납 조세정리 업무를 수행하기 위하여 1962년 설립된 대한민국 금융위원회 산하 기금관리형 준정부기관이라는 설명이 나와 있다. 요컨대 어머니는 산업은행이요, 후일 재경부를 거쳐 최종적으로 현재의 금융위원회 산하로 편입되는 과정을 거친, 한국의 주요 금융 공기업 중 하나이다.

당시 성업공사가 어떤 일을 하는 조직인지, 면접 시 질문에 어떤 답변을 해야 하는지 등은 잠시나마 투신사 국제금융팀에서 일한 나에게 그리 어려운 일은 아니었다. 그럼에도 불구하고 이전에 모르던 사실 하나를 성업공사에 합격한 뒤에 비로소 알게 되었다. 성업공사는 1990년 초 미국의 저축대부조합 사태(Savings and Loan Crisis, 미국에서는 흔히 S&L Crisis로 불린다)를 극복하기 위한 모델을 1998년 즈음 외환위기 극복을 위해 한국에 도입했다는 사실이었다.

저축대부조합 사태를 요약하면 이렇다. 1980년대에 한국의 저축은행과 같은 소규모 지방 금융기관(S&L)들이 주택 매입을 부추기며 소비자들에게 잔뜩 대출을 일으켜 주택 구매를 권장하였으나, 1980년대 말 미국의 금리 인상으로 고금리에 시달린 사람들이 주택을 일제히 팔려고 내놓았다. 주택 가격은 폭락하고 수많은 S&L 기관들이 파산 상태에 처했다. 미국 정부는 이를 비상사태로 여기고 정리금융공사(Resolution Trust Corporation: RTC)를 세워 파산한 S&L들이 보유한 부실채권을 헐값에 일단 사들인 후, 이를 유동화하여 판매함으로써 금융시장을 안정화시켰다.

성업공사는 RTC의 역할과 기능을 그대로 벤치마킹했고, 고유의 부실채권 정리 기능에 추가하여 정부는 한시적으로 '부실채권정리기금'이라는 펀드를 설정하고 금액을 출자해 이 기금에서 은행권과 기업들의 부실 자산, 혹은 부실기업 경영권 자체를 매입했다. 이렇듯 항

윤승환

상 금융위기는 국가와 장소를 바꾸어가며 발생한다. 경제가 안정적으로 성장하는 것처럼 보이는 시기의 뒷면에는 항상 거품이 끼게 마련이다. 그리고 거품은 언젠가는 터진다. 그 주기는 짧으면 10년, 길면 20년일 수도 있다. 1990년대 초의 S&L 사태, 1997년 한국 등 동남아시아의 외환위기, 1998년 러시아 모라토리엄, 2008년 리먼브러더스 사태로 계속 이어진 것이다.

하버드대 경제학 교수 케네스 로고프(Kenneth S. Rogoff)와 메릴랜드대 경제학 교수 카르멘 라인하르트(Carmen M. Reinhart)가 공저한 《이번엔 다르다(This Time is Different)》는 상당히 큰 의미가 있는 책이다. 저자들은 800년 동안 66개 나라에서 반복된 호황과 불황의 역사를 통해 금융흐름의 일정 패턴을 발견했다. 이 패턴을 통해 과도한 부채로 이루어진 호황은 늘 금융위기로 막을 내린다는 사실을 제시했다. 하지만 사람들은 호황기마다 '이번에는 다르다'고 착각한다. 당대의 정치가나 금융전문가들은 항상 과거의 실수에서 이미 많은 교훈을 얻었으며, 가치평가에 대한 과거의 규칙들이 더는 유효하지 않다고 주장한다. 그 방심의 결과는 항상 거대한 비극으로 마감되었다.

그런데 이처럼 길게 설명한 이유는 무엇일까? 금융권이나 공기업에 취직하려는 젊은이들은 이 위기 사이클이 반복하는 것을 잘 알아두면 좋을 것이라는 생각에서다. 즉 금융위기가 온 시기에는 금융 공기업의 중요성과 안정성은 엄청나게 커지고, 일반 민간 금융기관은 구조조정과 존폐의 갈림길에 처한다. 금융위기가 어느 정도 지나면 언제 그랬냐는 듯 민간 금융기관은 확장에 나서고 거품에 올라탄다. 이 과정에서 수많은 기회와 위험이 교차한다. 지겹도록 반복되는 이

추세를 잘 읽고 향후 어떤 길을 어떻게 선택하는 것이 좋을지 대비하는 것이 중요하다.

취업뿐 아니라 인생사 전체도 마찬가지다. 어쩌다 운으로 좋은 일이 생겨도 그 뒤에는 항상 반대급부가 암암리에 자라난다. 그 반대의 경우도 똑같다(Vice versa). 잠시 잘나간다고 잘난 척하지 말고, 하는 일마다 안 된다고 좌절해서도 안 된다. 꾸준히 기본과 원칙을 지키고 노력하는 것만이 거대한 위기의 파도가 닥쳤을 때 쓸려가지 않고 버틸 수 있다. 때로는 파도를 넘어 엄청나게 상승할 수 있는 기회가 될 것이다.

윤승환

천장에 붙은 표시등 그리고 론스타

"당신이 변화를 끝냈을 때, 당신은 끝난 것이다."
벤자민 프랭클린

삼성동 자산관리공사 본사에 근무하던 1998년 무렵에는 사무실 천장에 5개의 칸이 있는 표시등이 매달려 있었다. 지금은 부산으로 옮겨갔지만 약 3년 전까지도 표시등이 있었다는 말을 들었다(아직도 표시등이 존재하는지는 모른다). 이 등은 주요 금융정보나 날씨, 온도, 시간 등을 가리키는 것이 아니다. 주요 경영진의 출퇴근 현황을 알리는 표시등이다. 자산관리공사의 사장이 퇴근하면 첫 번째 '사장' 등이 꺼지고, 그 뒤에 부사장이 관행처럼 퇴근하는 것이다. 그리고 '부사장' 등이 꺼지면 그것을 보고 주요 본부장들이 퇴근하고, 감사가 퇴근하는 식이다.

당시 20대 후반이던 나는 그 표시등을 처음 봤을 때 정말 어이없고 한심하다고 생각했다. 모든 업무 스케줄과 계획이 철저히 윗선의 눈치를 보는 것에 맞춰 있는 기업문화에서 어떤 창의적 생각과 개혁 조치가 나올 수 있겠는가? 퇴근시간이 되고 할 일이 없어도 표시등을 쳐다보며 팀장과 과장이 줄줄이 앉아 있는데 하위 직원이 먼저 퇴근한다는 것은 엄청나게 용감한 행동이었다. 그러한 상황은 비단 표시등이 사무실 한가운데 정식으로 붙어 있는 자산관리공사뿐만 아니라 다른 공기업에서도 유사한 사례가 많다.

내가 자산관리공사에 다닐 때 론스타펀드(Lone Star Fund)에 대해 느낀 점을 몇 가지 꼭 들려주고 싶다. 론스타는 한국과 일본 양국에서 조세 포탈, 정치권 로비, 먹튀 자본, 외환은행 헐값 매입과 구조조정 등 많은 논란을 남긴 존재다. 그와 관련한 법적, 윤리적 문제에 대해서는 이미 수많은 책과 언론기사, 재판 기록 등에 나와 있으니 더는 언급하지 않는다. 한국에서는 지금까지도 '론스타=해외 먹튀자본'의 대표로 지칭되고 있다. 론스타 비판은 당연히 필요한 것이나 그 성공⑺비결(사실은 한국에서 먹튀가 가능했던 비결이라고 해도 좋다)은 무엇인지 냉정하게 짚고 넘어가야 하지 않을까. 손자병법에도 '지피지기면 백전불태(知彼知己 白戰不殆: 나를 알고 상대방을 알면 백번 싸워도 위태롭지 않음)'라 했다.

나는 론스타가 최초로 한국 진출 발판을 성공적으로 다진 자산관리공사의 제1회 은행권 부실채권 국제입찰 당시 론스타와의 커뮤니케이션 및 실사서류 지원 담당자로 일했다. 자산관리공사를 떠난 이후로도 많은 고민과 관심을 갖고 론스타의 전략과 장점을 살펴보았다.

윤승환

론스타는 무엇인가?

미국의 최남부 정중앙에 위치한 텍사스 주의 석유재벌과 부유층, 금융기관과 연기금 등이 의기투합하여 만든 사모펀드다. 론스타펀드는 다양한 사모펀드 중에서도 투자 대상을 기준으로 벌처펀드(Vulture Fund)에 속한다. 벌처펀드는 죽은 동물을 먹고 사는 대머리독수리처럼 부실기업의 급매물 자산을 헐값에 사들여 일정 기간이 지난 후 수익을 내고 되파는 것을 목적으로 하는 펀드다. 미국에서 1980년대 후반 저축대부조합(S&L) 부실사태로 인한 주택담보대출의 대량 매각을 주로 노리고 설립되었다.

S&L 담보채권 매매로 체력을 키운 론스타는 미국 부실채권 시장이 안정기에 접어들고 성장세가 한계를 보이자 투자 대상을 물색하던 중 아시아 부실채권 시장이 유망하다는 것을 파악하고 1997년 일본, 한국, 대만, 태국 등으로 진출을 결정했다. 일본에서는 1999년 경영파탄 상태의 도쿄스타은행(도쿄쇼와은행)을 인수해 정상화했고, 다수의 업무용 부동산, 호텔, 골프장, 부실채권 등을 매입했다. 한국에서는 1998년 성업공사(현 자산관리공사)의 부실채권 국제경쟁입찰에 참여해 1위로 낙찰되어 장부가 기준 약 5,650억 원의 채권을 매입했다. 여기에서 막대한 수익을 올린 론스타펀드는 1998~2001년까지 약 2.3조 규모의 부실채권을 매입하였고, 은행권 외에 카드사와 증권사 부실채권도 2.3조 가량을 매입하였다.

또한 지속적 성공으로 자신감이 붙자 단순 벌처펀드에서 벗어나 부동산 투자를 거쳐 경영권 매입(바이아웃, buy-out) 투자로도 범위를 확장했다. 한마디로 더욱 진화 발전한 것이다. 2001년 현대산업개발이 내놓은 역삼동 아이타워(이후 스타타워를 거쳐 현재 강남파이낸스센터)를 사들여 3년 후인 2004년에 싱가포르 투자청에 팔아 2,450억 원의 차익을 남겼고, 2003년에는 외환은행 지분 51%를 1.4조 원에 매입했다.

최초 설립 이후 2016년 현재까지 론스타가 설립한 펀드의 전체 규모는 598억 달러에 달하며, 현재도 활발히 운용되는 것으로 추정되는 2013년 이후의 펀드 설립 총액은 250억 달러(약 30조 원)이다.

론스타의 전략을 간략히 정리하면 세 가지로 요약된다.

첫째, 철저한 정보 수집과 선진 투자 노하우를 현지에 적용했다.

론스타는 미국에서의 부실채권 투자 경험을 토대로 어느 정도 법규와 제도상의 뒷받침이 있다면 부실채권 회수는 생각보다 훨씬 쉽다는 점을 간파했다. 즉 일본이나 한국에서의 채권 회수는 일시적 불경기만 버티면 해결되는 시간문제일 뿐이므로 부실 담보부 채권(주로 부동산 담보)은 장부가의 30~40%, 무담보부 신용채권은 장부가의 20%라는, 금융위기 상황에서는 상당히 높은 가격으로 입찰하여 1위로 낙찰되는 전략을 추진했다.

일단 소유권을 가진 후에는 이를 국내 채권 전문 회수업체를 외주계약하거나 곧바로 분할 매각하는 등 장부가의 70~90% 회수를 목표로 하였다. 그렇게만 해도 투자 대비 약 2배의 높은 수익률이었다. 게

다가 실제 인수자금도 한국에서 대출을 일으키기도 하고, 인수한 부실채권으로 자산담보부 증권을 발행하는 등 '레버리지' 효과를 극대화하여 자신의 투자 지분에 대한 수익률을 더욱 높였다.

또한 자산관리공사의 부실채권 매입 시 최초 실사 단계에서부터 수만 페이지에 달하는 모든 채권 관련 서류를 복사, 스캔, 엑셀화하여 데이터베이스로 만들고, 이를 과거 자신의 데이터와 한국 시장의 채권회수율 등과 결합한 정보를 토대로 최적의 입찰가격을 산출했다. 이러한 데이터베이스 축적은 한국에서 모든 투자를 판단할 때마다 이루어졌고, 결과적으로 국내의 어떤 부실채권이라도 간단히 적정 수익률을 판단해내는 무기로 사용되었다. 그 경험을 기반으로 과감하다고 할 수 있는 외환은행 인수 배팅까지 할 수 있었던 것이다.

강남파이낸스 투자 시에는 향후 임대수익을 현재가치로 환산하여 매각 가격을 산정하는 선진국형 부동산 투자기법과 임대소득 및 자산가치를 극대화하는 부동산 관리방법을 보여주었다. 구체적으로 설명하면, 당시 역삼동 인근 빌딩에는 여의도 등 타 업무지역보다 전세 세입자가 월세 세입자보다 많았다. 론스타는 이 점을 활용해 월세 세입자를 최우선으로 유치하고, 지하의 빈 공간을 세련된 식당가로 변경하여 임대소득을 극대화했다. 그러자 이 건물의 자산가치가 급상승했고, 이를 싱가포르 투자청에 적극 어필하여 그만큼의 가치 상승을 인정받아 고가에 매각할 수 있었다.

둘째, 최고의 전문가 활용에 투자를 아끼지 않았다.

론스타는 한국 내 최고의 금융 전문가들을 고용하는 데 지출을 아끼지 않았다. 재정경제부와 자산관리공사의 전직 고위직과 실무진을 파격적인 조건에 스카우트했고, 법무법인과 회계법인, 감정평가법인, 채권회수 업체, 부동산 관리업체 등에 한국 최고의 팀을 구성하라고 지시했다. 또한 하버드 경영대학원을 갓 졸업하고 1997년 당시 28세에 불과한 한국계 직원 A를 투자 총괄 담당자로 임명하여 파견하는 파격을 보였다. 훗날 A는 눈부신 성과를 인정받아 론스타에서 회장, 부회장에 이은 3위까지 승진했다.

내가 A를 처음 만난 때는 부실채권 국제입찰의 후보 6개 업체 중하나인 론스타펀드를 위한 실사 준비를 매일 밤을 새우다시피 고생하던 1998년 가을이었다. 실사가 개시된 첫날, 한 젊은 사람이 론스타펀드의 한국 책임자라고 하며 회의실에 들어왔다. 수년 뒤 신문을 통해 알고 보니 1970년생으로 나보다 1살이 더 많았다. 론스타 직원, 회계법인, 법무법인, 감정평가법인, 기타 컨설팅 회사의 고위직 등 임직원들이 줄지어 앉아 A의 입을 바라보았다. 그는 화이트보드 앞에 서서

- 여담 1: 후일 언론에서 A가 한국말을 전혀 못한다는 기사를 종종 접했다. 기사를 볼 때마다 한국 언론들이 얼마나 무책임하고 근거 없는 낭설을 퍼뜨리는지 웃음을 참지 못했다. 그는 한국계 미국인으로 한국말을 유창하게 잘했다. 그런 그를 언론에서는 영어밖에 못하는 교포 2세로 만들었다.

- 여담 2: 그렇게 '잘 나가던' A의 끝은 좋지 못했다. 수십억의 탈세와 횡령 혐의로 2005년 검찰의 체포영장 발부 직전에 미국으로 건너갔고 이후 계속 은둔생활을 하고 있다. 론스타 측은 A와 형사처벌까지는 가지 않고, 개별적으로 합의한 것으로 알려져 있다. 존 그레이켄 론스타 회장은 "아들처럼 믿고 맡기며 수백억을 벌게 해주었는데 겨우 수십억으로 사고를 치다니 믿을 수 없다"는 반응을 보였다 한다.

윤승환

입찰 준비를 위해 해야 할 일을 거침없이 적어 내려갔다. 제목에 'Works&To Do List' 라고 쓰더니 체계적이고 간략하게 번호를 매겨 가며 중요순으로 각자 해야 할 업무를 제시했다. 그리고 해당 업무가 완료된 다음에는 번호에 체크(✓) 표시를 하며 화이트보드의 업무 리스트를 변경해 나갔다.

솔직히 나는 그때까지 어떠한 한국 학교교육이나 직장에서도 그렇게 체계적이고 간단하며 효율적인 업무방식을 겪지 못했기에 상당한 충격을 받았다. 마치 머릿속에 엉켜 있던 업무들이 한번에 쫙 풀리면서 길을 새로 터주는 느낌이었다. 미국의 잠재력이 어떤지를 다시 한번 깨닫는 기회였다. 나는 해외에 M&A 실사를 나가면 그때의 경험을 떠올리며 항상 화이트보드에 'Works&To Do List'를 제시하는 것으로 업무를 시작한다.

셋째, 기존 법률의 허점을 최대한 파고드는 수익 극대화 전략을 취한다.

세금 회피를 위해 각종 해외 페이퍼컴퍼니를 복잡하게 설립하여 추적이 어렵게 만드는 구조는 모든 펀드가 주로 사용하는 기본 운영전략이다. 간단히 예를 들면 외환은행 인수 시 론스타는 '미국 투자자금 → 버뮤다 → 룩셈부르크 → 벨기에 → 한국' 이라는 무려 5단계의 페이퍼컴퍼니를 거치는 투자구조를 세웠다.

또한 2001년 6,623억 원에 매수한 강남파이낸스센터를 3년 뒤 싱가포르 투자청에 9,073억 원에 매각하여 2,450억 원의 수익을 거두었다. 이에 대한 양도소득세를 회피하기 위해 사실상 강남파이낸스센터

1개 부동산만 보유한 1인회사를 만들어 이 회사의 주식을 싱가포르 투자청에 매각하는 방식으로 양도소득세를 절감했다. 법인의 지분을 매매할 때는 보유 부동산 양도차익을 과세하지 않는 한국의 기존 세법제도의 허점을 찌른 것이다. 이후 론스타와 같은 사례가 나오지 않도록 관련 세법이 대폭 개정되는 홍역을 치렀다.

● 여담 3: 국세청은 론스타에 빌딩 매각 차익에 대한 양도소득세 1,002억 원을 부과했고 대법원 3심 판결까지 가는 치열한 공방을 벌였다. 대법원은 "론스타펀드가 과세 대상이긴 하지만 법인세 대상이라 소득세 부과는 위법하다"고 판단했다. 한국 정부 기관이 미국의 일개 벌처펀드에 패배한 것이다. 국세청은 절치부심하여 세법 논리를 재연구한 끝에 소득세가 아닌 법인세 1,040억 원에 대한 과세를 부과했고, 아직 론스타와 재판 중에 있다

윤승환

규제개혁을 개혁하고
처벌 강화로 전환해야

"규제와 싸우는 것은 종종 모든 규제 장벽을 허무는 것보다 더 힘든 결과를 낳는다."
존 로드

언론에 따르면 요즈음 한국 정부의 경제정책 화두는 '구조조정'과 '규제개혁(Positive System)'이라는 두 가지로 요약되는 것 같다. 구조조정에 대해서는 지금까지 대체 무엇을 하고 있다가 이제야 꺼낸 걸까 의문이지만 더 이상의 언급은 하지 않겠다. 정치권 혼자만의 몫이 아니라 한국경제, 사회 전체의 복잡한 이해관계가 걸림돌일 수 있기 때문이다. 다만 규제개혁과 관련해서는 몇 가지 쓰고 싶은 사항들이 있다. 정부는 규제 완화를 가속화하고 5대 구조조정 주력 산업인 조선, 해운, 철강, 석유화학, 건설업에 대해 시급하게 개선이 필요한 규제를 발굴해 한시적으로 완화·유예할 방침이라 한다.

내가 지적하고 싶은 사안은 '규제개혁'이라는 마인드 자체가 이제는 개혁의 대상이라는 사실이다. '완화'나 '유예'와 같은 규제를 유지하려는 마인드 자체가 문제다. 과거 경제성장률이 10%, 20%이던 시절에는 여러 면에서 규제가 필요악처럼 기능했다. 자원과 자본도 부족했고, 누군가가 빨리 성장해야 소위 '낙수효과'라는 긍정적 영향도 바라볼 수 있었다. 그러나 오늘날 한국의 경제성장률이 0~3%를 넘나드는 상황에서 '규제'라는 단어는 '사치'라는 단어와 유사하다. 지금처럼 국회나 정부에서 정해준 수많은 법령과 법규 문구로 공무원들은 매사를 일일이 통제하고자 하며, 금감원이나 공사 등의 준공무원들이 '창구 지도'와 '실무 판단'을 통해 규제하는 시스템은 이제 그 수명을 다했다.

국민의 건강과 안전을 지키고 폭력과 외설을 방지하는 것 외에는 모든 규제를 아예 없애고, 사회 전체에 활력을 불어넣어야 저성장 시대를 극복할 수 있다. 인터넷과 인공지능이 대세인 시대에서 모든 공무원과 준공무원은 법령에 적혀 있는 것만 가능하다는 포지티브 시스템을 버려야 한다. 과거의 인허가 절차는 원천적으로 모두 폐기하고 인터넷과 모바일 앱 승인으로 최대한 대체해야 한다. 해외의 성공사례를 연구개발하는 역할과 사회의 부족한 측면을 직접 확인하고 찾아가는 서비스 위주의 지원으로 변해야 하며, 범죄 요인이 있고 건강과 안전을 위협하는 사안만 별도로 규정해서 처벌을 강화하고 리스크를 방지하는 네거티브 시스템으로 전환해야 한다.

윤승환

1년 업무 중 1/4가량은
국정감사 대비

"시민단체에서 국정감사 행태를 비판해 왔는데 막상 국회에 들어와 보니
 나 스스로도 그런 모습이 되어버렸다.
 수박 겉핥기식 국감의 한계를 극복하기 위해 상임위 내에 소위 체제를 가동해야 한다."
 박홍근(시민운동가, 19~20대 국회의원)

공기업에서 2년 남짓 근무한 경험에 따르면 대부분의 공무원 조직에
는 구조적으로 심각한 낭비를 부추기는 요인이 존재한다. 바로 국정
감사다. 매년 국정감사 시즌 전에는 전문성이 부족한 국회의원들로부
터 수많은 자료 요청과 질문이 쏟아져 내려온다. 그리고 국정감사 수
개월 전부터 대책회의와 대책회의를 위한 내부 보고자료를 작성해야
한다.

　과장해서 말하면 1년 업무 중 1/4은 국정감사를 무사히 넘기기 위
한 업무라 해도 과언이 아니다. 담당별로 소속 상임위에 배정된 해당
국회의원 말고도 수시로 관련 없는 국회의원이 단지 한 건 올리기 위
해 자료나 해명을 요청하는 경우도 흔하다. 물론 가끔은 제대로 된,

건전한 요청이나 지적이 있기도 하지만 그 비중은 크지 않다. 국정감사는 필요한 절차임은 분명하나, 요컨대 현재와 같이 광범위하고 무분별하게 행해지며 복지부동을 양산하는 국정감사 시스템은 문제가 심각하다

수년 전에 실제 목격한 일이다. B 정부기관의 국정감사를 참관하는 자리였는데 시작하기에 앞서 B에서는 약 20분짜리 동영상을 틀었다. 그 영상은 업적이나 애로사항을 설명하는 내용이 아니었다. 국정감사를 위해 B를 방문한 해당 국회의원들의 과거 경력과 업적(?)을 일일이 조사하여 칭송하는 내용이었다. 내가 보기에 심지어 그 경력과 업적마저도 대단한 것이 아니었고, 그냥 평범하고 자화자찬이었다. 그 광경을 지켜보면서 동영상을 만든 B의 의도나 동영상 제작비용, 시간낭비 등에 기가 막혔고 한편으로는 동영상을 본 국회의원들의 반응이 궁금했다. 대놓고 아부하는 기관에 대해 어떻게 국정감사를 행할 것인가 의문도 들었다.

결과는 어땠을까? 국회의원들은 모두 흡족해했으며, 일부 의원은 지역구 활동에 활용할 테니 동영상을 보내달라고까지 하였다. 지금은 무슨 왕조시대도 아니다. 우리가 손가락질 하며 욕하는 북한 왕조도 아니다. 어떻게 그런 낯 뜨거운 용비어천가가 국민들의 혈세로 버젓이 만들어지고 있는지, 부끄럽고 창피하다.

윤승환

5조를 날리고도 태연한 국책은행; 공기업 무책임의 극치

"한국을 대표하는 정책 금융기관을 넘어 세계금융을 향한 First Mover가 되겠습니다."
모 국책은행 홈페이지

2016년 3월, 한국의 C 국책은행 담당자의 실제 발표 내용을 옮겨본다. "D조선사에서 작년에 5조5천억 원의 영업 손실이 발생하였다. 이는 이미 예상했던 규모이다." 나는 이 기사를 읽고 할 말을 잃었다. C은행에서는 60명이 넘는 인력을 D조선사의 여러 조직에 배치한 상황이다. 2015년에 5조5천억 원의 손실을 예상했다면 왜 그런 사실을 2016년 3월에야 발표한 것인가? 그리고 60명의 고급 인력들은 그동안 대체 무엇을 했단 말인가?

어처구니없는 사실은 여기에 그치지 않는다. 앞으로도 5조가 넘는 추가 자금을 지원해 줄 것이라고 발표하는가 하면, C은행에서 누구도 관리 실패에 대한 책임을 지고 담당자가 사직했다는 소식을 듣지 못했다. 민간기업 같으면 경영자 및 실무 임원들이 10번은 바뀌고도 남을 손실이다. 그리고 지금까지의 경영 형태로 보건대, 앞으로도 C은행에서 계속 D사를 관리하겠다는 정황이 보인다. 과거 조선업 구조조정에 성공한 일본이나 스웨덴에서 거액을 주고라도 고급 최고경영자를 수입해서 기업 회생을 맡겨보자는 창의적이고 건설적인 생각은 염두에도 없다. '집단 이기주의'가 아니라 '집단 책임 회피주의'의 끝을 보는 것 같다. 어쩔 수 없었다는 변명이 대부분이다.

서두에 인용한 담당자는 "올해 2016년에는 영업이익 흑자 전환을 기대한다"고 말했다. 그러면 최소한 예전의 실패를 반성하고 구체적으로 어떻게, 얼마나 달성 가능한 것인지, 만약 달성하지 못할 경우에는 어떤 비판과 질책, 더불어 D사와 함께 처절한 구조조정도 감수할 각오인지 등을 밝히는 것이 도리 아닐까? 상식적인 사과와 업무계획도 제시하지 못하는 국책은행에 오늘도 한국은 수조 원의 자금을 퍼붓고 있다. 그 자금으로 차라리 C은행과 D조선소 내에서 책임질 사람을 정리한 뒤, 빈자리에 신입 직원을 뽑아 배치하는 것이 훨씬 효율적이지 않을까?

전략기획도 모르면서
전략기획실로!

"전투를 준비할 때 나는 언제나 계획은 소용없다는 것을 발견했다.
그러나 계획하는 것 자체는 반드시 필요하다."
드와이트 아이젠하워

투신사, 금융공기업, 증권사 IB본부에서 업무 경험을 쌓던 나는 경력 15년 정도가 되자 점차 금융업에 회의가 들었다. 갈수록 금융권 영업환경은 힘들어졌고, 직책이 높아짐에 따라 실무보다는 술 접대며 골프 접대가 필요한 자리로 계속 이동했다. 그 상황에서 향후 진로를 고민하던 차에 SK네트웍스의 전략기획실에서 M&A 경력직을 찾는다는 소식을 들었다. 대기업, 그것도 종합상사의 전략기획실은 전혀 생소한 분야지만 재미있을 것 같았고 밑져야 본전이라는 생각에 지원했는데 덜컥 합격했다. 그렇게 금융권을 떠나 대기업 생활을 시작했다.

처음 회사에 들어가니 M&A에 필요한 현장실사나 보고서 작성 등은 과거의 경력과 미국 회계사 시험에서 쌓은 지식 덕분에 그리 문제

될 것이 없었다. 그런데 조금 시간이 지나자 심각한 어려움에 봉착했다. 회사의 복잡한 사업구조를 이해하고 조정하며, 수많은 내·외부 이해관계자들을 신속하게 만족시켜야 하는 전략 컨설팅 업무, 간략하고 핵심적인 보고서 작성 그리고 이를 설득시키는 커뮤니케이션 기술이 절대적으로 필요했다.

처음 몇 달간은 주로 긴급한 기업인수 실사 업무에 투입되었기 때문에, 그전에 증권사에서 하던 일과 별 차이 없이 실사결과 보고서 작성과 외부 자문사와의 업무 조율 등에만 집중하면 되었다. 문제는 몇 달간의 업무 유예기간(Grace Period)이 종료된 후에 본격적으로 등장했다. 공기업이나 금융권에서 일할 때 사업보고서나 투자설명서, 감사보고서 등을 워드파일에 설명조로 길게 풀어쓰는 업무방식은 대기업 전략기획실에는 전혀 맞지 않았다. 전략기획실 보고 양식은 헤드라인만 봐도 핵심을 알 수 있어야 했으며, 그래픽을 적절히 활용하여 질리지 않게 주요 콘셉트를 제시해야 했다. 그리고 매 페이지에 작성자의 의도와 결론을 제시하는 것이 필요했다. 금융권의 보고서는 작성자의 의도보다는 객관적으로 리스크를 단순 나열한 것으로 충분했는데, 기업의 보고서에서는 작성자의 의도와 주관적 판단에 따라 해당 리스크를 분석하고 극복할 방안을 반드시 담아야 했다.

스타일의 차이에 당황한 나는 상당한 혼란과 좌절을 겪었다. 금융권에서는 내가 작성한 보고서가 상부에서 거부되거나 지적당하는 일이 드물었는데 회사를 옮기니 기껏 작성한 보고서가 양식과 내용도 두서가 없고, 마치 초등학생의 주관식 답안지에 온통 빨간펜으로 선생님이 체크하여 돌려주는 것처럼 여러 번의 수정 과정이 필요했다.

자연스럽게 상사, 동료, 후배의 비난과 질책의 시선이 뒤따랐다. 경력직 차장으로 들어왔는데 업무 능력은 후배들보다 못하여 보고서를 대리나 과장이 일일이 손봐줘야 하는 상황이 발생한 것이다.

또다시 굴욕과 좌절을 느꼈다. 하지만 불만을 품기보다는 내가 선택한 길이니 극복하자고 마음먹었다. 다행히 사내에 체계적인 교육도 많고 구성원의 성장을 다양하게 지원하고 배려하는 문화가 있었다. 비난과 질책의 시선 이상으로 체계적인 직무역량 향상 방식에 대해 정기인사 평가 시 구체적인 피드백과 조언을 해주는 시스템도 존재했다. 회사가 제공하는 전략기획 업무 관련 교육을 꾸준히 이수하고 노력해 나가자 조금씩 빛이 보였다. 전략적 사고와 업무방식을 3~4개월 동안 집중적으로 학습하자, 이렇게 좋은 것을 왜 진작 공부하지 않았을까 아쉬울 정도였다. 전략기획 업무를 위해서는 대표적 전략인 다음 6가지를 체계적으로 공부할 필요가 있다.

1) SWOT분석

2) BCG 컨설팅의 Experience Curve, BCG Matrix

3) Marketing 4P Mix, Product Life Cycle

4) 맥킨지 컨설팅의 MECE, Logic Tree, Waterfall Chart

5) 마이클 포터의 5 forces, Value Chain

6) 블루오션 전략

※상기 전략기획 업무를 간단히 알고 싶은 분들에게는 필자의 졸저 《전략과 경제의 타임머신에 올라타라 : 성공으로 이끄는 전략과 경제》(윤승환 · 정승원 공저 | 삼일인포마인 | 2016년)를 추천한다.

PPT는 최고의 개인화기

"내부에서만 유통되는 보고서에 디자인적 요소로
 에너지가 낭비되는 일은 생산적이지 않다."
 정태영

대기업의 보고서, 특히 전략기획실의 보고서는 대부분 PPT를 주로 활용한다. 여러 내·외부 이해관계자들을 신속하게 이해시키고 만족시키는 방법으로는 PPT 만한 것이 없기 때문이다. 그러므로 직원들은 누구나 PPT에 숙달될 필요가 있다. 마치 군대에 갓 입대한 신병이 제식훈련을 마친 뒤에 사격술을 익히는 과정과 비슷하다. 어느 병과이든 기본적으로 개인 소총을 다룰 줄 알아야 하기 때문이다. 현대 직장인의 사격술은 PPT를 잘 작성하고 다루는 것이라 할 수 있다.

　PPT는 '스토리텔링을 위한 도구'이다. 이 점에 착안하여 3가지 요소(스토리 Story, 텔링 Telling, 도구 Tool)로 나누어서 살펴보면 이해하기 쉬울 것이다.

윤승환

1. 스토리(줄거리, 논점)

각 PPT에는 각자의 스토리가 있어야 한다. 그 스토리는 체계적이고, 분석적이고, 현실을 반영한 것이어야 한다. 또한 밑바닥 현실과 데이터에서 기인한 스토리라면 중간 단계에서 임의로 가감해서는 안 된다. 가감하고 싶다면 최종적으로 프레젠테이션을 담당하는 사람이 아예 처음부터 새로 작성하는 것이 맞다. 스티브 잡스가 아이폰 출시를 처음 발표할 때 직접 만들고 사용한 PPT가 대표적이다. 그러나 한국의 조직들은 상부로 올라갈수록 스토리를 중간의 누군가 가감하는 경향이 있다. 남의 기획에 끼어들어 공을 나눠갖고 싶은 '밥숟가락 들이밀기'다. 이 과정에서 무의미하고 비생산적인 수정과 재보고, 야근과 주말 특근이 수없이 발생한다. 창의적인 전략기획에 몰두하거나 거래처, 고객의 생생한 의견을 반영할 때 쓰여야 할 귀중한 자원과 시간이 사무실에 앉아 그림 디자인과 문구 수정에 낭비되는 것이다.

2. 텔링(전달, 표현)

PPT는 이슈를 간략하게 요약, 제시하는 특성상 역사적인 배경 설명, 깊이 있는 전후좌우의 다양한 의견, 제대로 된 예측을 보여주기 어렵다는 한계가 있다. 스티브 잡스와 같은 천재가 최선을 다해 만든 아이폰 PPT에서도 아이폰 등장 이후 스마트폰이 얼마나 세상을 크게 변화시킬지 전부 보여주지 못한 것과 비슷하다. 따라서 PPT의 태생적 한계를 이해하고 전달과 표현에 과도하게 의지하지 말아야 한다.

또한 PPT는 단시간 내에 불특정 다수를 대상으로 하는 전달과 표현이 뛰어난 만큼, 오랜 시간에 걸쳐 전문 소수집단을 대상으로 하는 상황에서는 그만큼의 전달과 표현이 필요하지도 않고 효율적이지도 않다. 그리고 단기적인 중독성도 강하여 PPT에 빠져 멍하니 보고 있을 때는 마치 내용을 다 이해한 것 같지만 돌아서면 즉시 증발해 버린다. 그러므로 중요하고 복잡한 의사결정 시에는 소수집단의 깊이 있는 토론과 브레인스토밍이면 충분하다. 또한 PPT에서는 청중이 단숨에 이해하기 좋게 작성자의 의도에 따라 다양하게 압축, 요약, 그래픽화 되기 때문에 자칫 왜곡되기 쉬우며, 순식간에 내용이 지나가므로 오류가 있어도 지적하기가 쉽지 않다.

3. 도구

PPT는 중요 의사결정에 참고되는 정보 주입의 한 도구일 뿐이다. PPT의 작성이나 관람 자체가 의사결정이 아니다. 컨설팅 업체나 광고회사의 발표를 제외하고는 아무리 뛰어난 PPT라도 그것만으로는 어떤 물건을 사거나 팔 수 없다. 따라서 실질적으로 경제적 부가가치를 창출하는 것은 아니라는 사실을 유념해야 한다.

소총을 백발백중으로 잘 쏜다 해서 전쟁에 이기는 것은 아니다. 하물며 그 소총 사격이 상급부대의 전투검열을 잘 통과하기 위해 편안한 환경에서 고정된 목표를 상대로 하는 것이라면 더 말할 필요가 없다. 진정한 전투 사격은 생사가 오가는 열악한 상황에서, 적의 공격을

윤승환

피하면서 자신의 안전을 확보하면서 계속 움직이는 목표를 향해 사격하는 것이다. 기업 내부에서 PPT 양식에 집착하는 것은 안전하고 차분한 상태에서 이룬 결과를 가지고 전쟁에 승리할 수 있다고 착각하는 것이나 마찬가지다.

사모펀드(PEF)와 미래의 기회

"사모펀드의 사람들이 모두 사악한 것은 아니다. 단지 일부는 그렇다."
폴 크루그먼

종합상사의 M&A 파트에서 일하면서 국내외 사모지분투자펀드 (Private Equity Fund: PEF) 업체와 자주 협력 또는 경쟁관계에서 만난다. 대규모 회사의 인수를 검토할 때는 공동 협력방안을 논의하고, 또 경쟁입찰 시에는 강력한 경쟁자로 만나 치열한 정보전과 눈치싸움도 벌인다. 국내 PEF의 성장세는 날이 갈수록 커지는 상황이다. 2016년 4월 한국금융투자협회 통계에 따르면 PEF 총액은 215조 원에 달하며 계속 사상 최대치를 경신하고 있다. 또 토종 PEF 1위인 MBK의 자산 규모는 약 40조 원이며, 국내 재계 순위로는 11위에 해당한다. 과거에 가계, 정부, 기업이 3대 경제주체였다면 이제는 PEF가 새로운 4번째 경제주체로 맹렬히 성장하고 있다.

사모펀드란 무엇인가?

펀드는 크게 자금모집 방식과 구체적인 투자 대상, 투자방식에 따라 분류된다.

자금모집 방식으로는 일반 대중 누구나 가입할 수 있는 개방형 펀드인 공모펀드(Public Fund)와 특정 개인이나 집단 대상으로만 투자를 받는 사모배정펀드(Private Placement Fund)가 있다.

투자 대상과 방식에 따른 분류로는 뮤추얼펀드(Mutual Fund), 헤지펀드(Hedge Fund), 벌처펀드(Vulture Fund), 성장자본펀드(Growth Capital Fund), 사모지분펀드(Private Equity Fund), 일반 바이아웃펀드(Buy-out Fund), 레버리지드 바이아웃펀드(Leveraged Buy-out fund) 등을 들 수 있다. 공모나 사모펀드와는 별개 개념으로 볼 수 있으며, 공모 뮤추얼펀드나 사모 뮤추얼펀드 둘 다 가능한 것이 한 예이다. 또한 론스타의 경우처럼 시장 상황에 따라 투자 대상을 변경하며 진화, 발전하기도 한다.

- 뮤추얼펀드: 주식, 채권 및 기타 다양한 금융상품에 자유롭게 투자하는 펀드
- 헤지펀드: 영국 웹스터사전에 'Hedge'는 "위험을 상쇄하는 배팅이나 투자 등을 통해 손실을 피하거나 줄이려고 노력하는 것"이라고 나와 있다. 즉 시장 변동이 자산에 영향을 미치지 않도록 행하는 것이 헤지라는 의미다. 하지만 이와 반대로 헤지펀드가 실제로 하는 일은 시장의 변동성을 최대한 이용하는 것이다. 전형적 방식은 어

떤 자산에 대해서는 주식 등을 빌려 매도한 뒤 가격이 내려가면 내려간 가격으로 매수해 갚는 '쇼트포지션(Short Position)'을 취하고, 어떤 자산에 대해서는 매수 후 가격이 오르면 매도해 이익을 얻는 롱포지션(Long Position)'을 취한다. 전자는 가격이 내려가면 수익이 나고 후자는 가격이 올라야 이익이 발생한다. 헤지펀드는 두 가지 방법 모두 적극적으로 활용한다.

- 벌처펀드: 앞서 론스타에서 설명.
- 성장자본펀드: (설립 초창기의 벤처기업이 아니라) 성장형 기술주 등의 기업에 추가 성장을 위한 지원자금(Smart Money)을 제공하여 글로벌 경쟁력이 있는 기업으로 양성하려는 펀드.
- 사모지분펀드(PEF): MBK 등 일반적으로 가장 널리 알려진 사모모집 펀드의 투자 형태. 기업의 경영권을 인수하여 수익을 올리려는 펀드
- 일반 바이아웃펀드: 성장성 있는 기업의 경영권 인수 시 외부 차입 수단(레버리지, Leverage)을 가급적 사용하지 않고 인수한 뒤에 기업 구조조정이나 가치 창출로 투자금을 회수.
- 레버리지드 바이아웃펀드: 외부 차입 수단을 최대한 활용하여 일반 바이아웃펀드보다 손실이 났을 경우의 리스크도 크지만, 이익이 났을 경우의 수익률도 극대화하는 것을 추구하는 펀드. 미국에서 KKR이 최초로 시작한 방식이다.

KKR의 LBO란 무엇인가?

하버드 경영대학원을 졸업하고 투자은행 베어스턴스(Bear Sterns)에 들

어가 M&A 부서에서 일하던 제롬 콜버그(Jerome Kohlberg Jr., 1925~2015)는 M&A의 틈새시장을 개척하여 꾸준한 실적을 올렸다. 콜버그의 비결은 회사를 매각하고 싶어 하는 연로 창업자들을 상대로 외부 차입을 일으켜 베어스턴스에서 경영권을 인수한 후 장기간에 걸쳐 빚을 갚는 전략이었다.

그러나 베어스턴스는 장기투자와 지속적 관리가 필요한 콜버그의 투자방식에 점차 이견을 보이고 단기성과를 낼 것을 강요하였다. 그는 이에 반발하여 사촌인 헨리 크래비스(Henry Kravis)와 조지 로버츠(George R. Roberts) 등 2명의 베어스턴스 동료와 함께 사직하고 1976년 PEF인 KKR(Kohlberg, Kravis, Roberts & Co.: 콜버그, 클라비스, 로버츠와 동료들)을 결성한다. KKR은 창립 후 13년이 지난 1989년에 종합식품회사 RJR Nabisco(카멜, 윈스턴, 살렘 담배, A1 브랜드의 스테이크 소스, 오레오 쿠키, 리츠 크래커, 스니커즈 초콜릿 등의 과자류를 생산한다. 인수 당시 미국 내 매출액 상위 20위 안에 드는 거대기업)의 인수합병으로 그 이름을 전 세계에 알렸다. 인수금액은 250억 달러인 반면 KKR은 실제 자기자본은 15억 달러만 투입했고, 나머지는 외부에서 조달한(45억 달러는 다른 주주단을 구성, 190억 달러는 은행 등에서 차입) 돈으로 차입매수(Leveraged Buy-out: LBO)에 성공했다. KKR은 인수 후 자산 분할매각과 구조조정을 통해 RJR 이름으로 빌린 막대한 빚을 갚아 나갔으나 원금 회수에는 크게 미치지 못하고 1995년 RJR을 매각했다. 이 유명한 M&A 스토리는 후일 《문앞의 야만인들(Barbarians at the Gate)》이라는 책으로 나왔고, 1993년에는 TV 시리즈로 드라마화되었다.

　KKR의 투자전략은 비록 RJR에서는 성공하지 못했으나 이후 지속

250억 달러에 매수, 300억 달러에 매각 회수하는 LBO 가정 시 수익률 예시

차입 없음 (No Leverage)	50% 차입 시 (50% Leverage)	KKR 사례
매수비용 : 250억$	매수비용 : 250억$	매수비용 : 250억$
부채 : 0$	부채 : 125억$	부채 : 190억$
지분 : 250억$	지분 : 125억$	지분 : 60억$
매각금액 : 300억$	매각금액 : 300억$	매각금액 : 300억$
이익 : 50억$	이익 : 50억$	이익 : 50억$
수익률 : 50 ÷ 250 = 20%	부채 125억에 대해 10% 이자 지급 시 12.5억 제외 후 이익금 37.5억이 남음 수익률 : 37.5 ÷ 125 = 30%	부채 190억에 대해 10% 이자 지급 시 19억 제외 후 이익금 31억이 남음 수익률 : 31 ÷ 60 = 51.7%

RJR 250억 달러

KKR 15억 달러

적인 LBO의 성공으로 세계적인 M&A PEF 선구자로 성장했다. 또한 그들의 성공은 향후 기업 경영전략과 투자 업계에 일파만파의 영향을 끼쳤다. KKR과 LBO의 등장 이후 미국의 대기업들은 외부의 M&A 인수경쟁은 물론 내부의 기존 경영권 유지 측면에서도 예전에는 생각도 못한 특이한 경영전략과 자금조달 실탄으로 무장한 강력한 새 경쟁자와 싸우게 되었다. 그리고 금융투자 업계에는 대형 M&A 1건이 발생할 경우 PEF를 통해 기존에 없던 다양한 투자 방향이 제시되었다. 구체적으로, 안전한 투자를 원하는 사람은 M&A 시 리스크는 낮으며 확정수익률을 앞순위로 지급하는 채권형 투자상품에 투자하면 되고, 적당한 위험과 적당한 수익률을 원하는 사람은 PEF의 인수금융에 대출

윤승환

하면 되고, 리스크는 높아도 최고의 수익률을 원하는 사람은 PEF의 주식(Equity) 인수 분야에 투자하면 되었다.

금융전문가들은 이렇게 국내 PEF가 활성화되고 규모가 커지는 이유를 저금리, 저성장 시대에 마땅한 투자처가 없으며, PEF는 다양한 운용전략을 펼칠 수 있는 장점 덕분에 투자 불확실성을 극복할 수 있을 것이라는 사람들의 기대심리로 해석한다.

틀린 말은 아니지만 PEF의 특징을 알아둘 필요가 있다. PEF는 과거의 3대 경제주체(가계, 정부, 기업)와는 다른 독특한 특성이 있으며, 한국 경제의 새로운 4번째 경제주체로 급부상하고 있기 때문이다.

- 첫째, PEF는 태생부터 기업의 가치상승(Value-up)을 가능하게 하며, 가능해야만 하는 소수정예의 조직이다. 합리적 경영방식을 통한 가치상승의 극대화 외에는 아무것도 중요하게 생각하지 않는다. 그래서 때로 과거 관행을 가차 없이 파괴한다.
- 둘째, PEF는 투자수익률의 극대화를 위해 모든 참가자의 이해관계를 하나의 방향으로 정렬시킨다. 젊은 능력자에게도 파격적 인센티브를 마다하지 않으며, 혁신과 개혁에 걸림돌이 되는 기존 직원은 즉각 잘라낸다.
- 셋째, PEF에는 오너 개념이 없으며, 의사결정을 위한 파트너십 체제만 존재한다. 인수 시 외부 차입을 크게 일으키며, 형식상으로는 수많은 Paper Company로 쪼개져 있으므로 대기업 체제보다 공정위나 산업통상자원부에서 규제할 근거도 적다. 따라서 목표 달성을 위해 불필요한 낭비나 허례허식이 없고, 기존 조직의 타성과 매너

리즘을 제거하고 변신의 가치를 강조하는 것에 집중한다. 그래야만 진정한 변화를 통해 빠른 시일 내에 성장과 수익 달성이 가능하기 때문이다.

- 넷째, 외부 전문가(Professional) 영입과 활용을 주저하지 않고 극대화한다. 국내 PEF의 초창기에는 외부의 우수 인력들이 "PEF가 뭐지?", "거기 가면 3년 뒤 회사 매각되고 잘리는 것"은 아닌지 의심했다. 그러나 최근에는 파격적 인센티브, 경영 전반에 대한 책임 수행과 권한 확대, 향후 PEF 위탁경영 전문가로서의 경력 인정 등 장점으로 인재 영입이 예전보다 훨씬 수월해졌다. 심지어 기존 그룹이나 제조업 체제에서는 영입하지 못했던 젊고 우수한 인재들이 PEF 경영체제라면 신뢰를 가지고 쉽게 합류하는 경향마저 생겨나고 있다.

PEF는 무조건 장점만 존재하는 이상적 존재는 아니다. 투자 성공이 이루어져야 보수를 받을 수 있으므로 간혹 과다한 매입가격으로 무리하게 회사를 인수한 후 그 후유증을 감당 못하는 경우도 발생한다. 또 매사에 수익성을 너무 강조하다 보니 단기성과에 연연하고, 인수하고 나서 경영이 심하게 망가진 회사는 내버려두는 경향도 발생한다. 또 급격한 구조조정으로 인해 기존 노동자들에게 가혹한 조치를 취하는 경우도 흔하다.

어쨌든 PEF는 한국의 젊은이들에게 위협 요인이기보다 기회를 제공하는 요인인 것은 분명하다. 기존 관행을 깨고 어떻게든 새로운 변화를 일으켜야 하는, 젊은 조직인 PEF의 특성과 장단점을 잘 이해하고 대비할 필요가 있다.

윤승환

알파고 쇼크

"지금까지 나타난 인공지능의 가장 큰 위험성은
 사람들이 그것을 이해했다고 너무 빨리 단정짓는 것이다."
엘리어저 유드코스키

2016년 3월 구글의 인공지능 자회사 딥마인드의 알파고 프로그램 대 한국의 이세돌 9단과 벌어진 세기의 대국을 보고 느낀 점을 정리하며 이 글을 마무리한다.

알파고의 4:1 승리는 실로 한국 사회에 큰 충격을 주었다. 인공지능 이 앞으로 수많은 직업군을 대체할 것이라는 예상이 쏟아졌으며, 공 무원 조직은 앞다투어 인공지능 투자를 늘리겠다고 나섰다. 이를 두 고 혹자는 공무원 조직이 이 틈을 이용해 예산을 확보해서 고위직 자 리를 늘리기 위한 꼼수에 불과하다고 폄하했다. 그간의 경험에 비춰 일견 맞는 말이라는 생각도 든다.

나는 '알파고 이벤트'를 접한 뒤 자연스럽게 대기업, 금융기관 등을 포함한 거대 조직에 취직하고 싶은 젊은이들에게 연결되는 화두로 구글의 '기획력', '투자 혜안', '확장성'이라는 3가지 키워드를 떠올렸다.

1. 구글의 기획력

바둑 자체도 물론 흥미로웠지만, 그 외에도 구글이라는 글로벌기업이 이런 이벤트를 어떻게 기획하고 준비하였는지도 관심 있게 지켜보았다. 내가 감탄했던 것 중 하나는 구글의 철저한 기획력이었다. 구글은 자회사 딥마인드의 최고경영자 데미스 허사비스는 물론 전임 CEO 에릭 슈미트, 구글의 공동 창업자이자 현 사장(President)인 세르게이 브린까지 방한했다. 그리고 일반에 널리 알려지지는 않았으나 이세돌 9단 이전인 2015년 10월에 알파고가 이겼다는 바둑 유럽 챔피언 판 후이 2단까지 기술자문이라는 직함으로 방문하였다. 게다가 전 세계에 실황 중계를 위해 아나운서를 포함한 방송 전문인력까지 포함하여 수십 명의 대부대가 몰려왔다. 이 정도로 구글의 고위급 인력과 대규모 전담팀이 몰려 온 것은 단순한 일이 아니다.

이미 구글은 판 후이를 비롯한 세계 바둑 전문가들의 예상을 바탕으로 이세돌 9단을 꺾을 수 있다는 심증을 굳힌 상태로 한국에 몰려온 것이 분명하고, 그 결과를 전 세계에 홍보하기 위한 철저한 준비를 마친 것이다. 이만큼 철저한 기획력이 배후에 있으므로 오늘날 구글이 성장하는 것 아닌가 싶어 실로 놀라움을 금할 수 없었다.

윤승환

2. 구글의 투자 혜안

구글의 비밀연구소 구글 X에는 주요 프로젝트 중 하나로 구글 브레인 프로젝트(Google Brain Project)가 있다. 이 프로젝트는 인공지능으로 이미지, 소리, 문자 등을 인간의 뇌가 인식하는 방식과 똑같은 방식으로 인식하여 디지털화하는 것을 목표로 한다. 이 프로젝트에서 딥마인드(DeepMind Technologies)를 인수한 것이다. 딥마인드는 인공지능 연구를 전문으로 하기 위해 2010년 영국에서 설립되었고, 2014년 구글에서 무려 6억5천만 달러(약 7천억 원)를 투자하여 인수하였다. 더욱 놀라운 것은 딥마인드 인수 당시 직원이 50명 정도밖에 안되며 (2016년 현재는 100명이 넘는다), 매출은 전혀 없이 연구비만 지출하는 회사였다는 점이다. 구글은 과거 안드로이드 플랫폼, 유튜브 인수 시에도 매출이 전혀 없어도 미래 가능성만 보고 투자하는 등 유사한 혜안을 보여준 바 있다. 우리나라의 어떤 대기업일지라도 현재 매출과 순익이 없고, 당면한 가장 큰 사업계획은 세계 최고 수준의 바둑 프로그램을 만들어서 인간 바둑계의 최고 고수와 대결하겠다는 허황된(?) 회사를 7천억 원을 주고 인수할 곳은 없을 것이다.

3. 구글의 확장성

휴대폰 운영체제인 안드로이드 시스템 그리고 최근 구글 X팀에서 적극적으로 개발하고 있는 무인 자율주행차와 각종 헬스케어 제품들이 알파고의 인공지능과 결합할 때 파급효과는 상상을 초월할 것이 분명하다. 스티브 잡스가 아이폰을 처음 세상에 소개할 때의 충격을 뛰어넘는 복합상품들을 구글이 쏟아낼 날이 머지않아 보인다. 일단 이렇게 선순환 지위에 오른 구글의 확장성은 날이 갈수록 커질 것이다. 2016년 현재도 글로벌 온라인 광고시장의 40%를 장악하고 있으며 매년 충분한 수익(투자 자금)을 확보하고 있으므로 앞으로도 자금과 인재가 더욱 몰릴 것이고, 연구개발과 인수합병을 통한 전방위적 확장은 계속될 것이다.

이 상황에서 한국의 정부와 기업들은 어떻게 대응해야 할 것인가? 또 청년들은 어찌해야 하는가? 분명한 것은 막연한 고민만 하다가는 아무것도 이루지 못하고 시간만 지나갈 것이라는 사실이다. 최근 구조조정 이슈가 불거지는 조선, 해운 업종의 사례처럼 어느 날 갑자기 한국의 모든 주요 산업이 구글의 경쟁력에 밀려 역사의 뒤안길로 사라지거나 구글의 하청업체로 전락하여 간신히 살아남아야 하는 일이 없기를 바랄 뿐이다.

알파고 이벤트에서도 마치 판도라 상자처럼 분명 희망은 남아 있다. 구글이 왜 중국과 일본을 제외하고 한국의 이세돌 9단을 선택하였는지 생각해보자. 중국은 구글의 진출을 막고 있는 폐쇄적 공산주의 국가다. 또한 일본의 최고 고수는 세계 제1의 실력이라고 하기에는 조금 부족한 면이 있었다. 즉 한국은 개방성과 바둑 실력에서 중국과 일본을 제친 것이나 다름없다. 인터넷 인프라가 세계 어디 못지않게 잘되어 있기도 하다. 이렇게 잠재력 있는 나라가 한국이다. 세계적인 경영전략 이론으로 칭송받는 블루오션 전략은 한국인 김위찬 인시아드 교수가 위주가 되어 창안했다.

　한국 정부, 사회 전체뿐 아니라 젊은 친구들은 어떤 압력에도 굴하지 말고, 깨지더라도 끝없이 도전하고, 개방을 두려워하지 말고 적극적으로 세계와 소통해야 한다. 무인 자율주행차가 미래의 대세라면 차라리 무인 자율주행차의 시험 운전과 상용화 시도를 100% 허용한다고 먼저 선언하면 어떨까? 또한 조선업과 자동차산업을 대폭 혁신하여 개인이 직접 운전할 수 있는 수륙양용자동차를 대량생산, 보급하고 한강과 올림픽대로를 자유롭게 오갈 수 있게 하면 어떨까? 구글이나 기타 글로벌기업의 테스트베드가 되어 한국 내에서 인프라와 제조기술, 소프트웨어 산업 등이 체계적으로 자리잡힐 수 있도록 과감히 시장을 선점하는 것이다. 그렇게 하면 적어도 변화와 혁신으로부터 강제로 '혁신' 당하지 않고 세계와 나란히 혁신을 따라할 수 있을 것이다.

※ 이 장은 《전략과 경제의 타임머신에 올라타라》의 내용들을 상당 부분 참조하였다.

행복의 첫날

최충인

여럿이 함께하면 그들의 좋은 모습을 보고 배울 수 있으며, 반면 싫은 모습은 반면교사로 삼아 내 자신을 갈고 닦을 수 있다. 어떠한 상황에서도 끊임없이 배우고 나를 발전시킬 수 있다는 뜻이기도 하다. 즉 내 주위에는 많은 사람들이 있고 그 모든 사람들로부터 배울 게 있는데 굳이 나에게 one stop shopping의 멘토링을 제공할 사람을 찾아서 억지로 '멘토'라 부를 필요는 없다.

무공훈장을 받은 할아버지와
가난의 삶

"가난은 집을 파괴시키기보다는 한데 뭉치게 하는 때가 더 많다."
《사기》

나는 함경북도 출신의 아버지와 부산이 고향인 어머니 슬하에서 1남 1녀의 장남으로 태어났다. 아버지가 이북5도 실향민이라 한국전쟁 전후에 월남한 다른 사람들처럼 본적지는 서울로 되어 있다. 할아버지는 이북에서 고등보통학교까지 졸업하시고 한국전쟁이 일어나기 수년 전에 월남했는데, 전쟁이 터지자 해병대에 장교로 입대했다. 1.4 후퇴 때 지금도 해병대 '6대 작전'으로 불리는 '양도 작전'의 지휘관이었다. 양도 작전은 해병대가 1개 중대 병력으로 북한군 연대 병력을 섬멸시킨 전투이다. 연합군이 원산에서 배로 군 병력과 민간인까지 승선시켜 전력을 온전하게 후퇴시킨 중요한 작전인 1.4후퇴의 전초 작전이었다. 양도라는 섬은 그 퇴로를 확보하기 위한 전략적 요충지

최충인

였는데 그 섬을 북한군에게 빼앗겼으면 전쟁의 향방이 크게 바뀔 수도 있었다.

영화 〈국제시장〉에도 나오는 함경북도 원산이 고향이었던 할아버지는 그곳 지리에 밝으셨고 덕분에 양도를 무사히 사수했다. 그 공으로 대한민국 군인으로서는 드물게 미군사령부로부터 은성무공훈장(Silver Star)을 받았다. 어릴 적 할머니와 아버지로부터 귀에 못이 박히듯 들었던 할아버지 이야기가 하도 궁금해서 몇 해 전 인터넷 검색을 했더니 당시 기록에 할아버지의 이름이 나오는 것을 확인할 수 있었다. 아직도 부모님 댁을 방문하면 할아버지가 받았던 훈장들을 꺼내 본다.

할아버지는 내가 초등학교 1학년 때 돌아가셔서 기억이 그리 많지는 않다. 장손이라고 무척 예뻐해 주셨고, 주말에 가족모임이 있어 할아버지 댁에 놀러 가면 어머니에게 떼를 써서 나 혼자 남아 할아버지와 자고는 했다. 어린 나이지만 거대했던 할아버지의 풍채(키가 180cm 였다)와 그에 반해 돌아가시기 직전 수염이 덥수룩하게 자라 초췌하셨던 모습 등이 지금도 눈에 선하다. 시아버지에 대한 존경심의 발로였는지 어머니는 어릴 적 나에게 유독 할아버지 이야기를 많이 들려주었다. 어릴 적 뉴욕에 있는 차이나타운의 중국집에 갔을 때 어머니는 메뉴판을 보더니 "할아버지가 살아 계셨으면 중국어로 직접 주문하셨을 텐데"라고 말했다.

시집 와서 모처럼 외식을 하러 간 곳이 화교 출신이 운영하던 명동의 중국음식점이었는데 할아버지가 그 사장과 중국어로 대화를 하고 음식 주문을 하자 사장이 너무 좋아하면서 듣도 보도 못한 희귀한 음식들이 나왔다고 했다. 그렇게 할아버지는 당시로서는 드물게 고등교육을 받았고 어릴 때는 북한과 만주 등지에서 자랐기에 한국어, 중국어, 일본어 그리고 영어에 능통했다고 한다. 또한 운동도 좋아해서 야구를 즐겼는데 한때 이북에 있던 어느 야구부에서 포수에, 4번 타자와 주장까지 맡았고, 스키도 탈 줄 알아서 한국전쟁 이후 스키부대 창설에도 관여하고 초대 부대장에 부임했다고 한다.

그런 할아버지에 대한 수많은 무용담은 내 유년기와 청소년기에 강한 영향을 미쳤다. 장교였던 할아버지 덕분에 전쟁 직후의 폐허 속에서도 그나마 우리 집은 유복한 편이었다. 하지만 5.16 이후 모든 것이 바뀌었다. 해병대 대령이었던 할아버지는 "군인이 정치하면 안 된다"는 소신을 갖고 있어서 박정희 소장의 제의를 뿌리쳤을 뿐 아니라 해병대의 유일한 장성이었던 사령관에게 5.16에 가담하지 말라고 진언했다고 한다. 결국 반대파였던 할아버지는 퇴역해야만 했다.

고등학생이었던 아버지는 갑자기 할아버지가 옷을 벗고 가세가 기울자 의사의 꿈을 접고 고등학교 3학년 때 문과로 바꿔서 상대에 진학했다. 아버지는 사병으로 해병대 복무를 마치고 대학 졸업 후 외환은행 공채에 합격해서 은행원으로서 사회생활을 시작했다. 그리고 말단 행원시절, 둘도 없던 절친의 사촌 여동생인 어머니를 만나 결혼했고 몇 해 후인 1971년 1월, 내가 태어났다.

최충인

아버지가 남긴 계란 흰자

"내 아버지가 누구였느냐는 문제가 안 된다.
중요한 것은 내가 아버지를 어떤 사람이었다고 기억하느냐는 점이다."
앤 섹스튼

그렇게 넉넉하지 않은 가정 형편에서 내 삶이 시작되었다. 나는 요즘도 친구들과 이야기하다 보면 어릴 적 일을 매우 세세하게 기억하고 있다는 평을 듣는다. 여기저기 이사도 많이 다니고 당시에는 흔치 않았던 유년기를 미국에서 보낸 경험도 있다보니 유년기 기억이 더 또렷한 것 같다. 그중 기억에 강하게 남아 있는 것이 6살 때의 일이다.

대구지점 발령으로 대구에서 네 가족이 단칸방에 살다가 다시 서울로 막 올라온 직후였다. 아직 어렸기에 안방에서 부모님과 나, 여동생까지 네 식구가 함께 잤는데 어느 날 아침에 일어났더니 동생은 여전히 잠들어 있고 아버지는 말끔히 양복을 차려 입고 출근 준비를 하고 있었다. 어머니가 아버지 아침을 준비했는데 '계란프라이 하나에 우유 한 잔' 이었다. 지금이야 흔하디흔한 계란이지만 1975년에는 웬만큼 형편이 넉넉하지 않으면 계란을 먹기가 쉽지 않았다.

아침에 눈 비비고 일어나 배도 고픈데 맛있는 계란프라이가 있으니 6살 꼬마가 어떻게 행동했겠는가. 아버지가 식사하는 상 앞에 앉아 계란프라이 한번 쳐다보고 아버지 얼굴 한번 쳐다보며 군침을 삼켰다. 그런 아들을 보고 계란프라이를 다 먹는 부모가 과연 있겠는가. 아니나 다를까 아버지는 우유 한 잔만 들이키고는 계란프라이를 먹지 않고 일어나며 "충인아, 이건 네가 먹어라" 하는 게 아닌가. 정말 '이게 웬 떡이냐?' 라는 심정으로 게눈 감추듯 먹어 치웠다. 정말 꿀맛이었다. 그런데 참 희한한 것은 그 어린 나이에 이상하게도 그날 이후 아버지 출근시간이 되면 저절로 눈이 떠졌다. 그 다음날도, 또 그 다음날도 계속 그랬다. 그러던 어느 날, 어머니는 아버지에게 말했다.

"애들은 따로 만들어 줄 테니 계란프라이 다 드시고 가세요."

어머니가 그렇게 말하자 아버지는 젓가락으로 계란 노른자와 흰자를 정교하게 발라내더니 노른자만 후루룩 드시고 흰자는 남겨 놓고 출근하셨다. 나는 쪼르르 달려가 그 흰자를 먹어 치웠다. 그렇게 나는 아침마다 아버지가 남긴 흰자를 먹는 낙으로 보냈다. 그러던 어느 날 아버지가 출근하자마자 어머니가 불같이 화를 내며 매를 들었다.

"어디서 버르장머리 없이 아버지께서 드시는 아침식사를 넘보고 그래? 다음부터 그러지 마!"

그날 나는 어머니에게 호되게 매를 맞고 너무나 무서워 다음날부터는 아침에 깨도 그냥 자는 척 누워 있었다. 아버지도 의아했을 것이다. 아침이면 어김없이 일어나 밥상에 턱 받치고 있어야 할 아이가 그

최충인

냥 자고 있으니 말이다. 그날 어머니가 아버지에게 했던 말이 지금도 생생하다.

"충인이가 어제 많이 뛰어놀아서 피곤해서 그래요. 계란프라이는 다 드시고 가세요. 애들 일어나면 따로 만들어 줄 거예요."

그날 처음으로 아버지는 계란프라이를 다 먹고 출근했다. 일어나 보니 늘 남아 있던 흰자가 보이지 않았다. 물론 어머니가 아버지에게 말한 대로 나를 위해 '따로' 계란프라이를 만들어주지도 않았다. 그날 후로는 아침에 일찍 일어나지 않았고 초등학교 입학하기 전까지는 아버지 출근하는 모습을 보는 일은 없었다.

이것이 선명하게 기억하고 있는 어린 시절의 장면이다. 고등학교 때 사춘기에 접어들어 어머니 속을 썩일 무렵이었다. 하루는 어머니가 나를 앉혀 놓고는 어릴 적 아버지 계란프라이 먹는다고 엄마가 혼낸 적이 있는데 기억나느냐고 물었다. 그날 매 맞은 사건은 또렷이 기억하고 있었다. 요즘 말로 하면 '트라우마'였기 때문이었다.

"충인아, 그때 엄마가 왜 그랬는지 아니?"

하면서 어머니가 사건의 진상과 내막을 이야기해 주셨다.

당시 우리 집은 말단 행원이었던 아버지의 박봉으로 할아버지와 할머니를 포함한 여섯 식구가 살았다. 연년생인 우리 남매가 어렸을 때는 분유 살 돈조차 없어 우는 아이들을 업고, 안고 아버지가 여기저기서 분유 값을 융통해 올 때까지 골목 어귀에서 기다린 적도 많았고, 없는 살림에 작은아버지 장가보낸다고 목돈 마련도 해야 했고, 지금 생각하면 참 우스운 일이지만 당시 은행에서는 금융사고가 나면 직원들이 개인적으로 변상해 넣는 일도 다반사였다고 한다. 그렇게 빠듯한 생활 때문에 아버지는 점심 먹을 돈이 없어 동료들이 점심 식사하러 갈 때 고객과의 약속이나 업무 핑계를 대고는 도서관에서 책을 보면서 끼니를 굶었다고 한다. 아무리 점심값을 챙겨 드려도 고스란히 월말에 그 돈을 내놓는 아버지를 보면서 어머니는 아침 한 끼라도 제대로 계란프라이라도 먹고 가길 바랐는데, 철없는 아들이 아침마다 그걸 날름 뺏어먹고 있었던 것이다.

그래서 다시는 그러지 못하도록 매를 든 것이다. 그 이야기를 들었을 때 정말 충격이었다. 그 전까지 나는 우리 집이 부자는 아니어도 나름 잘사는 편이라고 생각했고 그래서 용돈이 적다고 불평불만이나 늘어놓던 사춘기였다. 그날 어머니의 이야기를 들은 후 조금씩 철이 들었다. 우리 부모님들이 힘든 세월을 고되게 살아오면서 자식을 위해 얼마나 많은 희생을 했는지 어렴풋이나마 생각하게 되었다.

나는 지금도 계란프라이를 먹으면 아버지가 그랬던 것처럼 흰자와 노른자를 정교하게 나눠서 먹는 습관이 있다. 철없던 꼬마가 이제는 훌쩍 자라 그때의 꼬마보다 훨씬 큰 초등학교 4학년 아들을 두게 되었다. 그 아들이 얼마 전 내가 계란프라이 먹는 모습을 보더니 신기하다는 듯 물었다.

"아빠는 어쩜 그렇게 젓가락으로 노른자와 흰자를 잘 나눠 먹어?"

최충인

'전교 1등'이라는 자신감을 만들어 주신 어머니

"당신이 자식으로부터 한 번도 미움을 받지 못했다면 당신은 진정으로 아버지 혹은 어머니였던 적이 없다."
베티 데이비스

초등학교 1학년 때부터 미국에 가기 직전인 초등학교 3학년 1학기가 끝날 때까지 나는 항상 전교 1등을 했다고 믿고 있었다. 어머니가 늘 그렇게 내게 말씀해주었기 때문이다. 중간고사나 기말고사를 보고 나서 성적표가 나오는 날이면 선생님이 집으로 전화를 했고 어머니는 아들이 전교 1등을 했다며 온 가족이 불고기 파티를 했다. 불고기에 대한 잊지 못할 일화가 있다. 어느 날 학교를 다녀왔는데 어머니가 저녁상을 차려 놓고는 식사도 못하고 누워 있는 것이었다.

"엄마, 왜 그래? 어디 아파?"

"응, 엄마 생일이 내일 모렌데 아빠가 바빠서 모르시는 것 같아. 엄마 생일에 밖에서 불고기라도 먹으면 좋겠는데⋯."

아마도 어머니는 강도 높은 집안일에 몸도 안 좋았겠지만 진심으로 서운했던 것 같다. 아버지는 일이 많아 어머니 생일도 잘 기억 못할 정도로 매일 밤늦게까지 야근을 했고 집안 형편이 어려워 선물은커녕 외식 한번 제대로 하지 못했다. 어머니로선 그런 것이 못내 서운했던 것이다. 그날 나는 졸린 눈을 비비고 안 자고 기다렸다. 밤늦게 아버지가 집에 오시자 어머니 몰래 귓속말을 했다.

"아빠, 내일 모레 엄마 생일인 거 알아? 엄마가 불고기 먹고 싶대."

그런 아들의 모습이 기특했는지 어머니는 다음날

"아빠가 내일 엄마 생일이라고 저녁에 불고기 사 준다고 명동으로 나오라신다. 우리 모두 외식을 하자."

라며 기뻐했다. 그날이 내가 기억하는 우리의 첫 외식이었다. 나는 태어나서 처음으로 어머니 손을 잡고 사람들이 북적대는 명동으로 갔고 퇴근한 아버지를 만나 불고기를 먹는다며 매우 들떠 있었다. 그런데 어머니는 아버지에게

"불고기는 너무 비싸니 내가 좋아하는 칼국수를 먹고요"라고 하는 게 아닌가. 청천벽력 같은 소리였다. 불고기를 먹는다고 엄청 기대하고 나왔는데 칼국수가 웬 말인가? 더구나 나는 칼국수를 좋아하지도 않는데 말이다. 그래서 명동 골목에서 "엄마가 불고기 먹고 싶다고 해서 나왔으니 불고기 먹어야 된다"며 엄청 떼를 썼다. 결국 씁쓸한 미소를 짓던 어머니의 얼굴과 함께 태어나서 처음으로 명동에서 너무나도 맛있는 불고기를 먹었다. 그리고 행복해하며 집으로 돌아왔다. 영원히 잊지 못할 기억이다.

그렇게 불고기는 일 년에 한두 번 먹을까 말까하던 귀한 음식이었

최중인

다. 그런데 내가 초등학교 2학년이 되어 시험을 보게 되면서 거짓말처럼 시험성적표만 나오면 집에서 어머니가 그 귀한 불고기 파티를 열어 주셨다. 아들이 소위 '올100'을 맞아서 전교 1등을 했기 때문이라고 말씀하시면서. 나는 신이 나서 시험 때만 되면 기를 쓰고 공부했다. 지금 와서 생각해 보면 초등학교 2학년 시험이라고 해봤자 빤하지만 그래도 하나도 틀리지 않고 매번 올백을 받는다는 게 쉬운 일인가. 그 덕분에 어린 나이였지만 "나는 무엇이든 할 수 있다"는 자신감에 충만해 있었다. 그러나 그 자신감을 바로 어머니가 만들어주었다는 것을 한참 후에야 알았다.

오랜 시간이 지나 옛날 집안 물건을 뒤적이다가 우연히 초등학교 성적표가 나왔다. 그런데 이게 웬일인가? 93, 78, 82, 88… '올100'에 전교 1등은커녕, 반에서 1등도 못했던 것이다! 그것도 모르고 나는 항상 1등이라 생각했고 반에서 반장도 했다. 미국에 가서도 그 자신감을 잃지 않고 미국 생활에 빠르게 적응해 미국 아이들과도 경쟁할 수 있었다. 아니 오히려 미국 아이들에게 지지 않겠다는 승부욕과 호승심으로 똘똘 뭉쳐서 학교생활을 했다. 그렇게 만들어진 자신감 덕분에 귀국 후에도 뒤처지지 않고 서울대에 진학하고 미국 로스쿨로 유학을 가서 미국 변호사가 될 수 있었던 것이다. 이는 어머니가 만들어준 일종의 '플라시보 효과' 선물이었다.

끈 매는 운동화는 과연
필요했을까

"모든 개성에는 제각기 아름다움이 있다."
에머슨

미국으로 가기 전, 준비를 하느라 온 가족이 두어 달간 매우 분주하게 움직였다. 그때 일찍이 미국을 다녀온 아버지 직장 선배가 미국 아이들은 끈 매는 운동화를 신기 때문에 그걸 꼭 준비해야 한다고 알려주었다. 지금이야 끈 매는 운동화가 대세이고 어디든 쉽게 구할 수 있지만 그 시절에 학생들이 신던 운동화는 모두 고무밴드가 들어 있는 슬립온 형태의 운동화였다. 끈을 매는 운동화는 축구화나 야구화처럼 운동부 선수들이 신는 운동화밖에 없었다. 그래서 아버지가 시장에 가서 사온 끈 매는 운동화가 축구화였다. 아버지는 끈을 잘 매야 한다며 연습을 시켰다. 나는 열심히 신었다 벗었다 하면서 끈 매는 연습을 했다.

최충인

미국 초등학교에 등교하는 첫날, 한국에서 애지중지 갖고 온 축구화를 신고 등교했다. 그런데 놀랍게도 등교하자마자 선생님이 "축구화는 스파이크가 붙어 있어서 위험하니 학교에 신고 오면 안 된다"라는 것이다. 그 말도 같은 반에 6개월 먼저 한국에서 온 친구가 통역해 줘서 알았다. 집에 가서 그대로 말씀드렸더니 난감해하던 모습이 아직도 기억에 선하다. 그렇다면 과연 그 선배의 말대로 한국의 고무밴드가 들어 있던 운동화를 신고 오면 안 되었을까? 전혀 아니었다. 오히려 그 반대였다.

미국은 다양성을 존중하는 곳이다. 초등학교 4학년 때 일본에서 전학 온 친구가 있었다. 그 애가 전학 온 첫날 신고 온 신발이 바로 한국에서 내가 신고 다녔던 고무밴드 운동화였다. 나는 그렇게 반가울 수 없었다. 미국 친구들은 그 운동화를 보더니 신기해했고 끈을 풀었다 묶었다 하지 않아도 되는 것을 오히려 부러워했다. "한국은 이런데 미국은 저렇다" 하면서 무조건 따라해야 한다고 생각했던 것, 즉 획일성과 통일성을 당연하게 여기고 또 그렇게 살아야 한다고 행동한 것이 오히려 우스꽝스러운 결과를 낳은 것이다. 자신의 뜻에 따라 다양성을 추구하는 것이 중요하다는 사실을 깨달은 사건이었다.

코리아에서 온
문제아

"많은 말들은 오해를 불러일으킨다.
하지만 침묵하는 것이 모두 금은 아니다."
프란츠 블라이

처음 미국에서 적응하기 힘들었던 것 중 하나가 수업시간과 쉬는 시간의 구분이 한국의 학교처럼 뚜렷하지 않다는 것이다. 한국은 1교시, 2교시, 3교시, 4교시, 점심시간, 다시 5교시, 6교시 등 각 교시마다 쉬는 시간이 10분씩 있고 정확한 시간에 맞춰 시작하고 끝난다. 그래서 수업시간에는 조용히 해야 하지만 쉬는 시간이 되면 왁자지껄 떠들고 노는 것이 당연했다. 그런데 미국에 갔더니 아침부터 점심시간까지 수업시간과 쉬는 시간의 구분이 없고 친구들과 왁자지껄 떠들 수 있는 시간 자체가 없었다.

점심시간에는 식사를 하고 운동장에 나가서 뛰어놀지만 다시 오후에 교실로 돌아오면 하교 시간까지 선생님의 지도하에 조용히 그룹별

최충인

로 과제를 하거나 발표를 하거나 선생님 설명을 듣거나 하는 식이었다. 그리고 한국에서는 수업시간에 떠들면 선생님이 야단을 치거나 심지어 (체벌이 엄격히 금지되어 있지 않아서) 몇 대 맞은 후에 다시 아무렇지도 않게 일상으로 돌아가는 것이 당연한 생활이었다. 그래서 미국에 가서도 나는 친구들과 잡담을 하고 떠들다가 선생님의 지적을 받으면 그때만 잠깐 듣는 척하고는 선생님이 안 보면 다시 떠들고 잡담하는 행태가 반복되었다.

하지만 미국에서는 그것이 통하지 않는다는 것을 절실히 느낀 사건이 발생했다. 아무리 말로 타일러도 개선될 기미가 보이지 않자 선생님이 부모님께 면담을 하자고 편지를 써서 보냈다. 그때까지만 해도 그게 얼마나 큰일로 번지게 될지 알지 못했다. 목요일에 선생님이 편지를 써주었는데 무엇인지도 잘 몰랐고 주의를 기울이지도 않았기에 부모님께 드리는 것을 까맣게 잊었다. 다음날 학교에 갔더니 선생님이 나를 따로 부르더니 편지를 부모님께 드렸냐고 물었다. 나는 순간 당황한 나머지, 보여드렸다고 거짓말을 했다. 선생님은 그런데 왜 부모님이 아무 말이 없냐고 되물었다. 나는 계속 당황해서 아무런 말씀도 안했다고 또 거짓말을 했다. 선생님은 매우 놀란 표정을 지었다. 나도 순간 뭐가 잘못되었구나 싶었다. 주말에 혼자서 끙끙거리며 고민하다가 일요일 저녁에야 편지를 부모님께 보여드렸다. 편지는 간단했다.

— 당신 아이가 학교에서 여러 번 주의를 줘도 말을 잘 듣지 않으니, 어떻게 하면 좋을지 상의하기 위해서 학교를 방문해 주세요.

편지를 읽은 부모님의 표정이 매우 심각하게 변했다. 그리고 엄청나게 꾸중을 들었다. 부모님은 편지를 읽고 내가 학교에서 선생님도 어떻게 할 수 없을 정도로 문제아로 낙인 찍혔다고 오해를 했던 것이다. "오죽했으면 선생님이 훈계를 하다 못해 부모까지 학교로 소환하겠느냐?"라고 생각하셨다. '군사부일체(君師父一體)'는 한국에서 중요한 관념이었다. 유교사상의 영향으로 선생님은 부모와 동격이었고 선생님의 권위는 하늘과 같았다. 지금처럼 우리나라의 교권이 추락한 것은 안타깝기만 하다.

그런데 선생님이 두 손 두 발 다 들고 "당신 자식은 구제불능이라 내 어찌할 수 없으니 빨리 와서 면담을 하라"라는 편지를 손수 보냈으니 그 충격이 어떠했겠는가. 부모님은 원래 모범생이었던 내가 무슨 연유로 미국에 와서는 문제아가 되었는지를 파악하기 위해 새벽까지 나에게 질문을 했고 나는 밤새 대답을 해야 했다. 아버지가 밤새 작성한 편지를 가지고 가서 다음날 등교하자마자 선생님께 전달했다.

그랬더니 편지를 읽던 선생님이 그 자리에서 눈물을 뚝뚝 흘리며 울다가 수업을 중단하기에 이르렀다. 조금 후에 교장선생님이 교실로 찾아와 선생님과 얘기를 나누고 위로하는 사태까지 번졌다. 그 뒤로 며칠 동안 나는 완전히 가시방석에 앉아 있는 기분으로 학교를 다녔고 나에게 크게 실망한 어머니는 열흘이 넘도록 말도 안 하고 심지어 저녁도 챙겨주지 않았다. 그래도 굶길 수는 없으니 아버지가 귀가하면 따로 밥을 챙겨서 방으로 가져다주었는데 그게 또 어린 나이에 잊을 수 없는 상처가 되었다.

그 일 이후 학교에서 선생님들께 받았던 따가운 눈총과 집에서 부

최충인

모님으로부터 받았던 일종의 무언의 처벌(?)은 어린 나이에 낯선 이국에서 힘들게 적응하던 나에게 참으로 견디기 힘든 가혹한 시간이었다. 며칠 후 부모님이 학교로 찾아와 교장과 담임선생님을 두어 차례 만나 상담을 하고 갔다. 그렇게 이야기를 나누고 서로 간의 오해가 풀렸고 사태(?)는 해결되었다. 그렇다면 무엇이 그토록 큰 사건으로까지 비화되었던 것일까. 그날 아버지가 쓴 편지가 학교에서 감당하기 어려운 큰 문제가 될 뻔했던 것이다.

— 내가 한국에서 미국에 온 지 7~8개월밖에 되지 않는다. 그동안 아들이 친구들로부터 놀림도 당하고 인종차별까지 받았다. 그런데 학교에서 잘 처리하지 못해 아들이 그 분노를 표출하는 방법으로 선생님에 대한 반항으로 이어졌다.

70년대 미국은 인종차별 문제가 심각한 사회문제였고 그런 문제가 초등학교에서 발생했다는 것은 매우 심각한 사안으로 번질 수 있었다. 문화적 차이에서 비롯된 작은 '오해'가 학교를 발칵 뒤집어 놓는 사태로까지 이어진 것이다. 그 사건은 한국으로 돌아온 후로도 어린 마음에 큰 상처로 오랫동안 남게 되었다. 이제 세월이 흘러 나도 부모가 되어보니 모든 것들이 이해되었고 미국식 교육방법이나 접근법에 대한 이해도 하게 되었다.

미국의 학교교육은 교사와 학부모가 정기적으로 또는 필요할 때마다 긴밀히 대화하고 소통하면서 자녀교육을 함께 고민하고 분담하는 시스템이다. 그런데 한국은 선생님의 권위가 하늘과 같았고 선생과의 소통은 자기 자녀를 '특별히' 잘 봐달라는 일종의 성의 표시를 하는 것에 불과했던 것이다.

그때의 트라우마에서 비롯된 것인지는 몰라도 나는 세계 각국의 다양한 문화와 사고방식을 이해하고자 하는 탐구욕이 생겼고, 문화적 다양성에 대한 포용력을 기르는 계기가 되었다. 또한 선생님들과 부모님에게 내가 문제아가 아니라 모범생이라는 것을 보여줘야 한다는 오기와 투지를 품게 만들었던 사건이기도 했다.

가장 큰 선물은
배움의 즐거움

"배움에 있어서는 늘 목표에 도달하지 못한 것같이 하고,
배운 것은 오히려 잊어버릴까 걱정하라."
《논어》

보통 동양인들이 서양인들보다 수학을 잘한다고 알려져 있다. 하지만 나는 생각이 좀 다르다. 나도 초등학교 저학년 때 산수를 곧잘 했다. 초등학교 3학년 때 이미 한국에서 구구단을 다 배우고 갔는데 미국에서는 3학년 2학기에 비로소 구구단을 배우고 있었다(정확히는 12X12단). 그러니 처음에는 급우들이 나의 산수 실력을 따라올 수 없었다. 그런데 한국어로 구구단을 배운 나는 문제를 풀 때 한국어로 답을 구한 다음에 영어로 옮기는 반면 미국 아이들은 그냥 12X12단을 처음부터 영어로 외웠다. 난 이미 구구단을 다 외웠기 때문에 그럴 필요가 없다고 생각했다. 그런데 점점 고학년이 되면서 문제를 푸는 속도도 미국 친구들보다 뒤처지고 또 창의적으로 문제를 푸는 능력에서는 더 뒤진다

는 것을 알게 되었다. 주입식, 암기식 교육의 단점을 몸소 체험하는 계기였다.

그러면서 나는 어느덧 미국식 교육과정을 잘 따르며 공부를 하게 되었다. 그중에 나의 지적 호기심을 자극했던 것은 영어단어를 읽고 그 뜻과 철자를 외우는 단어(vocabulary)와 철자(spelling) 공부였다. 영어 단어와 철자는 누구보다 잘 알고 익혔다는 자신감에 5학년부터 6학년까지는 영재발굴 프로그램인 서치(Search) 프로그램에 참여했다. 서치 프로그램은 학교당 2~3명, 각 교육구에서 8명을 선발해 일주일에 1일을 중학교로 보내 전담 선생님과 완전히 새로운 수업을 받게 하는 프로그램이었다. 영어나 산수 등의 전형적 수업이 아닌 주제를 정해놓고 프로젝트 별로 학생들이 자유롭게 책을 찾아 연구를 하거나 각종 재료를 활용해 무언가를 조립하거나 발표자료를 만드는 식의 자율학습이었다. 정말 재밌는 수업이었다.

6학년이 되어서는 매주 서치 프로그램에 가는 날을 손꼽아 기다렸다. 그런 창의적 교육 프로그램은 스스로 공부하는 즐거움이 무엇인지를 어릴 때부터 몸소 깨닫게 해 주었다. 남이 시켜서 억지로 하는 것이 아니라 자기가 재미를 느끼면서 주도적으로 찾아서 하는 공부가 얼마나 시간 가는 줄 모르고 재미있는지를 깨달았다.

최충인

낯선 고국에서의 적응

"나쁜 삶을 천천히 좋은 삶으로 변화시킨다면 그것은 참된 삶을 창조하는 것이다."
존 러스킨

미국에서 3년 반을 보내고 아버지가 다시 한국으로 발령받아 귀국을 했다. 돌아올 때도 우여곡절이 많았는데 아버지는 자녀 학교문제로 겨울방학을 하면 이삿짐을 보낼 수 있도록 귀국을 2주 정도 연기해 달라고 요청했는데 회사에서는 안 된다며 무조건 예정일에 귀국하라는 지시를 내렸다. 결국 아버지 먼저 혼자 귀국하고 어머니와 나, 동생이 따로 귀국을 했었다.

　나는 한국에 가면 삭발도 하고, 교복도 입어야 하고 학교 선배들이 구타도 한다는 이야기를 들었던 터라 한국에 돌아가는 것이 너무나 싫었다. 아버지가 발령 났다는 전화를 받은 날 그 자리에서 펑펑 울음을 터뜨렸다. 가난하고 힘들었던 한국생활과 친구들로부터 들었던 한국 학교생활의 막연한 공포(?) 때문에 한국에 오는 게 그렇게 싫었던 것이다. 그렇게 우리 가족은 미국 생활을 끝내고 한국으로 돌아왔다.

귀국하자마자 중학교 1학년으로 입학을 해야 했다. 한국어도 서툴고 여러 모로 적응기간이 필요했다. 1983년 중학교에 입학했는데 정부가 두발자유화와 교복자유화를 시행했던 첫 해였다. 그래서 그토록 싫어했던 삭발을 하거나 교복을 입을 필요가 없었다. 또 그토록 무서워했던 선배도 없었는데 내가 들어간 중학교가 신생 중학교여서 1회 입학생이었기 때문이다.

입학식 날, 학생들이 교실에서 기다리다가 입학식을 하기 위해 운동장으로 나가는데 담임선생님이 나를 불러 입학식에 참석하지 말고 교실에서 기다리라고 했다. 무슨 일인가 어리둥절했다. 입학식을 마치고 학생들이 들어오면서 교실에 덩그러니 혼자 앉아 있던 나를 힐끔힐끔 쳐다보았다. 담임선생님이 첫 조회를 하는 자리에서 나를 불러 앞에 세웠다.

"미국에서 오래 살다 온 친구이고 전학생인데 적응할 수 있도록 잘 도와줘라. 이름이 최충인이라 했지? 인사하고 들어가"

나중에야 알았지만 미국 중학교를 다니다가 한국 중학교로 온 '전학생'이기 때문에 입학식에 참석하면 안 된다는 논리였다. 그렇게 나는 입학식 첫날부터 함께이 '입학'한 반 친구들 앞에서 입학생이 아닌 '전학생'이라는 특별 신분으로 친구를 대해야 했다. 이게 원칙이라고 해야 하는지 '경직성'이라고 해야 하는지… 지금도 이해가 가지 않는다. 아무튼 담임선생님의 그 조치로 나는 조회가 끝나자마자 반 친구들에게 둘러 싸였다. "어디 살다 왔니?, 디즈니랜드 가 봤니?, 미국은

최충인

진짜 차가 크니?, 비행기로 몇 시간 걸리니?"와 질문들부터 시작해서 "너 키스하는 거 봤어?" 심지어는 "너 남자랑 여자랑 하는 거 봤어?"와 같은 노골적 질문들까지 별의별 질문 공세에 시달렸다.

미국서 살다왔다는 이유로, 때로는 한국어가 서툴다는 이유로 친구들에게 놀림도 당하고 골탕도 먹다가 치고받고 주먹다툼도 하는 등 정말이지 다사다난했던 중학교 1학년을 보냈다. 그러면서 그토록 오기 싫었던 한국생활에 서서히 적응을 하게 되었다. 그런 경험이 이후 내가 다양한 환경과 조직에 잘 적응하게 된 밑거름이 되었다.

때로는 벼락치기가
답이다

누가 내게 제일 잘하는 것이 무엇이냐고 물으면 서슴없이 '벼락치기'라 답한다. 영어에도 'cramming'이라는 비슷한 표현이 있다. 번역하면 '벼락치기' 또는 '초치기'다. 영어사전에는 이렇게 나와 있다. "Cramming, the act of attempting to learn large amounts of information in a short period of time, esp. for a test in high school or college(단기간에, 특히 고등학교나 대학시험을 위해 많은 양의 정보를 익히고자 하는 행위)."

어릴 적부터 나는 시간에 쫓기고 엄청난 집중력을 요하는 상황에서 학습능력이 놀랄 만큼 증대되었다. 예전에는 대학시험 수석입학자 인터뷰를 하면 다들 판에 박은 듯

최충인

"교과서 위주로 평소에 예습, 복습을 꾸준히 했습니다"
라고 대답했다.

내 여동생도 이화여자대학교 영문과에 문과 수석으로 입학했다. 그때 우리 집에 기자들이 찾아와 어머니와 여동생 인터뷰를 하고 갔는데 기사에는 여동생도 "꾸준히 책상에 앉아서 예습 복습한 것이 비결이었다"라고 소개되었다. 그런데 나는 이상하게도 어릴 때부터 꾸준히 앉아서 예습이나 복습을 하면 머리에 잘 안 들어왔다. 자꾸 다른 잡생각이 났다. 그래서 나에게 맞는 공부 방법이 벼락치기라고 스스로 진단을 내렸고 지금까지도 벼락치기를 하고 있다. 요즘도 어머니를 만나면 내가 농담 반 진담 반으로 가끔 하는 말이 있다.

"어머니, 그때 미리미리 공부 안 하고 만날 벼락치기한다고 혼내셨잖아요? 그런데 그때부터 벼락치기 연습을 안 했으면 큰일 날 뻔했어요. 변호사로 일해 보니까 모든 일이 벼락치기가 아니면 진행이 안 되더라고요."

물론 과장을 좀 보태어 어머니께 건네는 농담이지만, 나는 "평소 교과서 위주로 꾸준히 예습, 복습을 했습니다"라는 천편일률적 대답이 과연 공부 잘하는 비결이고, 그래서 인생을 성공하는 비결일까? 의구심을 지울 수 없었다. 물론 평소에 꾸준히 예습, 복습을 하는 것이 나쁘다는 게 아니다. 매우 중요한 자세이며 길러야 할 습관이다. 하지만 누군가 "공부 잘한 비결이 무엇입니까?" 물었을 때

"저는 주로 그때그때 몰아서 벼락치기를 했어요."
라고 답하는 사람은 없을까 하는 재밌는 상상을 해 보았다. 벼락치기는 사실 '고도의 스트레스 상황'에서 뇌의 기억 능력을 극대화시키

는 방법이다. '스트레스'와 '학습한 내용의 기억'이라는, 어찌 보면 어울리지 않는 요소를 섞어서 사람의 능력을 최대치로 끌어올리는 것으로 볼 수 있다. 시간이 촉박하고 마감이 임박한 스트레스 상황에서 오히려 뇌의 능력을 최대치로 끌어올릴 수 있는 것이다.

이 벼락치기 전법이 발상의 전환만 하면 이 땅의 젊은이들이 자신의 능력을 최대치로 끌어올릴 수 있는 전략이 된다. 3포니, 5포니 하면서 자포자기하게 만드는 스트레스 상황, 이제 대학을 졸업하고 군대를 갔다 오니 취업은 안 되고 꽃다운 20대도 얼마 남지 않았다는 절박함이 젊은이들을 내리누르고 있다. 말 그대로 시간에 쫓겨 무언가를 끝내야 하는 벼락치기 상황에 몰려있는 것이다. 나는 오히려 이때에 자신의 능력을 최대치로 끌어올릴 수 있다고 생각한다. 자신을 한계상황까지 몰고 능력을 최대치로 끌어올리는 노력을 해보는 것이 어떨까.

살아 보니 인생이라는 게 '수석입학한 모범생'처럼 꾸준히 예습, 복습하면서 살아갈 수만은 없다는 것을 체득했다. 어차피 편안히 책상에 앉아 꾸준히 예습, 복습하면서 공부하듯 살 수 있는 게 인생이 아니라면, 절박한 상황을 이용해 벼락치기하는 자세로 준비하고 도전하는 것이 어떨까.

그런 의미에서 나는 서울대학교에 들어가고, 미국 변호사시험에 합격한 비결을 묻는다면 이렇게 답할 것이다.

"저는 그때그때 밤을 새워 벼락치기밖에 한 게 없어요."

최중인

내 꿈이 무엇인가를
먼저 알아야 한다

"어떤 불행은 도리어 희망의 토대가 된다.
불행에 굴복하여 슬퍼하지 말고 그 불행을 이용하는 사람이 돼라."
오노레 드 발자크

벼락치기의 달인이었던 나는 서울대 서어서문학과(스페인어과)에 진학
했다. 사실은 '외교학과'를 지망했다가 낙방하고 2지망으로 운 좋게
합격했다. 외교학과를 지망한 이유는 어릴 적 미국 생활을 한 덕분에
영어도 잘했지만 커서도 외국에서 살고 싶다는 막연한 생각에서였다.
당시 한국은 해외 여행자유화가 되기 전이라 외국에 자유롭게 나갈
수 없었다. 따라서 외교관이나 해외주재원 말고는 외국으로 나갈 일
이 없었다. 그래서 외교관이 되어 외국에서 마음껏 생활도 하고 국위
선양도 하겠다는 단순한 생각에서 외교학과를 지망했던 것이다.

그런데 그토록 원했던 외교학과에 떨어지고 2지망으로 스페인어과
에 입학하면서 인생의 계획이 꼬이기 시작했다. 학교에 가기도 싫었

고 스페인어 공부에도 취미를 붙이지 못하면서 학교생활을 보냈다. 외무고시 준비를 시작해 외교관의 꿈에 다시 도전하기로 마음먹었지만 나처럼 꾸준히 공부하는 체질이 아닌 벼락치기는 고시공부에 적합하지 않다는 것을 깨닫는 데는 그리 오래 걸리지 않았다

인생은 새옹지마라 했던가. 나는 외교학과에 진학하지 못하고 그래서 외교관의 꿈을 일찍 접게 된 것이 오늘의 내가 있게 된 축복이었다고 생각한다. 그야말로 전화위복, 새옹지마가 된 것이다. 결과적으로 나는 외교관 대신 미국 변호사가 되었고 국제금융과 M&A 전문가로서 많은 나라를 다니며 일할 수 있게 되었기 때문이다.

최충인

스페인어를 못하는
스페인어 전공 학도

"자기 아이에게 육체적인 노동을 가르치지 않는 것은
그에게 약탈, 강도 같은 것을 가르치는 것과 마찬가지다."
탈무드

군복무를 마치고 4학년에 복학하면서 마지막으로 외무고시를 한 번
더 보았다. 그러나 성적을 받아본 뒤 미련없이 외교관의 꿈을 접고 그
동안 소홀하던 전공에 흥미를 갖게 되었다. 마침 어머니가 스페인어
공부도 할 겸해서 중미 온두라스에서 공장을 운영하던 외삼촌댁으로
여행을 갔다오라고 권유했다. 나는 정원이 20명밖에 되지 않는 작은
학과에 다니면서도 학과장이자 나름 스페인문학계의 거성이었던 교
수님의 수업을 대학 4년 동안 단 한번도 수강한 적이 없을 정도로 전
공에 아무런 흥미를 느끼지 못했다. 그 여파로 4학년이 되도록 간단한
인사말 정도밖에는 구사하지 못했다.

어머니의 권유로 처음으로 두 달의 방학 동안 온두라스에서 지냈

다. 그때 살아있는 언어 학습을 경험했다. 어렸을 때 미국에 갔을 때는 별 노력을 기울이지 않았어도 수개월 만에 귀와 입이 트이고 모국어 수준으로 구사하게 되었는데 성인이 되어 외국에 나가니 그렇지 않았다. 그러나 두 달이라는 짧은 기간에 직접 부딪치며 열심히 배웠더니 놀랍게도 귀국해서 말이 들리고 나도 모르게 스페인어로 얘기를 하고 있었다. 4학년 여름방학을 온두라스에서 보내고 온 것은 스페인어 공부 외에도 더 큰 선물이 기다리고 있었다. 바로 생각지도 못했던 사람들과의 만남이었다.

온두라스에서 귀국하기 위해서는 미국을 경유해야 했다. 그 김에 뉴저지와 LA 두 군데를 거치기로 계획을 세웠다. 뉴저지에는 어릴 적 친구들이 살고 있었고, LA는 디즈니랜드를 방문한 이후 꼭 한번 다시 들리고 싶었기 때문이었다. 먼저 친구 집을 방문했는데 부모님은 일찍 미국에 와서 자리 잡은 이민 1세대였다. 맨해튼에서 의류점을 운영하다가 뉴저지로 와서 슈퍼마켓을 운영하고 있었다.

그때까지만 해도 나는 늘 나만 형편이 넉넉지 못하다 생각해서 항상 불만이었다. 그런데 그날 친구의 하루 일과를 직접 본 후 내가 얼마나 감사해야 하는지 깨달았다. 친구는 미국에서 전문대에 들어갔는데 아버지의 슈퍼마켓 일을 돕기 위해 휴학 중이었다. 매일 새벽 4시에 일어나 아버지와 함께 밴을 몰고 나가 채소와 과일 등을 떼왔다. 아침 8시에 집으로 와서 식사하고 다시 슈퍼마켓으로 출근해 문을 열었다. 하루 종일 슈퍼마켓에서 일하고 저녁 9시에 가게문을 닫고 집으로 돌아와 늦은 저녁식사를 하고 자정이 되어서야 잠자리에 들었다.

더 놀라운 것은 남동생 하나와 여동생 둘이 있었는데 어머니를 제

최충언

외한 모든 식구들이 학교에서 공부하지 않는 시간에는 항상 슈퍼에서 함께 일하는 것이었다. 그렇게 온 가족이 고생하면서 힘들게 살아가는 모습을 보고 대학생이 된 후 수년 동안 허송세월하고, 늘 불평불만을 늘어놓았던 나의 철없는 모습이 얼마나 부끄러웠는지 모른다. 친구의 여동생은 뉴저지에서 유명한 로스쿨인 Seton Hall에 재학 중이었다. 그에게서 미국 로스쿨제도와 미국 사회에서 변호사로 살아가는 것에 대해 배울 수 있었다.

그러고 나서 들른 곳이 LA였다. 귀국을 며칠 앞두고 지나온 내 모습을 성찰하고 앞으로 할 일에 대해 고민하는 시간을 가졌다. LA에서는 3일을 보냈는데 하루 시간을 내서 유니버설스튜디오 관광을 갔다. 관광버스 안에서 오랜만에 한국 사람을 만나 반가움에 인사를 건넸다. 서강대 경영학과를 졸업하고 서울대에서 경영학 석사학위를 취득한 후 미국에서 박사과정을 밟기 위해 온 학교 선배로 나보다 5살 위였다. 버클리와 스탠포드 두 곳에서 입학허가를 받은 수재였다. 하루 종일 관광을 하면서 미국 이야기며 온두라스 이야기, 선배의 약혼녀 이야기 등을 나눴다. 예전부터 친하게 지냈던 선후배 사이가 된 듯했다. 하루가 저물 때쯤 그가 질문을 던졌다.

"충인씨는 이제 대학 졸업반인데 진로는 어떻게 정했어요?"

나는 외무고시를 준비하다 그만둔 이야기를 하고, 2지망으로 스페인어를 전공하고 있다고 말하고는 진로는 지금 고민 중이라고 대답했다. 선배는 내 얘기를 듣더니 뜬금없이 이렇게 말했다.

"내가 충인 씨 나이만 되었어도 지금 미국 로스쿨에 들어가겠네요."

그러면서 유년기를 미국에서 자랐고, 영어와 한국어에 능통하고,

무엇보다 양쪽 문화에 대한 이해도도 높으니 미국 변호사로서의 진로를 선택하라고 권했다. '좋은 도전' 이라는 말과 함께.

숙소로 돌아와 침대에 누워 나는 오랫동안 상념에 젖어 들었다. 뉴저지의 친구 여동생이 로스쿨을 다니면서 들려준 이야기와 LA에서 만난 선배가 로스쿨에 도전해 보라는 조언이 단순한 우연 같지 않았다. 군 복무 말년에 열심히 읽은 존 그리샴의 《The Firm(야망의 함정)》이라는 변호사 관련 소설이 떠올랐다. 또 입대 동기였던 대학 선배가 언젠가 들려준 미국 변호사들의 이야기며, 재밌게 봤던 영화 '나의 사촌 비니'가 생각났다. 이 영화는 로스쿨을 졸업한 주인공이 억울하게 살인 누명을 쓴 사촌동생과 그 여자친구를 위해 좌충우돌 변론을 맡는 코믹드라마이다. 그러한 일들이 겹쳐지면서 모든 게 그저 우연이 아니라는 생각이 들었다. 서광이 비치는 것 같았다. 마치 신이 내게 계시를 주고 있다는 느낌도 들어 흥분이 되고 설레었다. 잠을 이루지 못하고 모텔을 나와 1층 공중전화로 향했다. 집으로 전화를 걸자 어머니가 받았다. 나는 대뜸 이렇게 말했다.

"어머니, 그 동안 제게 많이 실망하셨지요? 이제는 한 번 노력해볼까 합니다. 미국 로스쿨에 진학하겠습니다."

그날 나는 미국 변호사가 되기로 마음먹었다.

---

* 당시 LA 관광버스에서 만난 선배와는 귀국 후 함께 식사를 했는데 그것을 마지막으로 연락이 끊겼다. 그분 덕에 지금 나는 미국변호사가 되어 열심히 살고 있고, 이렇게 책도 쓰게 되었다. 다시 만날 수 있다면 그때의 조언이 큰 도움이 되었노라고 감사 인사를 전하고 싶다.

최충인

시험까지는 3개월

"행복은 보상에 있지 않다. 노력하는 힘 속에서 찾아진다."
트로브릿지

귀국 후 미국 로스쿨에 진학하는 방법을 알아보았다. 지금은 인터넷이 잘 발달되어 클릭 몇 번으로 원하는 정보를 손쉽게 얻을 수 있지만 1995년만 하더라도 정보를 얻는 일이 쉽지 않았다. 종로 고합빌딩에 가면 미국 유학에 필요한 자료들을 모아 놓은 도서실이 있었다. 그곳부터 방문하여 유명 로스쿨의 안내 책자를 무작정 찾아 읽었다. 미국 로스쿨에 진학하려면 미국 대학원 진학을 위해 필요한 GRE가 아니라 LSAT이라 불리는 로스쿨 입학시험(Law School Admission Test) 점수와 대학성적을 토대로 입학허가가 나온다는 사실을 알게 되었다.

LSAT을 보기 위해 응시원서를 직접 작성하고 은행에서 미화로 된 수표를 발급받아 동봉해서 등기우편으로 보냈다. 교보문고에서 LSAT

관련 교재도 구입했다. 이듬해에 로스쿨 입학전형을 하기 위해서는 12월에 주관하는 마지막 시험을 보고 그 성적을 가지고 입학원서를 제출해야만 했다. 그때가 9월이었으니 시험까지 3개월이 채 남지 않았다. 4년 내내 아무런 준비없이 허송세월하다가 졸업을 앞두고서야 벼락치기로 LSAT시험을 보고 로스쿨 입학을 준비하게 되었다. 그런데 정말 운이 좋았던 것인지 아니면 하늘이 도운 것인지(곰곰이 생각하니 둘 다 똑같은 말이다) 성적이 좋게 나왔고, 미국의 로스쿨 중 'Top 10'이라 불리는 로스쿨에 입학원서를 냈다.

최충인

아버지 꿈과
아들의 꿈이 다르면?

——

"인간은 언제나 당장 행복할 수는 없다.
인간의 행복이란 항상 전진하며 탐구하는 데 있다."
헨리 포드

로스쿨 진학을 위해 그야말로 3개월 동안 혼신의 노력을 다했다. 절박함이 만들어낸 집중력과 몰입의 힘을 몸소 체험한 시간이었다. 그렇게 4년의 대학생활을 마무리하자 졸업이 다가왔다. 로스쿨 입학 여부가 결정되기까지는 아직도 많은 시간이 필요했다. 또 입학이 될지 안 될지도 모르는 상황이었다. 무작정 입학허가만 기다리며 백수로 있을 수 없어 금호그룹 공채시험에 응시하였고 합격이 되었다.

이제 대학 졸업과 동시에 로스쿨 입학 여부를 기다리는 신입사원이 되었다. 로스쿨에 입학하면 그만둘 수도 있는 상황이었으나 신입사원으로서 정말 열심히 일했다. 사회생활의 첫 직장이었으니만큼 모든 게 낯설었지만 열심히 배우고 일했다. 그러던 중 내가 가장 가고 싶었던 워싱턴DC에 소재한 '조지타운대 로스쿨' 로부터 입학허가가 날아왔다. 믿어지지 않을 정도로 기뻤다.

하지만 고민거리가 있었다. 당시 직장생활이 매우 좋아서 열심히 잘 다니는 중이었다. 또 로스쿨에 가기 위해서는 비싼 등록금과 생활비 등 재원을 마련해야 하는데 대학을 갓 졸업한 신입사원게 그런 큰 돈이 있을 리 만무했다. 부모님께 도움을 요청할 수도 없는 노릇이었다. 아버지는 은행에서 30년을 근속하고 지점장으로 퇴직했는데 워낙 청렴한 성격에 재물 욕심이 없었던 터라 모아놓은 돈이나 큰 재산은 아예 없었다. 미국 시민권자나 영주권자에게 주는 융자혜택을 받을 수 있는 것도 아니고 한국에서 유학가는 사람에게 주는 융자장학금 제도도 전무했다. 고민 끝에 결국 아버지께 손을 내밀 수밖에 없었다.

30년을 근속한 아버지는 평생 내 집 마련의 꿈을 위해 허리띠를 졸라 매고 저축도 하고 은행에서 융자도 받아 1994년에 서울 근교 신도시에 집 한 칸을 마련했다. 이제 겨우 집 한 칸을 마련했더니 아들이 멀쩡히 다니는 대기업을 그만두고 유학 가겠다며 손을 내민 것이다. 나는 염치 불구하지만 "로스쿨을 우수한 성적으로 졸업하고 미국변호사가 되면 수입도 넉넉해질 테니 꼭 갚겠습니다. 일단 저를 믿고 1년 등록금과 최소 생계비만 지원해 주세요" 간곡히 부탁 드렸다. 평생 자식들을 위해 허리띠를 졸라매고 헌신해 온 아버지가 다시 한 번 못난 아들의 꿈을 위해 희생해주기로 결정을 내렸다. 미국 변호사의 꿈이 시작되는 순간이었다.

최충언

술에 물 타지 말자

"외부 조건들이 변하기를 기다린다면,
 당신은 당신이 할 수 있는 일의 절반밖에 할 수 없다."
 디오도어 로빈

금호그룹은 대학 졸업 후 첫 직장으로서 남다른 애정을 갖고 있었다. 비록 8개월이라는 짧은 기간 재직했지만 감사하고 보람된 나날이었다. 정들었던 회사를 그냥 훌쩍 퇴사하기도 너무 아쉬웠다. 그렇다고 힘들게 일궈낸 로스쿨 진학을 포기할 수도 없었다. 고민 끝에 생각해 낸 것이 휴직이었다. 처음에 로스쿨 진학을 해야겠다고 부서장께 말했더니 부서장은 물론 직장 상사 모두 나를 설득하고 만류했다. 우리 부서는 상사들과 좋은 팀을 이루어 일하고 분위기도 좋았다. 또 우수한 사원들을 대상으로 회사에서 해외 MBA도 보내주었는데 직장생활을 더해서 경력도 쌓고 회사 교육 프로그램을 활용해 유학을 다녀오는 것이 어떻겠느냐는 제안도 있었다. 나는 3년간 회사에서 휴직 처리를 하고 기다려 줄 수 없는지 조심스레 물었다. 답은 불가능하다였다. 입사한 지 1년도 되지 않은 신입사원을 3년 동안 휴직을 허용한 전례가 없었기 때문이었다. 그런데 부서장은 그날 잊지 못할 조언을 해주었다.

"충인 씨가 이왕 조직을 떠나 새로운 꿈을 좇기 위해 도전한다면 배수의 진을 치고 열심히 해도 모자랄 판에 다시 돌아갈 곳이 있다는 생각을 하면 과연 도전이 얼마나 의미 있겠으며 또 얼마나 열심히 하겠어?"

머리를 한 대 얻어맞은 기분이었다. 나는 휴직을 요청하면 다시 돌아올 여지와 명분이 있으니 부서장 입장에서 더 좋아할 것이라 생각해 그렇게 말했던 것이다. 그런데 오히려 부서장은 회사에 남을 거면 확실히 남고, 떠날 거면 깨끗이 떠나서 새로운 도전을 해야지 '물에 술 탄 듯', '술에 물 탄 듯' 어중간하게 여지를 남기지 말라는 조언을 했던 것이다. 배수의 진… 그것 역시 일종의 극한 상황이었다. 즉 스트레스 상황으로 나를 몰아가서 능력을 최고치로 끌어올리는 방법이었다.

나는 배수의 진, 벼락치기 등이 사실 가만히 들여다보면 같은 속성이라 생각한다. 그런 의미에서 '흙수저'가 그렇게 비관적인 것만은 아니다. 더 이상 물러설 곳도, 돌아갈 곳도 없는 상황, 더 이상 떨어질 곳도 없는 상황에서 이제는 도약할 일만 남은 것… 불로 구워내면 단단한 세라믹이 될 수 있다. 발상의 전환만 하면 오히려 희망이 가득한 단어가 되는 것이다.

최충인

포춘쿠키의 놀라운 계시

"행운이나 명성은 일순간에 생기고 일순간에 사라진다.
그대 앞에 놓인 장애물을 달게 받아라.
싸워 이겨 나가는 데서 기쁨을 느껴라."
앙드레 모로아

돌아갈 곳 없는 배수의 진을 치고 설렘 반 걱정 반을 안고 미국 로스쿨에 입학했다. 미국 로스쿨은 '법무박사(Juris Doctor: J.D.)'라고 불리는 3년 과정과 '법학석사(Master of Law: L.L.M.)'라 불리는 1년 과정으로 나뉜다. L.L.M. 과정은 외국에서 법학을 전공했거나 변호사 또는 변리사와 같은 자격증이 있는 사람이 지원해서 입학이 가능하다. 보통 국제적 교류를 위한 과정이다. 반면 J.D. 과정은 철저하게 미국 변호사를 양성하는 곳이다. 입학부터 졸업 그리고 변호사로 합격해 취업에 이르기까지 매우 치열한 심화 과정이다.

J.D. 과정에 입학한 학생은 1학년 성적에 따라 순위가 매겨지고 그 성적에 따라 2학년 1학기에 유명 로펌(Law Firm)이나 기업 또는 기관

과 취업 인터뷰를 한다. 그 결과에 따라 2학년을 마치고 여름에 '인턴(Summer Associate)'으로 임시 채용이 된다. 큰 이변이 없는 한 3학년을 마치고 졸업하면 인턴으로 일했던 조직에 정식으로 채용된다. 따라서 1학년 때의 성적으로 미래가 판가름 난다고 볼 수 있다.

사정이 그러하니 로스쿨은 입학하는 날부터 경쟁은 말도 못하게 치열하다. 특히 1학년 때 배우는 전공과목은 교수들이 '소크라테스법 강의(Socratic Method)'라 불리는 교육방법을 엄격히 적용하는 것으로도 유명하다. 예습할 분량을 미리 고지하고 다짜고짜 학생 이름을 호명해 앞뒤 가리지 않고 질문을 마구 퍼붓는다. 만약 질문에 대답을 잘못하면 다른 사람을 호명하기도 하고 때론 옆에 있는 학생, 앞에 있는 학생, 뒤에 있는 학생에게 무작위로 같은 질문이나 또 다른 질문을 하면서 몰아붙인다.

미국의 소위 'Top 10' 로스쿨에 진학한 학생은 대부분 학부에서부터 난다 긴다 하는 친구들이다. 학부성적은 물론 관련 분야의 지식수준이나 자부심이 대단하다. 그런 인재들이 적게는 수십 명에서 많게는 수백 명이 모여 있는 강의실에서 무작위로 호명되어 급우들 앞에서 교수들의 질문에 대답해야 하는 것이 수업의 주 내용이다.

보통 강의당 하루 예습 분량은 약 60~120쪽 정도 되는데 하루에 2~3개의 수업이 있으니 하루에 읽어야 할 분량이 평균 200쪽 내외였다. 그 대부분의 내용은 판례이거나 학술논문이 대부분이라 이해하기 어려울 뿐더러 진도도 빨리 나가지 않았다. 아무리 유년기를 미국에서 지내 영어를 잘한다 해도 하버드, 예일, 컬럼비아, 스탠포드 등 굴지의 대학에서 우수한 성적으로 진학한 본토박이 친구들과 비교가 되

최충인

지 않았다. 절대적으로 열세일 수밖에 없는 상황이었다.

청운의 꿈을 안고 힘들게 들어온 로스쿨에서의 학업은 만만치 않았고 잘 적응할 것 같았던 나는 심하게 우울증을 겪었다. 맛있는 음식이 앞에 있어도 입에 대기 싫을 정도로 힘들었다. 그리고 무엇보다 가장 힘들었던 것은 공감대를 형성하며 서로 의지하고 지낼 수 있는 친구가 한 명도 없다는 것이었다. 1학년 때부터 서로 치열하게 경쟁하는 분위기에서, 더구나 한국이라는 '후진국'(당시 그들 눈에는)에서 온데다가 '돈도 없고 빽도 없는' 나를 살갑게 대해 줄 친구가 있을 리 없었다. 사람 '인(人)' 자는 두 사람이 서로 기대고 있는 모습을 본 따서 만든 상형문자라고 중학교 때 배웠는데 그 한자가 가진 심오한 의미를 그때 뼈저리게 느꼈다.

힘들게 학업을 이어나가던 1학년 1학기, 학기말 시험을 준비할 때 우울증에 걸려 공부도 손에 안 잡히고 다 포기하고 집에 돌아가고 싶다는 생각밖에 들지 않았다. 직장에서 열심히 일할 걸 후회도 들었다. 그래도 시험준비는 해야겠기에 기숙사 방에서 혼자 공부를 하다가 일요일 오후 자포자기 심정으로 TV 룸에 가서 하루 종일 TV만 보았다.

"나는 누구일까?"

"내가 지금 여기서 무엇을 하고 있는 거지?"

혼자 그런 생각을 하며 멍하니 TV 화면만 응시했다. 소위 '멍' 때리면서 시간을 보냈다. 그러다 배가 고파서 배달음식으로 중국음식을 주문했다. 미국에서 파는 중국음식은 한국에서와 조금 달랐으나 그나마 향수병을 달래기에는 그만한 것도 없었다. 다행히 미국에서도 중국음식은 배달이 되었는데 대개 디저트로 '포춘쿠키(Fortune Cookie)'

가 딸려왔다. 사실 그 과자는 디저트로 먹는 것보다는 안에 들어 있는 '오늘의 점괘' 가 더 흥미로웠다.

식사를 마치고 무심코 포춘쿠키를 깨서 오늘의 점괘를 읽었다. 순간 너무 놀라 심장이 멎는 것 같았다. 흥분으로 가슴이 벌렁벌렁하는 충격을 받았다. 바로 중국 식당에 전화를 걸어 물었다.

"나는 조지타운대 로스쿨 학생인데 너무 궁금한 게 있어서 또 전화했다. 솔직히 말해 주면 좋겠다. 혹시 로스쿨에서 음식 주문을 하면 그에 맞춰서 보내주는 포춘쿠키가 있는가? 솔직히 대답해 달라."

전화기 너머의 직원은 '무슨 황당한 질문을 하느냐' 는 어투로 "그런 것 없다"고 딱 잘라 말하고는 전화를 끊었다. 포춘쿠키 안에 들어 있던 그날의 점괘를 평생 잊지 못한다.

"너는 좋은 변호사가 될 것이다(You will make a good lawyer)!"

그 점괘를 읽은 나는 결심을 새롭게 했다. 쓸데없는 잡념은 버리고 미국에 온 초심을 잃지 말자고 스스로에게 다짐했다.

'그래, 충인아! 너는 한국과 미국을 오가는 좋은 변호사가 될 것이다!'

나는 벌떡 일어나 책상으로 돌아가 공부를 시작했다. 그렇게 힘들었던 1학년을 무사히 마칠 수 있었다. 아직도 가끔 생각한다. '만약 그때 그 포춘쿠키가 없었다면?' 그럴 때면 꼭 생각나는 구절이 있다.

"God works in mysterious ways(신은 신비로운 방법으로 일하신다)!"

최충인

미국 친구들도
힘들어 하긴 마찬가지

"항구에 정박해 있는 배는 안전하지만 배는 그런 목적으로 만든 것이 아니다."
부토

1학년 1학기 때 우울증을 심하게 겪으면서 이런 상태로 5학기를 더 다닐 수는 없다고 생각했다. 고3보다 힘든 생활을 3년이나 더 한다는 게 끔찍했다. 더구나 나는 꾸준히 앉아서 공부하는 스타일도 아니고 몰아서 벼락치기를 하는 타입이었니 말이다. 그래서 1학년 2학기에 과감하게 공부 전술을 수정했다. 한 학기 동안 배운 과목들 중에 내가 좋아하고 잘했던 과목을 찾아 다음 학기에는 그 과목 위주로 공부했다. 다시 말해 '선택과 집중'을 한 것이다.

한 학기에 4~5다섯 과목 정도를 수강했는데 그중에서 잘하는 과목 2~3개만 선택한 후 지도교수가 주는 예습 과제를 철저히 읽고 수업에 임했다. 수업을 마치면 강의시간에 노트한 것을 잊어버리기 전에 노트북으로 깨끗이 타이프를 쳐서 다시 복습했다. 그리고 교수님이 간혹 추가 독서 리스트를 내면 서점에 가서 그 책도 읽어 두었다. 시험을 두 달 앞두고는 수백 페이지에 달하는 교재 내용을 학기 중에 타이프 쳐놓은 노트와 함께 처음에는 100쪽 분량으로 요약했다. 그 다음에는 50쪽으로 요약하고, 그 다음에는 30쪽으로, 또 다시 10쪽으로 그리고 마지막에는 목차만 죄다 모아 3쪽으로 줄여 나갔다. 로스쿨에서 공부할 때 많이 활용하는 '족보만들기(Outlining)'이다.

로스쿨 시험은 대부분 오픈북으로 치르지만 한가롭게 책을 뒤적이며 답을 작성할 시간적인 여유는 전혀 없다. 보통은 공부하는 과정에서 만든 족보 하나와 교재를 들고 시험장에 들어간다. 족보를 가이드 삼아 문제를 풀다가 판례명이 생각나지 않거나 판사나 변호사 이름이 생각나지 않을 때만 교재를 열어 확인했다.

반면 첫 학기에 아무리 오랫동안 교재에 머리를 파묻어도 이해를 잘 못하거나 학습능률이 떨어졌던 과목은 과감히 예습, 복습을 포기하고 시험 2~3주 전에 선배들이 이미 만들어 놓은 30~50쪽 분량의 족보만 구해서 복사했다. 아니면 아예 돈을 받고 판매하는 유명 족보를 구해 죽도록 암기해서 시험을 쳤다. 그렇게 했더니 내가 선택해서 집중했던 과목들은 A 또는 A− 학점을 받았고 족보만 본 과목은 B−에서 B+ 학점이 나왔다. 그런 식으로 기말에 평점 평균을 내니 A− 와 B+ 중간이었고 순위를 매기니 'Top Third(상위 1/3)' 정도의 성적이 나왔다. 미국 로스쿨 1학년에게 '상위 1/3'이라는 단어는 매우 큰 의미를 지닌다. 통상적으로 'Top 10' 로스쿨에서 원하는 곳에 취직하는 학생의 커트라인이 상위 1/3이기 때문이다.

흥미로웠던 사실은 미련하게 밤잠 설쳐가며 전 과목을 예습, 복습하느라 공부했던 1학년 1학기 평점과 '선택과 집중'을 통해 나만의 방식으로 공부했던 1학년 2학기 평점이 소수점 둘째 자리까지 똑같게 나왔다는 점이다.

로스쿨 1학년 생활은 우리나라 학생들이 겪는 고3 수험생활이나 군대생활과 같은 고통의 시간이다. 치열하게 경쟁하는 입장에서 상호 견제를 하므로 항상 스트레스 속에서 생활한다. 내가 1학년 때 지냈던 기숙사 창문은 나무판지로 막아 놓고 특히 고층에 있는 기숙사 방과 거실 창문은 끝까지 열리지 않도록 볼트로 막아 놓았다. 충동으로 인한 자살 사고를 방지하기 위한 것임을 나중에야 알았다. 그런데 그런 지옥 같은 1학년 생활을 마치면 거짓말처럼 서로 경쟁하던 학생들이 함께 이겨냈다는 성취감을 느끼고 급격히 친해진다는 사실이다. 1학년 마지막 기말시험이 끝나는 날에는 정원과 기숙사 거실에 맥주와 음식을 장만해 놓고 다 함께 먹고 마시며 서로서로를 축하해 주고 격려해 준다. 몇 주 후 성적표를 받으면 그렇게 친해진 몇몇 친구들과 성적도 공유하고 조언도 해주면서 평생 친구가 된다.

미국에서 태어나 아이비리그 대학을 우수한 성적으로 졸업한 친구들보다 내 성적이 더 잘 나오자 고개를 절레절레 흔들면서 "너는 어떻게 한국에서 왔는데 나보다 성적이 더 잘 나오냐?"고 한탄하는 것을 들었다. 그때 나는 느꼈다. "와~ 이 친구들도 지난 1년이 죽을 만큼 힘들었구나." 그날 이후로 나를 억누르던 자격지심과 걱정 근심은 눈 녹듯 씻겨 나갔고 자신감으로 충만해지기 시작했다.

취업 인터뷰의 험난한 고개를 넘은 'All A'

"고난이 있을 때마다 그것이 참된 인간이 되어가는 과정임을 기억해야 한다."
괴테

2학년 1학기와 3학년 1학기에 두 번 취업을 시도했다. 보통은 로스쿨 2학년 1학기가 되면 각 학교마다 '캠퍼스 내 인터뷰(On Campus Interview: OCI)'가 진행된다. OCI는 로펌이나 다국적기업에서 캠퍼스로 면접관을 보내 적게는 몇 명에서 많게는 수십 명의 예비 졸업생들의 면접을 보는 인재채용 제도다. 졸업생들이 얼마나 유명한 로펌이나 다국적기업으로 취업했느냐가 미국 로스쿨을 평가하고 순위를 매기는 중요한 척도가 되기에 각 학교는 졸업생의 취업을 적극 알선하고 도와주는 데 여념이 없다.

OCI는 지원자들 또한 많이 몰리기 때문에 수십 곳의 로펌과 기업을 비롯해 지원자들을 적절히 안배하여 공평하게 면접 기회를 제공해

최충인

야 하는 과제가 있다. 그래서 각 학교마다 추첨식부터 우선순위식, 복합식 등 나름 공정하다는 방법을 고안해 학생들을 적게는 3~4곳 많게는 6~7곳의 로펌 및 기업들과의 면접을 주선해 준다. 학교가 주선하는 면접은 약 15분에서 20분간 진행되는데 Screening Interview(스크리닝 인터뷰)라 부른다. 면접관이 약 15분에서 20분간 학생을 인터뷰해서 1차 서류 및 면접 전형을 보는 것이다.

스크리닝 인터뷰를 통과한 학생은 해당 로펌이나 기업의 본사로부터 비행기표와 숙박비를 제공받고 날짜를 정해서 본사를 방문한다. 그곳에서 파트너 변호사 2~3명을 포함해 총 6~8명의 변호사들과 Second Round(세컨드 라운드)라는 2차 면접을 다시 본다. 2차 면접을 통과한 학생에게는 2학년을 마치고 Summer Associate라고 불리는, 즉 '여름철 인턴'으로 재직할 수 있는 기회가 주어진다. 이를 Summer Offer(썸머 오퍼)라고 한다. 그렇게 받은 썸머 오퍼 중에서 본인이 원하는 곳을 선택해 2학년을 마친 여름에 2~3개월간 인턴으로 근무한다.

성적이 뛰어난 학생은 다수의 로펌이나 기업에서 오퍼를 받고 그렇지 못한 학생은 하나만 받아도 감지덕지하면서 인턴의 길을 밟는다. 그리고 여름에 인턴으로 있으면서 큰 사고를 치지 않는 한 보통은 그 회사로부터 Permanent Offer(영구 오퍼)를 받아 졸업 후 정규직으로 채용된다.

나의 1학년 성적은 간신히 상위 1/3에 턱걸이했기 때문에 썸머 오퍼를 받기까지는 순탄치 못한 길이 기다리고 있었다. 일단은 OCI를 통해 확보한 면접 수가 6개로 제한되었고 그중에는 한국 유학생 출신에게는 전혀 관심이 없을 미국 중부 소도시에 있는 로펌도 포함돼 있으니 실지로 선택할 수 있는 폭은 더 줄어들었다. 워싱턴DC나 뉴욕 등의 대도시에 있는 로펌 중에서는 미국 국내 법률 자문만 하기 때문에 영주권도 없어서 굳이 취업비자를 스폰서해야 하는 한국 유학생에게 관심을 보이지 않는 곳도 더러 있었다. 상황이 그렇게 되자 마음 놓고 OCI를 통해 면접 본 로펌들만 바라보고 있을 수는 없었다.

마침 2학년 때부터 두 살 때 미국으로 이민 온 교민 친구와 함께 아파트에 세들어 살고 있었다. 운 좋게도 그가 취업 정보에 정통해 많은 도움을 받았다. 나를 비롯하여 많은 학생들이 OCI를 통해서는 원하던 로펌이나 기업으로부터 면접 기회를 부여받지 못하는 일이 비일비재했다. 그럴 경우에는 해당 면접관이 있는 면접 장소로 무작정 찾아간다. 면접관이 투숙해 있는 호텔 객실에서 면접이 이루어지는 일도 많았다. 조지타운대 로스쿨은 캠퍼스에서 한 블록 떨어진 워싱턴호텔이 가장 인기가 좋았다. 호텔 로비에 오전 6시부터 기다리고 있으면 로비에 어느 로펌이나 기업의 면접관이 몇 호실에 투숙하고 있다는 정보가 큰 패널에 전시되었다.

그걸 보고 객실로 찾아가 면접관이 우연히 문을 열 때까지 기다리거나 아니면 문틈 사이로 1장짜리 이력서를 들이밀어 넣는다. 만약 이력서 내용을 보고 면접을 보고 싶으면 면접관이 전화해서 잠깐 면접을 보는 경우도 있었다. 그렇게 해서 추가로 인터뷰 개수를 늘린다 해도 10개를 넘기가 쉽지 않았다. 더 적극적인 방법도 있었다. 2차 면접을 받은 로펌과 같은 도시에 또 다른 로펌이 있으면 이력서와 함께 'Cover Letter(커버 레터)'를 팩스로 보낸다.

최중인

"다음 주 목요일에 제가 다른 로펌의 2차 면접을 위해 뉴욕을 방문합니다. 제 이력서를 동봉하오니 만약 귀사에서 관심이 있으면 다음 번호로 연락을 주십시오"라거나

"저는 지금 뉴욕에 있기 때문에 귀사에 추가 비용 없이 제게 인터뷰 기회를 주시면 면접을 보러 찾아갈 수 있습니다"라는 식이었다.

그렇게 작성한 커버레터의 핵심은 지극히 맞춤형으로 작성되어야 했다. 그냥 회사 이름만 바꿔서 획일화된 서신을 만들었다가는 십중팔구 그냥 버려진다. 어떤 경우에는 2차 면접을 기다리지 않고 자비로 일주일 정도 뉴욕이든 시카고든 취업을 희망하는 도시로 찾아가기도 한다. 취업 면접을 보는 2학년 1학기 중에는 많은 학생들이 그렇게 면접을 위해 이 도시 저 도시로 다니기 때문에 수업 참여율이 뚝 떨어지지만 그에 대해서는 교수들도 전혀 문제를 삼지 않았다. 그만큼 미국 변호사로 취업하는 것은 치열했다. 나 역시 취업을 위해 가장 싼 저가 항공권을 끊어 이곳저곳을 다녔다. 내가 이력서를 뿌렸던 로펌은 무려 80개가 넘었다. 그중 12개 로펌에서 2차 면접까지 받았고 썸머 오퍼는 4개를 받았다. 정말 치열하게 취업을 준비한 결과였다. 그중 하나가 시카고에 본사를 둔 당시 미국에서 가장 큰 대형 로펌이었다.

시카고에서의 여름철 인턴생활은 정말 꿈만 같았다. 원했던 것을 다 얻은 기분이었다. 1학년 때 스트레스 받으며 공부하다가 음식 조절에 실패하는 바람에 불어났던 체중도 운동과 식이요법으로 관리를 하게 되었다. 또 인턴들에게는 1년차 변호사가 받는 월급과 동일한 금액을 근무일수로 계산해서 주었기에 한 학기 등록금과 생활비를

거뜬히 벌 수 있었다. 그런데 그 회사는 한국과의 업무가 많지 않았고, 또 한국 기업들이 미국 중서부에 진출을 많이 하지 않았기 때문에 한국인 출신으로서 빛을 발할 기회가 적었다. 게다가 모든 인턴들에게 영구 오퍼를 주는 것도 아니어서 시카고 생활을 그만둘 수밖에 없었다.

그리하여 3학년 때 다시 치열한 취업 전선에 뛰어 들었다. 그때 큰 도움이 되었던 것이 2학년 성적이었다. 미국 학생들에게 꿈의 평점이라 불리는 것이 바로 'All A'다. 5과목 중 4과목을 A를 받고 한 과목을 B+를 받은 학생이 5과목 모두 A−를 받은 학생보다 평균평점도 높고 등수도 더 높다. 그런데 모두 A−를 받더라도 결국 A 평점이니까 'All A'를 받았다고 할 수 있다. 1학년을 마칠 때쯤 나만의 공부법으로 2학년 2학기에 All A를 운 좋게 받았다. 그리고 그런 행운은 취업 인터뷰에서 빛을 발하게 되었다.

로펌은 휴일도 없이, 밤낮 없이, 야근과 철야를 밥 먹듯 하는 곳이다. 그곳에서 가장 중요시하는 것은 '인성'이다. 내가 로스쿨 재학하던 시절만 해도 한국에서 대학을 마치고 군대를 마치고 유학 온 학생들이 많지 않았다. 그러다 보니 내 이력서는 미국에서 태어나고 자란 다른 친구들과는 많이 차별화되었다. 그럼에도 20번 넘게 인터뷰를 하게 되니 나중에는 언제 숨을 들이 쉬고 언제 목소리 톤을 높이고 줄이고 해야 하는지 본능적으로 아는 수준에까지 이르렀다. 지금도 생각나는 인터뷰 몇 개를 소개한다.

최충인

Q 한국에서 고등교육 마치고 미국 로스쿨에 왔는데 힘들지 않았어요?

A 처음에는 많이 힘들었죠. 유년기를 미국에서 보내고 영어는 잘한다고 자부했지만 미국에서 높은 수준의 대학원 공부를 한 것은 처음이고, 어린 시절 느꼈던 미국 사회와 성인이 되어 접하는 미국 사회는 문화적으로 이질감이 없잖아 있었으니까요. 그래서 그런지 로스쿨 1학년 때는 적응하느라 애를 먹었고 성적도 노력에 비해 잘 나오지 않았어요. 하지만 1년쯤 지나고 적응한 후에는 독서량이나 속도도 따라 잡을 수 있었고 오히려 다른 환경과 배경에서 얻은 값진 경험들이 미국 로스쿨 과정을 따라가고 배움을 이어가는 데 도움이 되었습니다. 보시면 아시겠지만 그래서 2학년 2학기 성적은 All A를 받았습니다. 취업을 하더라도 문제없이 제가 맡은 역할 이상을 해 낼 것이라 생각합니다.

Q 한국에서 군대에도 있었네요? 그건 어떤 경험이었나요?

A 뭐 대단한 것은 아니고요, 한국의 성인 남자는 누구나 군복무를 해야 하는 헌법상의 의무입니다. 물론 개개인의 건강이나 가정상황에 따라 현역과 보충역으로 구분되어 각자 주어진 역할로 군역을 짊어집니다. 저 역시 마찬가지였고요. 하지만 짧은 기간이라 해도 군대에 가면 개인의 권익이나 개성보다 훨씬 중요한 팀, 조직, 사회, 국가의 공익을 우선시 하게 되고 그러한 가치들을 배웁니다. 고독함과도 싸우고 또 피할 수 없는 상황에서 상당한 인내도 요구됩니다. 그러한 일련의 과정들을 겪으면서 개인의 인성이 한층 더 성숙해지는 경험을 겪게 됩니다. 저는 그게 매우 값진 경험이었다고

생각하고, 제가 다른 학생들과 차별화되는 저만의 강점이라 생각합니다. 군대에서 어떠한 역경이나 극한 상황이 닥치더라도 침착성을 잃지 않고 성숙하게 대처할 수 있는 능력을 배웠기 때문입니다.

Q 5년 뒤에 또는 10년 뒤에 자신의 모습을 한번 상상하고 설명해 보세요.

A 저는 한국사람 치고는, 아니 미국 로스쿨 졸업 준비생 치고는 매우 특이하고 다양한 경험을 보유하고 있습니다. 한국에서 태어나 자라고 고등교육을 마쳤고, 군 생활과 직장생활을 했기 때문에 한국의 문화, 특히 조직문화를 잘 이해한다고 자부합니다. 반대로, 유년기를 미국에서 보내고 또 미국 사회의 근간이 되는 법치를 가르치는 로스쿨, 그것도 Top 10 로스쿨을 우수한 성적으로 졸업하게 됩니다. 저에게 한국과 미국은 낯설지 않고 양쪽 문화와 사고방식모두 이해할 수 있으며 각각의 장점을 취하고 단점을 극복하고 보완해 줄 수 있는 자질을 갖고 있습니다. 아마도 10년 뒤에는 한국과미국의 기업 및 기관들 간에 비즈니스나 교류가 훨씬 더 활발하게이루어질 것이라 전망하는데 그 중심에 서서 양측의 교두보 역할을하고 있을 것이라 생각합니다.

최충인

드디어 시작된
뉴욕 변호사

"미지를 향해 출발하는 사람은 누구나 외로운 모험에 만족해야 한다."
앙드레 지드

몇 번의 좌절을 거쳐 3학년 1학기 가을에 그토록 꿈에 그리던 뉴욕 상위 5대 로펌 중 하나인 Simpson Thacher & Bartlett로부터 영구 오퍼를 받았다. 1998년에 로스쿨을 졸업하고 그해 가을인 10월에 H-1 취업 비자도 발급 받았다. 드디어 뉴욕 렉싱턴가 425번지 본사에서 동기 97명과 함께 변호사로서의 첫 발을 내딛었다.

　꿈에도 그리던 뉴욕 로펌에서 신입 변호사로서의 생활은 정말 상상 이상이었다. 일은 힘들었지만 오전 9시 30분 즈음에 출근하는데 퇴근 시간은 기약이 없었다. 그래도 매일 매일이 즐거웠다. 꿈에 그리던 일을 하는데 몸이 피곤하고 잠이 부족하면 좀 어떤가. 과분한 직장에 와서 과분한 직분을 받았다는 생각을 지울 수 없었다. 그래서 항상 긴장을 늦추지 않고 한 번 더 읽고 쓰고 리서치를 했고, 숙소에 돌아와 잠자리에 들 때는 항상 감사하는 마음으로 생활했다.

그러한 정신 자세와 마음가짐이 오늘의 나를 만들게 해 준 원동력이었다. 물론 그 뒤에는 언제나 나를 응원해 주신 부모님이 계셨고, 항상 나를 위해 기도해 주신 할머니, 그리고 많은 분들의 중보 기도도 있었다. 지금은 내 가족과 친구들이 있다는 고마움을 절대 잊지 않고 살아간다.

최충인

금융위기는
변호사들의 기회

"진정한 위기는 자원의 부족이 아니라 상상력의 부족이다."
파올로 루가리

신참 변호사일 때 함께 일하면서 나를 진도해 주었던 30년 경력의 시니어 파트너가 하루는 이렇게 일러주었다.

"경제가 안정되어 있는 것보다 성장을 하거나 아니면 금융위기 등으로 한참 침체되어 있을 때 비로소 변호사들에게는 기회가 찾아온다."

로스쿨 3학년 마지막 학기를 앞두고 있던 1997년 말에 한국에서 'IMF 외환위기'가 터졌다. 그 즈음에 나는 뉴욕 로펌에 입사를 했다. 뉴욕은 세계에서 제일 큰 금융시장이다. IMF가 터지자 자본이 말라 있던 우리나라 기업들, 예컨대 삼성전자나 현대자동차, 한국전력, 포항제철 등과 같은 대기업을 포함한 공기업들이 직접 국제 자본시장에 뛰어 들어 주식예탁증서나 외화표시채권을 발행해 부족한 자본을 조달하기 시작했다.

그러한 거래는 거의 모두 뉴욕이나 런던, 홍콩, 싱가포르 등 세계적인 금융 투자사들이 없이는 성공할 수 없었던 업무였다. 미국이나 유럽 굴지의 투자은행과 회계법인 그리고 대형 로펌들이 자문을 맡았다. 고객사인 한국 기업들의 모든 문서는 한국어로 작성되어 있는 반면 정작 투자해 줄 투자기관의 문서는 모두 영어로 되어 있고, 또 미국 증권법과 증권거래법의 적용을 받아야 했고, 모든 계약서와 투자설명서, 의견서 역시 영어로 작성되고 협상을 거쳐 수정되어야 했다.

따라서 나처럼 한국어와 영어 모두 능통하고 한국 기업의 조직문화를 이해하는 한국 출신 미국변호사의 역할이 폭발적으로 늘어났다. 나는 마치 한국의 IMF사태를 예견이나 한 듯 미국 로스쿨을 준비해서 미국 변호사가 되었고, 졸업을 앞두고 뉴욕의 대형 로펌에 취직하면서 그야말로 한국의 경제위기 중심에서 한국과 미국을 오가며 한국 기업들이 위기를 극복하는 데 일조하는 역할을 맡게 된 것이다. 포춘 쿠키의 점괘가 생각나는 순간이었다.

"너는 좋은 변호사가 될 것이다."

최충인

헤엄쳐 나오지 못하면
빠져 죽는다

"네가 원했던 좋은 일을 완전히 이행하지 못했다 해서 낙담하거나 절망하지 마라.
네가 높은 곳에서 떨어졌다면 다시 위로 올라가도록 노력하라."
마르쿠스 아우렐리우스

'Sweat Shop(땀 공장)'이라는 표현이 있다. 뉴욕의 대형 로펌들을 일 컫는 속칭이다. 그만큼 업무량도 많고 업무 강도가 세다. 뉴욕에서도 그랬지만 나중에 한국 업무팀이 생겨 홍콩으로 전근 갔을 때는 업무 강도가 더했다. 로스쿨 진학하기 전 잠시 한국의 대기업에서 직장생활을 할 때 오전 8시에 출근해서 부서 임원과 부서장이 퇴근하기 전까지는 말단 신입사원인 내가 퇴근을 할 수 없었다. 빠르면 저녁 8시였고 밤 10시, 11시까지 야근하는 일도 많았다. 그래서 내가 미국 로펌에서 직장생활을 시작했을 때는 한국에서도 늘 야근하고 늦게까지 일하는 데 익숙했기에 '힘들다 해도 뭐 얼마나 힘들겠냐'라고 생각했다. 한국인의 근성과 정신력으로 버틸 것이라고 생각한 것이다. 그런데 웬걸, 업무시간도 시간이지만 새벽 3~4시까지 철야하는 것은 다반사고 업무 강도가 한국에서의 직장과는 비교가 되지 않았다.

솔직히 말해서 우리나라 기업은 소위 'face time'이 있다. 굳이 물리적 장소에 있지 않아도 되는데, 없으면 왠지 일을 안 하는 것 같고 그래서 대면을 하고 있어야 제대로 업무를 수행하는 것 같은 한국 문화에서 기인한 시간이다. 나는 외근을 나가 한 사람이라도 더 만나고 한 건이라도 더 영업해야 한다고 생각했지만 동료들은 상사가 사무실에 앉아 무언가 열심히 일하고 있으니 지금 분위기상 나도 책상에 앉아 열심히 하는 모습을 보여야 한다는 것이었다.

한국에서의 직장생활을 돌아보니 오전 8시부터 밤 11시까지 회사에서 보낸 시간 중에 자습 1시간, 사수가 담배 필 때 같이 따라 나간 시간 20분, 상사가 다 본 일간신문 읽는 시간 20분, 점심시간 1시간, 오후 3~4시쯤 부서비로 간식 사와서 사무실에서 오순도순 모여 잡담하면서 먹는 시간 50분, 다시 저녁 먹는 데 1시간 30분 그리고 내 업무는 끝났지만 윗분들이 퇴근을 안 해서 그냥 책 읽으며 앉아서 기다리던 2시간…. 어림잡아 하루 4~6시간을 업무와 상관없이 보냈다.

그런데 미국 로펌에서는 점심도 카페테리아에서 샌드위치를 사와 책상 앞에서 PC로 서류작업을 하면서 먹었고 저녁도 도시락을 사오거나 길 건너 수프키친에 가서 15분 동안 후다닥 먹었고, 신문은 읽을 엄두도 내지 못했다. 다른 사람 근태와는 상관없이 내가 할 업무가 마무리되지 않아서 야근이나 철야를 했던 것이니 단순 계산만 하더라도 하루에 족히 6시간 이상 근무했던 것이다. 게다가 변호사로서 계약서를 검토하고 수정하고, 투자설명서나 각종 메모를 수정하는 업무였으

최종인

니 대학 졸업하고 대기업 말단 사원으로 일하던 때와는 업무 내용도 차이가 많이 났다. 언젠가 맥킨지 보고서에 한국 근로자들의 생산성이 당시 OECD에 가입된 국가들과 비교해 현저히 떨어진다는 내용을 접하고 참 의아하게 생각했는데 미국 로펌에서 일을 시작한 뒤로 그 이유를 알게 되었다.

미국 로펌에서 신입 변호사들에게 버릇처럼 해주는 말이 있다. "You need to learn to swim at the deepest end of the pool." 수영장의 가장 깊은 곳에서 헤엄치는 방법을 배우라는 말이다. 아이에게 수영을 가르칠 때 무릎 깊이에서 하나씩 차근차근 기초부터 가르치는 것이 아니라 가장 깊은 곳에 풍덩 빠뜨려 놓고 헤엄쳐 나오게 하는 극단적 방법을 일컫는다. 미국 로펌의 생리를 단적으로 보여 주는 말이다. 그런데 실제로 그랬다. 모두들 바쁘니 앞뒤 설명 없이 다짜고짜 중요한 회의에 데려가든가 중요한 계약서를 던져 주고 "네가 검토하고 의견 반영해서 수정해"라는 식이었다.

내가 겪었던 일 중에 가장 기억에 남는 것은 1년차 변호사 시절의 일이다. 뉴욕 본사에서 한국으로 자본시장 업무를 하기 위해 출장 나왔을 때였다. 회사측 임직원 10여 명에 미국 굴지의 투자은행에서 파견 나온 직원 8명, 미국 로펌 두 곳, 한국 로펌 두 곳, 회계법인까지 합쳐 약 40~50명이 회의에 참석한다. 그런 회의가 보통 사나흘 동안 지속되었고 업무가 완전히 종결될 때까지 그야말로 마라톤 회의의 연속이었다. 대규모 회의에 참석한 나에게 함께 배석한 선임 변호사가 다짜고짜 지금부터 모든 회의의 통역을 맡아서 하라고 지식했다. 고객사가 한국의 시중은행이었고 사용하는 용어는 전부 금융이나 회계 관련 전문용어였다. 두 시간 정도 땀을 뻘뻘 흘리며 간신히 통역을 하고는 바로 교보문고로 달려가 회계용어사전과 법률용어사전을 사서는 밤새 읽었다. 지금 생각해도 식은땀 나는 경험이다. '이런 극한 경험을 통해서 단련되고 제련되는 것이 이 직업이구나.' 절실히 느꼈다.

그때 업무가 조흥은행 주식예탁증서 발행 건이었다. 후에 신한은행에 인수합병되어 '조흥은행'이라는 이름은 역사의 뒤안길로 사라졌지만 한국에서 100년의 역사를 자랑하던 시중은행이었다. 그 조흥은행이 IMF 사태를 맞아 유동성위기를 겪고 정부로부터 공적자금 지원을 받고도 재무건전성이 개선되지 않았다. 자구책의 일환으로 주식예탁증서나 후순위채권을 해외에서 발행하여 외자를 유치하고자 하는 계획이었다. 만약 투자 유치에 실패하면 조흥은행은 도산하고 임직원들은 직장을 잃고 거리에 나앉게 되는 것은 물론 국가경제까지 큰 타격을 입는 일이었다.

IMF 사태는 한국 경제에 절체절명의 위기였다. 다행히 내가 미력하나마 도움을 주었던 일들이 대부분 잘 진행되고 성공적으로 자본 유치가 되어 최악의 상황은 피할 수 있었고, 많은 국내 기업들과 금융기관들이 회생되거나 살아남을 수 있었다. 그 덕분에 IMF 구제금융으로부터 조기에 졸업했다. 그러한 결과를 만들기 위해 정말로 수많은 사람들이 피와 땀을 흘렸는데 그 역사적인 현장에서 미국 변호사로서 한국경제를 돕기 위해 이바지했다는 것은 지금도 가슴이 뿌듯하다. 로스쿨을 가게 된 것이 이때를 위함이었구나 하는 생각을 많이 했다.

최충인

내가 얻은 별명 '오후반'

"노동을 하지 않는 사람은 부유한 자이거나 가난한 자이거나
모두 쓸모없는 존재들이다."
톨스토이

뉴욕 로펌에서 일을 시작한 뒤로는 정말 밤낮없이 일했다. 1998년 10월에 일을 시작해서 1999년 12월이 될 때까지 단 하루도 주말에 쉬거나 휴가를 쓴 적이 없었다. 2000년 1월에는 뉴욕 본사에서 홍콩 본사로 전출을 갔다. 홍콩에 '한국 업무팀'이 구성되었기 때문이다.

1990년대 말 아시아 금융위기를 겪은 후 한국에서는 엄청나게 많은 자본 수요가 있었고 과거 정부 주도의 정책에서 벗어나 대형 공기업과 굴지의 대기업들은 직접 해외 자본시장에서 증권 발행을 통해 자본 조달을 시작했다. 그러다 보니 한국 업무가 폭발적으로 늘어났고 뉴욕 로펌은 물론 경쟁관계에 있던 여러 미국 로펌들도 업무량이 폭주했다. 90년대 말에는 한국어와 영어에 모두 능통한 미국 변호사들

이 그렇게 많아서 나에게는 업무가 산더미처럼 쌓였다. 지금도 가끔 그때 일을 회상하면서 후배들에게 훈장처럼 들려주고는 한다.

홍콩에 있던 선임 변호사도 밤늦게까지 야근을 하기로 유명했다. 자정이 넘어서까지 일을 시키고 퇴근하는 일도 다반사였다. 일이 넘어오면 나는 밤을 새워 검토하고 뉴욕 본사의 업무시간에 맞춰 여러 변호사들과 이메일이나 전화로 소통하며 밤을 꼬박 새웠다. 서류와 밤새 씨름하다가 날이 훤하게 밝아오면 프린트를 해서 선임 변호사 의자에 가지런히 놓고는 퇴근하는 일상이 반복되었다. 그럴 때는 어김없이 서류 맨 앞장에 포스트잇을 하나 붙여 놓았다.

"오전 7시에 마무리하고 퇴근합니다. 서류 검토하시고 의견 달아 주시면 제가 오전 11시에 출근해서 바로 추가 수정한 후 오후에 고객사에게 전달하겠습니다."

그리고 비서의 음성사서함에 메시지를 남겨 놓았다.

"철야를 하고 오전 7시에 퇴근하니 다급한 상황에서만 집 전화로 연락 주세요. 그렇지 않으면 메모를 하거나 내 음성사서함으로 안내해 주세요. 저는 오전 11시 전에 출근할 계획입니다."

그렇게 해서 나에게 붙은 별명이 '오후반'이다. 아침에 퇴근해서 다시 정오쯤에 출근했기에 지어준 별명이다. 하루 24시간 중에 20시간을 일하면서 한국과 미국의 가교 역할을 하는 미국 변호사가 되어 가고 있었다.

90:10

"늘 쾌활하게 생활하고 싶다면 대단치 않은 일에 핏대를 올리지 말 것이며,
비록 작더라도 제 몫에 대해 만족하고, 감사히 여겨라."
스마일스

국제변호사의 길을 걸어오면서 얻은 가장 큰 행운은 '사람'이다. 무수
히 많은 사람을 만났는데 그들은 대부분 한국과 미국, 아니 전 세계
상위 1%에 해당하는 지식과 실력을 갖춘 인재들이었다. 게다가 인품
마저 훌륭한 분들도 셀 수 없을 정도로 많이 만났다. 20대 후반과 30
대 초반을 미국 변호사로서 열정적으로 일을 배우고 살아갈 때 내게
가장 지대한 영향을 미친 사람은 30년 이상 변호사로 살아온 폴 포드
(Paul Ford)이다. 젊은 나이에 미국에서 파트너 변호사로 승진하고 파
라마운트사와 같은 대형 영화사는 물론 바클레이(Barclays) 은행 등 세
계를 주름 잡는 대형 은행을 고객으로 둔 대단한 분이었다. 또한 전
세계 최고의 증권법 변호사 5위 안에 매년 선정되었다.

개인적 생각으로는 변호사로만 있기에 너무나 아까운 사람이었다. 그분의 한국에 대한 애정은 정말 남달랐다. 특히 IMF 위기 이후 우리나라 경제와 기업들이 겪던 어려움을 누구보다 잘 이해하고 안타깝게 생각했다. 그런 연유로 한국 기업들이 국제사회에서 헐값에 매각되거나 잘못된 투자를 받지 않도록 도와주는 역할을 자처했다. 그런데 한국말을 못한다는 이유로 중요한 회의에서 소외된 적도 있고 지금 생각해도 부끄러운 수모를 겪기도 했지만 실망하거나 의기소침하지 않고 맡은 업무를 늘 성실하게 해냈다.

한국에서 회의가 있으면 뉴욕에서 일요일 밤 비행기를 타고 서울로 왔다. 한국에는 화요일 새벽에 도착하는데 호텔에 체크인하고 샤워하고 옷 갈아입고 곧바로 회의 장소로 출발했다. 목요일 밤이나 금요일 오후까지 회의를 주관하고 다시 비행기를 타고 주말은 가족과 보내기 위해 미국으로 돌아갔다. 20대의 젊은 나도 도저히 할 수 없는 일을 60대의 나이에도 거뜬히 해냈다. 그런 분과 일주일에 3~4일을 함께 다니면서 일거수일투족, 말 한마디, 토씨 하나 놓치지 않고 배우려고 노력했고 실력을 키웠다. 그 가치는 억만금, 천만금을 줘도 아깝지 않았다.

그분에게서 배운 것 중에 가장 소중한 것은 생활의 리듬과 체력이었다. 국제변호사로서 강도 높은 업무를 벌써 18년째 하다 보니 이 직업에서 중요한 것은 다름 아닌 체력이라는 것을 절감했다. 이때의 체력은 며칠 밤을 새는 육체적 체력만 의미하지 않는다. 극한 상황에서도 침착함을 잃지 않고 당황하지 않고 차분하게 일을 처리해낼 수 있는 체력이다. 2002년 월드컵이 열렸을 때 히딩크 감독이 한국 선수들

최충인

의 장점은 '기술'이고, 약점은 '체력'이라고 지적했다. 그때 많은 한국의 축구 전문가들이 의아하게 생각했다. 그때까지 우리나라 사람들은 한국 선수들은 체력은 좋지만 기술이 없다고 생각했기 때문이다. 그런데 히딩크 감독은 반대로 말한 것이다.

　강인한 정신력은 강한 체력에서 나온다. 체력이 바닥난 상태에서 정신력에 의존해 무언가를 한다는 것은 허상이라는 사실을 이 일을 통해 깊이 깨달았다. 체력을 잘 관리하기 위해서는 생활의 리듬이 중요하다. 포드 변호사는 생활의 리듬은 '90:10'으로 맞추라고 조언했다. 90%는 조직과 가족, 고객과 타인을 위해서 정열을 쏟아 일하고, 10%는 그 누구도 아닌 나를 위해서 소중하게 쓰라고 권했다. 나에게 투자한 10%가 90%를 가능하게 하는 밑거름이 된다는 말과 함께.

　얼마 전 종합검진을 받았다. 설문 등을 통해 심리상태와 스트레스 측정을 했더니 재미있는 결과가 나왔다. 나는 보통 사람들과 비교해 100% 중 90%의 스트레스를 받는 직업과 생활을 영위하고 있는데 보통 사람들 대비 100% 중 10% 정도만 스트레스로 감지하고 있다는 것이었다.

멘토를 그리며

―

"능력이 적다고 아무것도 하지 않는 것은 가장 큰 잘못이다.
스스로 할 수 있는 일을 하도록 하라."
칼 세이건

최근 알게 되어 매우 친하게 지내는 형님이 있다. 정말 파란만장한 삶을 살아왔고 몸과 마음고생도 심하게 겪으면서 험난하게 살아왔는데도 웃음을 잃지 않는 선배였다. 고달픈 삶의 여정에도 불구하고 순수한 마음을 간직하고 사는 것이 신기할 정도로 대단하고 존경스러운 분이다. 어느 날 술자리에서 그분은 이런 말을 했다.

"나는 힘들 때나 즐거울 때나 신앙에 의지해서 지금까지 견뎌왔다네. 항상 감사하는 마음으로 살았더니 하나님께서 내게 큰 선물을 안겨주셨어. 다만 아쉬운 것이 있다면 좋은 멘토가 있었으면 좋겠다는 것이지. 그래서 늘 '주님, 저를 이끌어줄 수 있는 멘토를 보내 주세요' 라고 기도한다네."

최충인

그런데 어느 날 거울에 비친 모습을 보니까 머리가 희끗희끗해지고 어느 새 후학들의 멘토가 될 위치에 와 있더라는 것이었다. 기도에 대한 응답은 이러했다는 것이다.

"네가 그토록 원했던 멘토를 구하지 말고 네가 앞으로 그런 멘토가 되어라."

그 말을 들으며 느낀 바가 컸다. 나도 소싯적에는 주위에 선배들과 친구들이 많아서 허심탄회하게 의견을 묻고 이야기를 나누었다. 미국 변호사 길을 걸을 때는 폴 포드 변호사나 다른 선임 변호사들이 나의 좋은 멘토가 되었다. 그런데 어느 순간 그런 사람들이 하나둘씩 눈에 띄지 않게 되고 나 역시도 다른 멘토를 그리워하는 상황이 되었다. 존경하는 선배나 형님들을 만나도 이제는 선뜻 이 분을 내 멘토로 모셔야겠다라는 생각이 잘 들지 않았다.

왜 그런가 곰곰 생각을 했더니 내 마음속에 자리 잡은 멘토라는 이미지가 너무 강하고 정형화되어 있기 때문이었다. 내가 추구하는 멘토는 '성자'나 '군주'가 아니면 안 되는 정도였다. 그것이 답은 아니라는 생각이 들었다. 그러한 멘토를 찾는 것보다는 내 생각을 바꾸는 것이 정답 아닐까? 즉 내 주위에는 멘토가 없는 것이 아니라 모든 사람이 나의 멘토가 될 수 있다. '삼인행 필유아사(三人行 必有我師)'는 예나 지금이나 맞는 말이다. 세 명이 함께 길을 걸으면 그중에는 분명 나의 스승이 있다는 뜻이다.

이 말을 풀어보면, 여럿이 함께 하면 그들의 좋은 모습을 보고 배울 수 있으며, 반면 싫은 모습은 반면교사로 삼아 내 자신을 갈고 닦을 수 있다. 어떠한 상황에서도 끊임없이 배우고 나를 발전시킬 수 있다는 뜻이기도 하다. 즉 내 주위에는 많은 사람들이 있고 그 모든 사람들로부터 배울 게 있는데 굳이 나에게 one stop shopping의 멘토링을 제공할 사람을 찾아서 억지로 '멘토'라 부를 필요는 없다.

　이제 내 이야기를 마친다. 긴 페이지에 걸쳐 내 지나온 여정을 토로한 이유는 자랑을 하고자 함이 결코 아니다. 단지 내가 겪고 느꼈던 일들을 진솔하게 들려주면서 그 이야기가 이 땅의 청춘들에게 작으나마 멘토 역할을 했기를 바랄 뿐이다. 그것만큼 글을 쓴 보람은 없을 것이다.

최충인